박한제 교수의 중국 역사 기행 2

강남의 낭만과 비극

강남의 낭만과 비극

【동진·남조 시대】

박한제 지음

사ㅁㅁ계절

머리말

요즈음도 조금의 틈이나마 생기기만 하면 나는 배낭을 메고 중국으로 답사 여행을 떠난다. 1991년 초 처음 그 땅을 밟기 시작한 이후 1996년 1년간 장기 체류를 포함해서 지금까지 자그마치 30여 차례나 중국을 방문했다.

세상 사람들의 뇌리에서 이미 잊혀진 왕조의 도읍지나 사건의 현장, 잡초 속에 파묻혀 있는 분묘墳墓들을 찾아 그곳에 초라하게 서 있는 안내판 하나라도 만져 보기 위해 하루 종일 시골 버스를 탄 적도 많다. 중국인, 아니 중국의 역사학자들로부터 왜 그런 곳들을 찾아 나서느냐는 핀잔을 들으면서도 줄곧 다녔던 것이다. 동행자가 있기도 했지만 혼자 다닌 경우도 많았다.

나는 삼국三國 시대에서 당대唐代까지, 즉 3세기에서 10세기까지 약 8세기간의 중국 역사를 연구하고 가르치는 것을 생업으로 삼고 있다. 밤낮으로 이 시대 역사만을 생각한 세월이 어언 30여 년이다. 그러다 보니 이제 이 시대가 남긴 것이라면 어떤 하찮은 것이라도 무한히 사랑하게 된 나 자신을 문득 발견하게 된다. 이 시대 사람들이 남긴 흔적들은 나의 사랑하는 이웃들이 이 세상에 남기고 간 자취처럼 나에게 정답게 다가온다. 그래서 그들이 남긴 것들을 찾아 나서는 길은 그들을 만나러 가는 것처럼 마냥 즐겁기만 하다.

사실 중국 역사상 이 시대만큼 다양한 개성을 지닌 인간상을 배출해 낸 시대도 드물 것이다. 초등학생에게도 익숙한『삼국지』의 조조와 유비, 그리고 제갈량이 이 시대가 낳은 인물들이고, 중국 최고의 전원 시인 도연명, 서성書聖이라 불리는 명필 왕희지등 우리에게 너무도 익숙한 이름들이 바로 이 시대와 더불어 살았던 사람들이다. 이 책에서는 다루지 못하였지만 중국 유일의 여황제 측천무후와 경국지색의 미인 양귀비, 위대한 시인 이백, 두보도 바로 이 시대가 배출한 사람들이다.

이 시대가 나에게 남긴 기억과 생각들을 이 세 권의 책에 모아 실었다. 이 책 서술 내용의 대부분을 차지하는 위진남북조魏晉南北朝 시대는 일반인은 물론 학자들에게도 매우 혼란스럽고 불안정한 시대로 비쳐진다. 그래서 이 시대는 어떤 특징이 없는 과도기이며 정리되지 않은 채로 너무 오랫동안 지속되었다는 평가를 받기도 한다. 이 시대를 다룬 통사通史들도 이 369년간의 기간을 가볍게 지나쳐 버리고 비교적 검토가 쉬운 수隋와 당唐나라의 역사로 넘어가 버리기 일쑤였다. 이 시대는 진한秦漢 시대나 수당隋唐 시대처럼 대제국을 형성한 것도, 통일된 정치 중심이 있었던 것도 아니었다. 그러나 이 혼란은 세계를 호령하던 '대당제국大唐帝國'을 잉태하기 위한 격렬한 산고였을 뿐이다. 또 이 시대는 중국 문화 및 중국 민족의 형성과 발전과정에서 다대한 기여를 한 시대였다는 점에서 중국사 가운데 어느 시대 못지않게 중요하다.

이 글들은 연구실에서 전공 서적을 읽으면서 느끼던 아쉬움과 풀지 못했던 의문의 현장을 찾아 나선 나의 여행 기록들이다. 이 여행을 통해 그동안 책상 앞에서 골몰했던 난제들이 쉽게 이해되기도 했고,

이전에 알고 있던 지식과는 전혀 다른 사실도 많이 발견하게 되었다. 역사 연구에서 현장 학습이 얼마나 중요한가를 깨달은 것도 이 답사 여행 덕분이었다. 연구실 창 너머 영종도 공항 쪽으로 눈을 돌릴라치면 불현듯 떠오르는 것은 중국에 두고 온 작고 못난 유적지와 그것을 찾아가는 꼬불꼬불한 길들이다. 그런 회상만으로도 무미하기 짝이 없는 내 연구 생활에 활기를 불어넣는 청량제가 된다.

지금 역사 연구는 대중으로부터 날로 멀어져 가고 있다. 그동안의 내 연구 역시 그러했다. 지금도 나의 연구 결과를 지켜보아 주는 사람이 한 사람이라도 있다면 그것만으로 족하다는 심정으로 공부하고 있지만, 한편 역사와 대중을 보다 가깝게 접근시켜야만 역사라는 학문이 살 수 있다는 생각을 최근 들어 자주 하곤 한다.

이 글들은 『월간중앙』 등의 대중 잡지를 통해 발표했던 것을 바탕으로 대폭 수정·보완한 것이다. 당초 계획으로는 필자가 전공하는 위진남북조와 수당 시대 전부를 포괄하는 역사 기행문을 써보려고 마음먹었다. 몇 편을 쓰다 보니 도중에 욕심이 발동했다. 아직도 우리 손으로 쓴 위진남북조·수당사 개설서 한 권 내놓지 못하고 있는 것이 학계의 현실이다. 나는 평소 이 점에 대해 전공자로서 무거운 부담을 느끼고 있었다. 이 글을 쓰는 동안 조금 방향을 바꾸면 개설서에 버금가는 내용을 담을 수 있지 않을까 하는 생각이 들었다. 그 결과 삼국에서 초당까지 각기 다른 주제의 글 25편이 되었다. 통틀어서 '대당제국 형성사'라 해도 좋을 것이다. 이것으로 이 시대의 역사적 사실을 만족스럽게 개관했다고 할 수는 없지만, 이 시대 역사 흐름의 대강을 나름으로 묘사해 냈다고 자위하고 있다.

특히 위진남북조 시대는 중국사 가운데서 가장 정치적으로 혼란스러웠던 시대의 하나다. 400년 가까운 기간 동안 수십 개의 왕조가 명멸했다. 그래서 왕조의 이름마저 친숙하지 않은 독자들이 아마도 적지 않을 것이다. 집필하는 과정에서 필자가 가장 곤혹스러웠던 것이 바로 이 점이었다. 어떻게 하면 좀더 쉽게 쓸 수 있을까 하는 강박감에 짓눌려 있었다. 또 항상 염두에 두었던 것은 역사적 지식의 전달도 중요하지만 특정 사건이 가지는 의미를 보다 사실적으로 묘사해야 한다는 점이었다. 그러기 위해서는 현장에 대한 생생한 여행 기록이 유효한 방법이라 생각했고, 우리 현실 문제와 연관시켜 보는 것도 나쁘지 않다고 판단했다. 그래서 중간중간 딱히 적절하다 할 수 없는 싱거운 코멘트도 끼워 넣었다. 현장을 답사하면서 보고 느낀 지식과 생각의 일부를 독자에게 충실하게 전하려는 필자 나름의 노력의 일단이라 이해해 주었으면 한다.

기행문과 시대사의 조합이라는 이런 기획은 국내외를 막론하고 아마 이제껏 시도되어 본 적이 별로 없었던 것처럼 여겨진다. 형식은 기행문이지만 이 시대를 보는 필자 나름의 관점과 해석을 각처에 끼워 넣으려고 노력했다. 수십 년간 이 시대를 연구해 왔고, 또 강의한 결과물이지만 아직도 여물지 못한 주장과 억지 논리가 군데군데 발견될 것이다. 하해 같은 사랑으로 양해해 주시고 더 좋은 글을 쓸 수 있도록 끊임없는 관심과 질타를 보내 주시기를 독자 여러분들께 바랄 뿐이다. 독자 여러분에게 또 양해를 구하고자 하는 것은 동일한 내용이 중복되어 나오는 경우가 더러 있다는 점이다. 사실 25개 주제의 글들 하나하나가 각각 독립성을 갖는 것이므로 앞 글에서 이미 언급한 내용이지만 다시 한 번 거론해야 더 잘 이해될 수 있다고 판단했기 때문이다.

이 글들을 통해 이 시대에 대한 역사적 지식이 조금이라도 넓혀지고 역사를 되돌아보는 의미와 재미를 함께 느낄 수 있었으면 하는, 실로 분외의 기대를 갖고 있다. 잘 팔리는 책보다 정성을 담뿍 쏟아 넣은 책을 만들고자 했던 필자의 소망을 성취시켜 주기 위해 혼신의 힘을 기울인 (주)사계절출판사의 강맑실 사장을 비롯한 인문팀의 류형식 팀

장 등 여러분에게 진정으로 감사를 드리고 싶다. 이 글을 쓰고 또 책을 준비하는 과정에서 서울대학교 동양사학과 최재영 강사에게 많은 신세를 졌다. 치사하는 바이다. 아울러 역마살이 낀 남편의 빈번한 중국행을 양해해 주는 대신 이 글에 대해서는 누구보다 신랄한 비판을 불사하여 이 정도의 내용을 갖추도록 한 아내에게 이 자리를 빌려 고마움을 전하고 싶다.

2003년 4월

박 한 제

차례

강남의 낭만과 비극

동진·남조 시대

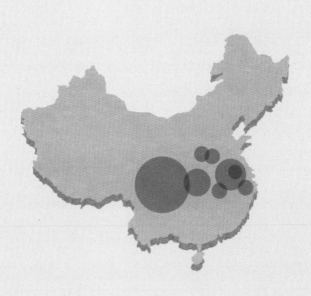

서 진 회제懷帝 영가永嘉 연간(309~312) 다섯 오랑캐[五胡]들에 의해 발발했던 난리는 중국 역사상 미증유의 처참 그것이었다. 오죽 처참했으면 이 난리를 일러 '영가永嘉의 상란喪亂'이라 했겠는가? 흉노匈奴·선비鮮卑·저氐·강羌·갈羯 등 오호족은 한족이 그제껏 구축해 놓은 중화적 질서를 무참하게 짓밟아 버렸다. 이 사건을 흔히 "다섯 오랑캐들이 중화의 질서를 어지럽혔다[五胡亂華]"라 표현한다. 오랫동안 가꾸어 온 문명의 땅 중원을 유목 기마 민족 오랑캐들에게 넘겨주고 한족은 목숨만이라도 부지하기 위해 산을 넘고 강을 건너 먼 남쪽 땅으로 피난을 떠났다. 그들의 남천南遷은 단순한 인구 이동이 아니라 중국 역사상 실로 파천황破天荒의 '민족 이동'이었다. 후한 왕조 말기부터 시작된 민족이동은 중국인들이 일찍이 경험해 보지 못한 광폭한 북서풍을 피하기 위해서였다. 그 바람에 밀려 사람들은 북쪽에서 남쪽으로, 서쪽에서 동쪽으로 이리저리 유랑의 길을 떠났다.

중국 역사 속에는 몇 차례의 큰 변혁이 있었다. 은주殷周 혁명도 그 하나였다. 은나라가 망하고 주나라가 들어서면서 중국의 중심은 동방 관중[關東]에서 서방 관중[關西]으로 옮아갔다. 그러나 '영가의 상란' 이후 유민들의 파도에 의해 성립된 남북조는 중국 역사상 은주 혁명 그것과 비교할 수 없을 정도의 큰 파장을 일으켰다. 그 이전 중국에는 물산과 문화 면에서 동서를 나누는 구별법만이 있었다. 산동과 산서, 즉 관동과 관서의 구별이 그것이다. 태항산맥太行山脈과 함곡관函谷關이 그 분계선이었다. 남북의 구별과 차이는 남북조 시대부터 생기기 시작했고, 그러한 구분법은 지금도 여전히 이어지고 있다. 중국의 남북을 나누는 경계선은 회수淮水와 진령산맥秦嶺山脈으로 연결되는 긴 동서선이다. 동서의 차이를 결정하는 것은 대개 지형적 요소이지만, 남북의 차이는 지형뿐만 아니라 기후라는 요소가 부가되었다. 기후의 격차는 살아 있는 생물에게도 많은 차이를 낳게 했다. "회수 남쪽의 귤을 회수

북으로 옮기면 탱자가 된다[橘化爲枳]"는 말이 그래서 생긴 것이다.

남북조 이전의 강남 지역은 월족[越族]을 비롯한 소위 남만[南蠻]의 땅이었다. 이전의 왕조에서는 이 지역을 통치한다고 했지만 일부 거점을 제외한 대부분의 지역은 통치자들의 마음속에 그어 놓은 경계선에 불과했다. 그러나 남조의 성립을 계기로 이 지역의 산과 계곡에 살던 대부분의 종족들이 통치가 가능한 지역으로 끌려 내려와[出山] 편호화[編戶化]되었다. 이로써 강남 지역에 대한 점[點]으로의 지배에서 면[面]으로의 지배로 변화하는 단초가 열린 것이다. 후대에 풍요의 땅의 대명사가 된 강남은 사실 이 시대의 개발에서부터 잉태되기 시작했다. 주자학 등 고급 문화가 고래의 산동[山東] 제로[齊魯] 지방에서 복건 광동, 즉 민월[閩粤] 지역으로 옮겨 가게 된 것도 이 시대 북방인들의 대거 이동이 없었다면 가능하지 않았을 것이다. 야만의 땅, 불모의 땅이 문화의 연총[淵叢]으로 탈바꿈하게 된 것이다.

'영가의 상란' 이전 장성[長城] 이남 중원 지역에는 한족이 세운 왕조만이 존재해 왔다. 그러나 이 시대 이후 중국에는 이민족이 세운 왕조가 중국[中國], 중주[中州] 혹은 신주[神州]로 불리던 중원지역에 세워져 중국 정통 왕조의 계보에 끼어들기 시작했다. 북조의 여러 왕조는 말할 것도 없지만 수[隋], 당[唐], 요[遼], 금[金], 원[元], 청[淸]이 그것들이다. 남북조 시대 이후 순수 한족이 창업한 중원 왕조는 겨우 송[宋]과 명[明] 두 왕조에 불과했다.

남북조 시대 이후 왕조의 창업자 혹은 통치자의 종족 여하에 불구하고 그 백성은 하나가 아니라 다수의 종족으로 이루어지게 되었다. 여러 종족이 함께 어울려 살아가는 소위 '다민족 국가'가 성립하게 된 것이다. "호인[胡人]이 한인[漢人]의 모자를 쓰고 한인이 호인의 모자를 쓰는[胡着漢帽 漢着胡帽]" 나라가 이후 중국의 모습이었다. 현재 중국은 잘 알다시피 한족만의 단일국가가 아니라 오족[五族:漢·滿·蒙·回·藏]을 비롯하여 55개 소수민족이 포함된 다민족 국가다. 이들 소수민족이 한족과 마찬가지로 국민으로서 평등한 지위를 누린다는 것이 중화인민공화국 헌법의 기본 방침이다. 현재 중국의 이런 특징은 이 시대 민족이동의 결과물이다. 중국 역사는 어떤 면에서 '한漢'의 몸불리기 역사였다. 중국 역사상 나타났다 사라진 90여 개 민족들이 '대한大漢 만들기'를 위해 그들 하나하나의 종족 명칭을 기꺼이 포기하였다. 지금도 중국인들은 그들 특유의 몸불리기 역사를 여전히 써가고 있다. 중화인민공화국이라는 국명 아래 살고 있는 사람들을 모두 '중화민족'이라 부른다. 중국을 이해하려고 하면서 현재의 중국인, 즉 중화민족을 만들기 시작한 이 시대의 민족 이동을 어찌 홀시할 수 있겠는가?

민족 대이동의 계기를 마련했던 서진 말의 '팔왕八王의 난'과 '영가의 상란'은 당시 왕족과 귀족들이 벌인 우직하기 짝이 없는 권력 투쟁이 빚은 결과물이었다. 권력을 획득하는 과정에서의 무자비한 파괴에다 획득한 후의 끝도 없는 탕진은 서진 왕조를 괴멸 직전까지 몰고 갔다. 이 기회를 틈타 오랑캐들이 힘을 합쳐 일어서니 서진 왕조는 힘 한 번 제대로 쓰지 못하고 쓰러지고 말았다. 서진의 멸망은 중국사에서 '한'이라는 단일 민족 역사의 종언이었다.

물난리가 날 때 몇 푼 안 되는 가구 부스러기를 안고 있다가 큰 화를 당하는 자가 대개 하루하루 입에 풀질하기도 버거운 서민들이듯이, 난리 와중에 그 땅을 떠나지 못하고 당하는 자 역시 가난한 민초들이었다. 오호가 일으킨 '영가의 상란'을 기화로 귀중품을 보따리에 챙겨넣고 불원천리 강남으로 향한 자는 거의 명문사족들이었다. 술타령에 쓰잘것없는 청담淸談 놀음으로 날을 새던 그들은 누구 하나 나라와 민족을 위해 순국하려 들지 않았다.

그들은 왜 피난처를 강남으로 택했던 것일까? 중원의 중심에 살고 있던 자들에게는 강남도 서북방의 소위 '삭북朔北'처럼 다른 세계였지만 삭북에 비해 강남은 그들에게 심리적으로 친근하게 다가오고 있었다. 강남은 그들이 살았던 곳과 같은 농경세계였기 때문이다. 강남은 그들에게 '잠재적인 고향'으로 비쳐지고 있었던 것이다.

서진이 멸망하기(316) 이전인 306년부터 건강建康：현재의 남경에 주진하고 있던 왕족 사마예司馬睿：元帝가 서진이 멸망하자 망명 정권 동진東晉 왕조를 세웠다. 사마예는 사마씨의 중흥 시조인 사마의司馬懿의 증손이었다. 조부 이래 낭야왕琅邪王으로 봉해지고 있었으나 당시 수많은 왕족 가운데 결코 걸출한 자라고 볼 수는 없었던 존재였다. 그는 나름으로 정치적 연기력을 발휘하기도 하였지만, 그의 동진 황제로의 등극은 전적으로 명문 낭야琅邪 왕도王導의 연출에 의한 것이었다. 그 결과 "사마와 왕씨가 천하를 같이 다스리게 되었다王與司馬共天下"는 말이 생기게 되었다. 여기에 고영顧榮을 필두로 하는 강남 지역에 이전부터 세력을 가지고 있던 소위 강남 호족豪族들도 협조했다. 그들이 동진 건국에 이처럼 협조한 것은 그들 스스로의 힘으로 독립 왕조를 꾸릴 수 없었던 현실에서 나온 나름의 정치적 계산과 강남 지역의 사회적 이해 득실이 맞아떨어졌기 때문이다. 동진은 북방에서 내려온 명문 귀족과 강남 지역에 이미 강고하게 뿌리를 내리고 있던 호족들에 의해 지탱될 수밖에 없었다. 이리하여 황실과 북래北來 귀족, 그리고 강남호족이 삼족三足이 되어 이후 강남 사회를 움직여 가게 되었으니, 이런 정치 형태를 일러 귀족제라 부르기도 한다.

북방에서 강남으로 피난 온 명문 귀족들은 한동안 지난날 그들의 행동을 반성하고 잃어버린 고향을 찾아야 한다고 목청을 크게 돋우었다. 이런 분위기에서 강남의 망명 정부는 북방의 이민족 정권과 팽팽한 접전을 벌였고, 상호 승과 패가 반복되었다. 물이 풍부한 강남은 오나라 이후 수군이 주력이어서, 동진 정부가 들어선 후 장강 연안 여러 도시를 중심으로 방어 진지를 촘촘하게 구축하기 시작했다. 특히 이 시대 여러 왕조의 수도였던 건강성은 도시 전체가 강에 끼여 있었으며, 오나라 때 처음 건설된 연안의 석벽과 성벽은 방어전을 벌일 때 튼튼한 방패 역할을 하고 있었다. 북방의 이민족들은 기병 전술에서 큰 장점을 갖고 있지만 회수나 장강 유역처럼 물과 늪이 많은 지역에서는 크게 힘을 발휘하지 못했다. 따라서 수전에 약한 이들 북방의 이민족 군대를 막는 데는 큰 어려움이 없었다. 그러나 잃어버린 산하의 재탈환은 방어전만으로 해결되지 않는 것이다.

북방의 옛 땅을 수복하기 위해서는 강력한 권력자가 통솔하는 막강한 군대가 있어야 했지만 그 기반은 쉽게 구축되지 않았다. 그 기반이란 관료 조직의 능률적인 운용과 군대의 자원이 되는 하층 계급의 광범위한 장악을 의미한다. 그러나 황제의 절대 권력이 상대화되고 신분의 차가 현격한 귀족제 하에서는 그 어느 것도 쉽게 획득될 수 없는 것이었다. 고급 관료는 무능하고 무책임한 귀족들로 채워지고, 하층계급은 폐쇄적 신분 사회를 운용하는 정부에 대해 적극적인 지지를 보내지 않았다.

입으로는 반성을 밥 먹듯 하지만 나쁜 추억은 가급적 회상하지 않으려는 버릇을 가진 사람들이 다름 아닌 먹물 귀족들이다. 피난길에서의 신고辛苦보다는 옛 영화榮華가 '꿈에 본 내 고향'에 오버랩되어 눈앞에 어른거렸다. 빼앗긴 고향 산천을 회복하려는 열기는 점차 식어가고 대신 강남의 빼어난 풍광은 그들을 안주하도록 유혹하기 시작했다. 또 "장강의 천리는 그 험함이 탕지보다 더해 그 자체로도 십만의 군사를 대적해 낼 수 있다[長江千里 險過湯池 可敵十萬之師]"라고 하듯이 천험天險은 그들에게 튼튼한 방벽이 되어 주었다. 어느 정도 안정을 되찾은 그들은 자신이 구축한 권력 체제를 더욱 강고히 하고 영속화시키려 했다. 그들은 먼저 특권을 이용하여 재부를 늘리는 데 열중했다. 옛 영화를 재현하려면 무엇보다 돈이 필요했기 때문이다. 강남은 예나 지금이나 다름없이 투기의 땅이다. 고관 귀족들은 일찌감치 산림수택山林水澤을 개발하여 대장원을 건설했고, 중소 관료들도 덩달아 자급자족의 경지를 개발하는 데 열을 올렸다.

특권을 독점적으로 유지해 가기 위해서는 특권 향유층을 수적으로 제한할 필요가 있었다. 그들은 명문임을 내세울 필요가 있었다. 서로의 집안을 따지기 시작한 그들은 심지어 몇 대 이전 화북에서 생활하던 먼 조상까지 거슬러 올라가 집안 내력을 따졌다. 또한 족보 만드는 일에 몰두했다. 끼리끼리 명망가임을 내세워 혼인도 폐쇄적으로 행하였다. 이런 분위기 속에서 신분의 차이는 날이 갈수록 커져만 갔다.

권력에다 돈마저 장악하고 나면 눈에 보이는 것이 없어지는 법. 그들은 건강의 망명 정부에 대해 더욱 고자세를 취하였다. 특히 군사력으로 창업한 유송 왕조가 들어서자, 황실마저 장문將門이라 제대로 대접하지 않았다. 능력보다 가문이 중시되는 세상치고 망하지 않은 나라는 자고로 있어 본 적이 없다. 귀족 자제들은 나면서부터 출세가 보장되어 있었다. 귀족 출신 관료들은 높은 자리에 올라 국고만 축내면서 정무에는 손끝 하나 건드리려 하지 않았다. 그들이 하는 말은 청담이고 다른 사람들의 말은 세상 잡배의 탁언濁言으로 비하했다.

하는 일이 별달리 없다 보니 그들이 주로 찾은 것은 얼어죽을 '낭만'이었다. 남부러울 것이 없는 사람들이 대개 그러하듯이 남이 하지 않는, 감히 하지 못하는 짓만을 가려서 하는 것을 일러 낭만이라 했다. 폭음도, 마약 복용도 서슴지 않았던 것도 그런 현상이었다. 그래야만 멋있는 사람으로 존경받았다. 남자들도 얼굴에 분을 바르고 입술에 붉은 칠을 하였다. 지식인들은 정사나 왕조의 존망보다도 대칭과 균형을 중시하는 아름다운 문장, 변려문駢儷文을 짓는 데 밤을 새웠다.

신분 사이의 벽은 후대로 갈수록 더욱더 두꺼워져만 가고 있었다. 동진을 제외하고 송·제·양·진 네 왕조의 창업자들은 한인寒人 출신이라는 태생적 아픔을 안고 있었다. 그래서 황실도 귀족 흉내 내기에 바빴다. 그래서 콤플렉스를 가진 지도자가 문제되는 것이다. 이래서야 나라꼴이 제대로 되겠는가? 왕조의 중추인 상층 계급이 타락하게 되면 하층 계급 사람들의 한숨은 더욱 커지는 것이다. 사회적 일체감은 생겨날 리가 없고, 상하 모두가 통일에 대한 원대한 꿈보다는 고식적인 쾌락에 함몰되어 갔다. 정치가 바로 서야 사회가 제대로 굴러가는 것이다. 가치가 비뚤어지면 도덕이 제대로 설 수 없고, 도덕이 무너지면 천하가 위태로워지는 법이다.

건강 정부는 관료 조직을 중심으로 제국 체제를 확립할 힘을 상실하였고 각 지역을 통제할 군사력도 확보하지 못했다. 그로 인해 황실은 각 지역을 균형적으로 발전시킬 만한 힘을 갖지 못했다. 지방 세력이 중앙 조정에 대적할 만큼 커가는데도 제어하지 못했다. 이는 이미 동진 성립 당초부터 예견된 일이었다. 불길한 그림자가 점차 수도 건강의 하늘을 덮어 가고 있었다. 당나라 문인 유우석劉禹錫이 "금릉에 왕의 기운 빛을 잃고 사라지고 있었다[金陵王氣暗然收]"고 읊은 것은 이런 동진의 상황을 비유한 것이었다. 당시 건강은 금빛 나는 언덕[金陵]이라는 휘황한 별칭에 걸맞지 않게 이렇게 실의와 타락의 분위기가 팽배해 가고 있었다. 건강은 겉은 화려하지만 속은 썩어 가는 도시였다. 육조의 비극은 이렇게 그 속에서 배태되고 있었다.

낭만이란 낭만 그 자체로 끝나지 않는다. 낭만을 누린 만큼 그 대가를 지불하게 마련이다. 낭만 뒤에 도사리고 있는 것은 비극인 경우가 많다. 남조의 끝이 그러했다. 남조는 결국 북조에 흡수되는 비극을 맞아야만 했다. 유우석이 폐허가 된 건강성을 둘러보고 "오늘에야 사해가 모두 한집안인 시절을 맞았지만[今逢四海爲家日] 이 가을 옛 보루는 쓸쓸하고 갈대만 무성하구나[故壘蕭蕭蘆荻秋]"라고 읊은 구절은 낭만의 종말이 무엇인가를 잘 대변하고 있다. 우리가 남조 사회를 분석할 때 그들이 누린 낭만만을 보아서는 안 되는 이유가 거기에 있는 것이다. 그래서 이 책의 제목을 『강남의 낭만과 비극』이라 하였다.

첫 번째 글, '50-60년대 정다운 한국을 다시 보려면 사천四川에 가라'는 사천의 지형과 도교의 성립 문제를 다룬 글이다. 잘 알다시피 중국의 정치와 윤리를 지배한 것은 유교였지만, 중국 민중의 정신 세계를 지배한 것은 도교였다. 수천 년간 계속된 봉건 압제 속에서 살아가야 했던 민초들의 고난과 아픔을 가장 잘 위무했던 종교가 바로 도교였던 것이다. 도교가 왜 사천에서 성립되었던가? 위진남북조 시대 말기까지 남조의 땅이었던 사천은 사실 남조의 낭만과는 거리가 먼 땅인지도 모른다. 그곳은 중원에서 삶의 터전을 잃고 버림받은 자들이 발길을 옮겼던 피난지였다. 피난지라고 낭만이 없으란 법은 없다. 가난한 시절은 어쩌면 우리에게 더 짜릿한 낭만으로 각인되고 있을지도 모를 일이다. 특히 사천이 우리 세대 사람들에게 주는 메시지는 강렬하다.

두 번째 글, '죽림竹林은 사라지고 칠현七賢의 이름만 남아'는 위진남북조 시대의 독특한 지식인 그룹인 죽림칠현의 행동과 사상, 그리고 그 의미를 조명해 보려 한 글이다. 전·후한 400여 년간 굳건한 위치를 점해 온 전통적 가치관은 이들에 의해 한순간에 붕괴되었다. 기존의 가치와 권위의 파괴는 간혹 짜릿한 쾌감을 준다. '파격'은 간혹 적극적인 지지를 끌어내기도 한다. 그들이 내뱉는 말들은 청담清談으로 평가되고, 그들의 기행은 낭만으로 관용되었다. 그러나 과거에 대한 파괴와 비판만이 과연 능사일까? 그들이 내건 인간의 회복이라는 기치는 물론 포기할 수 없는 명제다. "청담이 나라를 잘못된 데로 이끌었다[清談誤國]"는 주장은 한 시대를 대표하는 지식인들에게는 그 책임 또한 막중하다는 것을 말하는 것이다. 그들의 행동이 조국을 오랑캐에게 헌납한 비극으로 귀결되었다면……

세 번째 글, '인생은 환상, 끝내는 공空과 무無로 돌아가리니'는 전원 시인 도연명陶淵明이 꿈꾼 유토피아, 『도화원기桃花源記』의 현장을 찾아간 여행기다. 이 글에서 필자는 동진·남조 시대를 살았던 한 시인의 삶을 그리고 싶었다. 그는 꿈꾸는 시인이었다. 유토피아란 원래 '이세상에 없는 것'을 뜻하지만, 세상살이에 찌든 사람들에게는 시인이 꾸며 낸 유토피아가 그토록 가까이 다가올 수밖에 없다. 음악이 그 시대를 표현하듯이 시도 시인도 한 시대의 산물이다. 도연명이 그려 낸 도화원은 그가 살았던 시대 사람들이 갈망해 마지 않았던 꿈의 동산이었다. 당시 도화원의 배경이 되었던 곳은 과연 어디일까?

네 번째 글, '소흥紹興에는 여전히 겨울비가 내리고 있을까?'는 왕희지王羲之의 「난정서蘭亭序」에 얽힌 이야기를 통해 동진·남조 사대부들의 인생관과 예술적 표현을 다룬 글이다. 예술은 아무 곳에서나 꽃피는 것이 아니다. 예술이 예술로서 인정되던 동진·남조 시대가 낳은 대표적 예술 도시 소흥은 귀족들의 장원이 펼쳐져 있던 곳이었고, 예술을 창출하고 이해하는 사람들이 찾았던 곳이었다. 현실적인 재부가 그 인생을 마냥 즐겁게 만드는 것은 아닐 것이다. 소흥에는 인간의 유한함과 그에 따른 허무, 예술의 지고한 가치와 정치의 각박함이 묘하게 혼합되어 있는 곳이었다. 소흥을 알면 이 시대의 귀족을 이해할 수 있고, 「난정서」에 얽힌 사연들을 알게 되면 이 시대의 예술이 어느 경지에 이르렀는지, 어느 정도 대접을 받았는지를 알 수 있을 것이다.

다섯 번째 글, '장강長江이 젖먹여 키운 강남의 보석 남경'에서는 동진·남조 시대를 이끌고 갔던 귀족들과 그들의 활동무대였던 건강성〔南京〕의 영욕의 세월을 다루었다. 빈곤 속에 낭만이 없으란 법은 없지만 낭만이란 대개 풍요에 기생하는 것이다. 건강성의 낭만은 장강의 길고 긴 유역에서 산출된 물자와 기름진 땅 강남의 풍요가 가져다 준 선물이었다. 남조의 낭만이란 몇 사람 몇 가문 출신자만이 누리는 특권적 낭만이었다. 낭만을 누리는 자가 제한될수록 더욱 달콤하지만,

좋은 경치는 오래 지속되지 않는 법이다. 동진·남조 귀족 체제의 화려함 뒤에는 엄청난 비극이 도사리고 있었다. 동진·남조 귀족제의 종말은 비극적이었지만, 그들이 주도했던 이 시대 400년에 가까운 기간은 중국 역사상 결코 홀시될 수 없을 것이다. 당시 시작된 강남 개발이 가지는 역사적 의미를 새겨보는 것 역시 이 글의 목적이다.

여섯 번째 글, '화려한 남조 황릉에 얽힌 한문寒門출신 황제들의 엽기 행각'은 송宋·제齊나라 황제와 황실의 패륜적 행위와 그 전말을 살펴봄으로써 최고 지배자의 출신과 그 성장 배경이 갖는 의미를 생각해 보려 했다. 가난과 고난을 극복하고 성공한 사람들에게 우리는 박수를 보낸다. 그러나 사람은 누구나 익숙하지 않은 자리에 앉게 되면 부자유스럽고, 불편하게 되는 것이고, 특히 촌놈 출신 출세자들이 느끼는 강도는 더 크다. 남조 시대 황가의 비극의 원인을 찾다 보면 당시 귀족들의 독점적 족벌의식이 자리하고 있다. 황제가 되어도 그 무리에 끼어들 수 없는 생래의 아픔이 그 얼마나 나라에 큰 영향을 끼쳤는지를 이들 황가의 비극을 접하면서 절감하게 된다. 그래서 족함을 알아야 하고〔知足〕, 족하다 생각되면 그치는 것〔止足〕이 좋은 것이다. 오늘의 무상의 영광이 내일의 명예로 귀결되는 법은 드물다는 것이 긴 역사가 우리에게 가르쳐 주는 교훈이기 때문이다.

일곱 번째 글, '만 권의 책이 무슨 소용이람! 인문학자 소역蕭繹의 탄식'은 양나라 마지막 황제 원제元帝:蕭繹의 기막힌 사연을 통해서 과연 학문의 효용과 그 의미를 살펴보려 한 글이다. 오로지 돈 되고 실용적인 것만을 추구하는 작금의 사회 분위기 속에서 그것과는 먼 거리에 있는 인문학이 갈 길은 과연 무엇일까? 대학이 매도되고 대학 졸업자가 된 것이 오히려 죄스러운 이 세상에, 그것도 더욱 백안시되고 있는 인문적 지식을 팔아먹고 사는 이 땅의 수많은 학자들에게 내일은 과연 어떤 대접이 기다리고 있을까.

여덟 번째 글, '황하는 그래도 굽이굽이 동쪽으로 흘러가야 한다'는 황하의 삼문협三門峽댐 아래에 굳건히 자리를 지키고 있는 '지주砥柱'라는 작은 바위섬에 얽힌 역사를 통하여 이 세상이 아무리 변해도 굳건히 지켜야 할 덕목이 무엇인가를 생각해 보려 한 글이다. 아무리 실용으로 치달아도 인간을 인간답게 만드는 학문의 지위는 결코 변해서는 안 될 것이며, 또한 변함이 없을 것이다. 황하의 물길을 아무리 막고 돌려도 황하는 역시 동쪽으로 흘러가듯이…….

이상 여덟 편의 글이 이 책에서 다루고자 한 내용이다. 동진·남조는 외형적으로 화려한 문화를 꽃피운 시기라 할 수 있다. 물질적인 풍요와 함께 예술이 예술로서 대우받고 정신적 자유가 그런 대로 허용되던 시대였다. 그러나 그 화려함의 내면에는 퇴영과 타락이 실핏줄처럼 흐르고 있었다. 사회의 모든 것은 몇몇 고문사족高門士族에 의해 독점되고 있었고, 동진·남조 시대 수도 건강성 주위에 흘러 넘치던 낭만도 알고 보면 이들 과두寡頭의 몫이었다. 그러나 동진·남조 370년은 중국사 발전 과정에서 다대한 기여를 한 시대였다. 이 시대가 이룩해 낸 경제적 개발, 그리고 학문과 예술상의 성취는 이후 시대에 막대한 영향을 끼쳤던 것이다. 수당 세계제국에서뿐만 아니라 이후 제국의 살림살이를 책임지고 남음이 있었던 풍요로운 곳간, 중국을 대표하는 학문과 예술의 연총淵叢으로서의 강남은 이 시대로부터 시작되었기 때문이다.

50~60년대 정다운
한국을 다시 보려면
사천四川에 가라

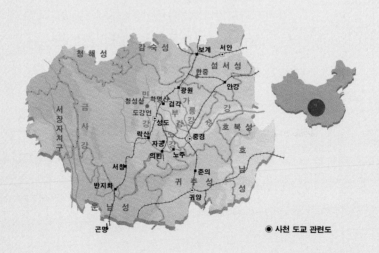

● 사천 도교 관련도

사천四川에 가면 1950~1960년대의 정다운 한국을 만날 수 있을 것이다. 특히 50대 이상 한국인들은 당신들이 못내 그리워하던 옛 시절이 그곳에 고스란히 멈춰서 있음을 발견하게 될 것이다. 사천은 갖은 세파에 시달리느라 그대들의 가슴에 난 멍든 상처를 일부나마 쓰다듬어 줄지도 모른다. 지금쯤 구불구불한 논두렁엔 메뚜기와 여치가 날고, 샛노란 잎들 사이로 튀어나온 가지각색의 꽃들이 밭을 온통 물들이고 있을 것이다. 논밭 사이에 산재한 죽림竹林과 그 사이에 있는 초가 지붕에 흙담벼락의 농가, 그 마당에서 삼베 바지저고리를 입은 아저씨가 대광주리를 짜고 있을 것이다. 작은 철도 역사 너머의 길가 싸구려 식당 문 위에는 낯익은 '사천반점四川飯店'이란 간판이 걸려 있고, 웃통을 벗은 아이들이 그대에게 손을 흔들어 줄 것이다.

사천은 도교道敎의 발상지인 동시에 성지다. 도교라는 종교가 등장한 것은 후한後漢 왕조가 쇠락해 가던 시기와 맞물려 있었다. 중앙 정치는 외척外戚과 환관宦官들에게 농락당하고 백성들의 생활은 점차 도탄에 빠져들었다. 반복되는 정치적 혼란과 피비린내나는 전쟁의 참상 앞에 노정되었던 당시 민중들에겐 목숨만이라도 부지할 수 있었으면 하는 희망조차 한갓 허망한 꿈일 뿐이었다. 정치적 혼란에다 한발과 역병疫病 등 자연적 재해가 거듭되는 위협 속에서 공포와 비애를 느낀 민중들은 새로운 보금자리를 찾아 유랑길에 올랐다. 그들에게 가느다란 희망의 불빛이 보이는 땅이 바로 1900여 년 전의 사천이었다. 사천은 하늘의 곳집〔天府〕으로 불릴 정도로 풍요로운데다 1000~3000m급 산들로 둘러싸여 지형적으로 격절隔絶된 지역이었다. 고달픈 인생길에서 받은 정신적 고뇌로부터 해방되는 길은 신력神力에 의지할 수밖에 없었을 것이다. 이런 민중의 열망이 이곳을 중심으로 도교라는 종교로 응결되어 나타났던 것이다.

사천은 지금도 여전히 중국의 민초들에게 안식의 땅으로 남아 있었다. 1억 3천만 명이 넘는 인구가 사천 지역에 모여 살고 있다. 역사적으로 사천은 피난 유랑자의 종착지였다. 황제답지 않게 정사政事보다는 로맨스에 빠진 나머지 황위皇位는 물론 목숨까지도 담보할 수 없었던 당唐 현종玄宗이 최후의 피난처로 선택했던 곳도 바로 사천이었다. 시성詩聖 두보杜甫뿐만 아니라 명明·청淸 시대의 파산한 빈곤 유민流民들이 그곳을 찾았고, 근세에는 일제의 침략을 피해 장개석蔣介石의 국민정부도 이곳으로 옮겨왔던 것이다. 시대를 초월하여 계급의 고하, 재산의 다과多寡를 따지지 않고 버림받고 쫓긴 자들을 한없이 포용하는 곳이 바로 사천이다. 그대 지금 시름이 깊거든 사천으로의 여행을 계획해 봄이 어떨지!

19 96년 8월 중국인 친구인 북경 사범대학 Z교수와 함께 이른바 사천 기행을 다녀온 적이 있다. 사천으로 들어가는 길은 역사 적으로 두 가닥이 있었다. 하나는 거대한 세 굽이 협곡, 즉 삼협三峽을 통해 남에서 북으로 들어가는 길이다. 제갈량의 계책에 따라 유비가 촉으로 들어갈 때 이용한 길이 바로 이 길이었다. 또 하나의 길은 관중 關中에서 남으로 산악 지대를 넘는 길로 흔히 '촉도蜀道'라고 한다. 현 재의 보계寶鷄에서 산관散關을 거쳐 남하하는 것으로 756년 당나라 현 종이 안녹산安祿山의 반란군에 쫓겨 도주했던 길이며, 234년 제갈량이 관중에 진출하기 위해 오장원五丈原에서 사마의司馬懿와 최후의 일전을 벌이려 진군했던 바로 그 길이다.

중국 지형도를 보고 있노라면 세계의 지붕 청장고원靑藏高原의 동 쪽 끝 지점에 움푹 팬 거대한 웅덩이 하나가 눈에 들어온다. 이 지역을 일러 '사천'이라고 한다. 1000~3000m급 산들로 구성된 대파산맥大 巴山脈·민산산맥岷山山脈·무산산맥巫山山脈이 여러 겹의 주름으로 에워 싸면서 만든 거대한 분지가 바로 사천이다.

사천에서 어린 시절을 보낸 이백李白은 "촉으로 가는 길, 저 푸른 하늘에 오르기보다 더 어렵구나〔蜀道難難於上靑天〕「蜀道難」라고 했다던 가? 조물주가 아무리 험준한 자연적 장벽을 마련하더라도 인간은 끝 내 길을 내고야 만다. 가파른 암벽 길을 한발 한발 쪼아 만든 길이 바 로 촉도이고, 그 가운데 압권은 역시 가릉강嘉陵江 상류 하반에 만들어 진 잔도棧道다. 촉의 전설상 시조인 잠총蠶叢이 열었다는 촉도의 일부 인 것이다.

원숭이도 오르려면 애를 먹는다는 촉도는 시인 묵객들에 의해 흔 히 "인생길의 험난함"에 비유되기도 했다. 나이 오십을 갓 넘긴 시점에 서 내가 여행길을 사천으로 잡은 데는 나름의 이유가 있다. 내가 살아 온 굽이굽이 인생길 50년! 앞으로 신께서 허여한 시간이 얼마나 될지

촉도. "촉으로 가는 길, 저 푸른 하늘에 오르기보다 더 어렵다"는 이 길에 바위를 뚫고 공로를 냈다.
가릉강을 사이에 두고 공로와 철로가 마주 보고 달리고 있다.

모르지만, 지나온 길보다 그 굽이만은 더 곡절이 많을 것 같은 두려움
이 당시 내 마음을 불안하게 하고 있었던 까닭이다.

　내 또래 사람들은 '386세대'나 '475세대'와 달리 세인들로부터
그 등록마저 허락받지 못한 특징 없는 사람들이다. 어릴 때에는 식탁
에 놓인 갈치 동강에 감히 젓가락도 대지 못하고 '언제 나도 아버지가
되어 보나' 하고 세월 가기만을 기다리며 살아왔건만, 막상 아버지가
되고 나니 어느덧 '자녀지상주의'라는 거대한 물줄기가 우리 앞을 가
로막고 있었다. 패스트푸드식 식단에 입맛을 억지로 맞추어야 하면서
도 불평 한마디 내뱉지 못하는 지지리도 못난 자들이 우리들이다. 50
대의 나이에, 60년대 학번에 40년대 출생인 우리 '564세대'. 우리 세
대가 그렇게 바라던 50대는 가장의 '위세'라는 말마저 오히려 사치스

러운 단어가 되어 버린 영락없는 김정현의 '아버지' 바로 그 모습이다. 몸은 한 부분 한 부분씩 병들어 시들어 가고 천직으로 믿고 인생의 전부를 걸었던 직장으로부터 모멸찬 괄시를 받고 거리로, 지하철로 하염없이 무거운 발길을 옮기며 한없이 눈물짓는 우리 564세대! 그래도 그 얼굴들이 보고 싶어 동창회에 나가면 즐거운 이야기보다 애달픈 사연을 더 많이 들어야 하는 우리들이다. 인생을 하루에 비유한다면 우리는 막 석양의 초입에 들어서고 있는 셈인데……. "석양이 아름답다〔夕陽紅〕"고 누가 말했던가! 당대의 시인 이상은〔李商隱〕은 설사 "석양이 무한히 아름답다 한들 단지 황혼에 가까울 따름〔夕陽無限好 只是近黃昏〕" 〔樂遊原〕이라고 갈파했던가. 아름답기는커녕 일그러진 석양의 모습을 한 우리는 이제 곧 영락없이 어두컴컴한 황혼으로 떨어질 것이다.

어느 누군가 말해 주었다. 사천에 가면 1950~1960년대 한국의 농촌을 그대로 볼 수 있을 것이라고. 그 말을 믿고 나의 아름답던 옛 시절을 만나기 위해 사천을 멀다 않고 찾아 나선 것이다. 우리 세대에겐 고등학교 시절 읽었던 『두시언해』와 『삼국지』는 차라리 찌는 여름에 쏟아지는 한 줄기 시원한 소나기와 같은 것이다. 내가 이 사천에 관심을 갖게 된 것도 그것들 때문이었다. 소설이란 허구이지만 쓸데없이 사람을 사로잡는 마력이 있다. TV 연속 사극 '왕건'의 내용이 90% 이상 거짓으로 꾸며졌다 하더라도 온 국민이 온통 그 스토리 전개에 울고 웃듯이 말이다. 나도 한때는 유비와 제갈량의 인간됨에 흠뻑 빠진 적이 있었다. 또 당시 읽었던 『두시언해』 중의 「촉상〔蜀相〕」을 줄줄 욀 수 있을 정도로 그 시절은 아직도 나의 주위를 맴돌고 있다.

승상의 사당을 어디 가 찾으리오 丞相祠堂何處尋

금관 잿밖 잣남귀 삼렬한 데로다. 金官城外柏森森

세 번 돌아봄을 어지러이 함은 천하를 위하여 헤아림이니 三顧頻繁天下計

(상) 가릉강변에 설치된 잔도. 바위에 수많은 구멍을 뚫어 나무토막을 끼워 넣고 그 위에 목판을 깔아서 만든 잔도는
촉과 중원 지방을 연결하는 유일한 통로였다. 제갈량의 북벌도, 유민들의 피난길도 이 길을 통해 이루어졌다.
『사기』에 "잔도 천리로 촉과 한이 통한다"는 이를 두고 한 말이다.
(하) 잔도의 구멍. 2000여 년 전에 만들어졌다. 빗물에 목재가 부식되지 않도록 비스듬히 개착하는 등
과학적 설계 공법이 돋보인다. 구멍의 구경은 0.3m, 깊이 0.5m, 구멍과 구멍 사이는 1m 간격으로 되어 있다.

두 조를 거리침은 늙은 신하의 마음이니라 兩朝開濟老臣心

군사를 내어가 이기지 못하여서 몸이 먼저 죽으니 出師未捷身先死

길이 영웅으로 하여금 눈물이 옷깃에 가득케 하노라. 長使英雄淚滿襟

그 시절은 진실로 우리들의 전성 시대였다.

누구나 마찬가지겠지만 나이가 들수록 종교가 절실해짐을 느끼게 된다. 특히 반백을 넘긴 나이가 되면 더욱 그러한 것 같다. 그래서인지 이전에는 가지 않던 법당을 찾는 횟수가 점차 늘어 가고 있다. 전에는 아내와 같이 법당에 들어설 때면 쑥스러워 좀체 부처님 앞에 꿇어앉지를 않았는데, 요즈음은 나 혼자 가더라도 오래 꿇어앉아 있는 경우가 많아졌다.

사천은 도교의 성지다. 중국 최초의 종교 왕국이 건립되어 20여 년간이나 지속되었고, 도교적 이상 사회를 지향했던 성한成漢 왕조302~347가 세워졌던 곳이 바로 사천이다. 왜 사천이 민중의 종교, 도교의 성지가 되었는지를 알아보고 싶었다.

신축된 북경서역[北京西站]에서 발차하여 정주~ 낙양~서안을 거쳐 종점 성도成都로 향하는 특급[特快] 열차를 탄 시간은 밤 11시였다. 이튿날 오후 서안을 지난 기차는 보계시 寶鷄市에서 좌회전하더니 진령산맥 秦嶺山脈을 기어오른다. 그것은 기차가 아니라 고성능 굴삭기를 장치한 철제 두더지라고 하는 것이 맞을 것이다. 기차는 깎아지른 산비탈을 작은 구멍을 내며 뚫어 가고 있었다. 건너편 산이 보이더니 금방 암흑이다. 기차도 힘이 달리는지 실내등마저 꺼버린 상태다. 산허리에 걸린 구름 사이로 기차는 숨을 몰아쉬며 오르고 있었다. 동행한 Z교수가 이백의 「촉으로 가는 친구를 보내며[送友人入蜀]」라는 시를 적은 쪽지를 건넨다.

높은 산이 사람의 얼굴 바로 앞에서 우뚝 솟고 山從人面起

타고 가는 말머리 옆에서 구름이 피어난다 雲傍馬頭生

　　정말 이백의 표현 그대로다. 산맥을 넘었다 싶더니 금세 세상이
온통 어둠 속에 묻혀 버렸다. 유방劉邦이 항우項羽에게 기피되어 한왕
漢王으로 봉해진 후 절치부심하던 한중漢中 땅도, 이백이 "아름다운 수
목들이 울창하게 드리워져 잔도를 덮을 것이다[芳樹籠秦棧]"라던 그 잔
도의 모습도 모두 어둠 속에 잠겨 버리고 간혹 역사의 불빛만이 차창
을 지날 뿐이었다. 북경으로 돌아가는 귀로에 그것들과 만날 것을 기
약하는 수밖에 별 도리가 없다.

　　사천은 사방으로 둘러싼 산맥의 주름에서 발원한 수많은 강을 경
계로 몇 지역으로 나뉘어져 있다. 특히 사천의 서북 지역인 "서촉 지
방은 하늘에서 물이 샌다[西蜀漏天]"는 말이 있을 정도로 집중 강우 지
역으로 유명하다. 크고 작은 수계가 수맥처럼 얽혀 있지만 모두 장강
으로 흘러든다. 그래서 사천이란 이름도 여기에서 나왔다는 설이 있
다. 즉, 네 개의 하천—①민강岷江·금사강金沙江·타강沱江·가릉강,
②민강·타강·가릉강·오강烏江, ③장강·민강·타강·가릉강—이 흐
르는 지역이라는 의미다. 그러나 '천'이란 선비족이 말을 타면서 부르
던 노래인「칙륵가敕勒歌」에 나오는 칙륵천敕勒川의 '천' 혹은 고구려
고국천왕故國川王의 '천'의 용례처럼 '평원' 혹은 '땅[壤]'의 뜻이라는 설
이 더 유력하다.

　　사천이란 양천兩川에서 삼천三川 : 三蜀, 그리고 사천四川으로 그 행
정구역이 변하는 과정에서 나타난 명칭이라는 것이 학계의 정설이다.
이 지역의 구분 방법은 여러 차례 변화 과정을 거쳤다. 즉, 진시황이
중국을 통일한 후 이 지역을 파군과 촉군으로 양분했다. 한대에는 익
주益州로, 서진대에는 양주梁州와 익주로, 당 태종 시기627에는 익주를

검남도劍南道, 양주를 산남도山南道라 하였다. 그 후 당 숙종 시기757에는 검남도를 검남동천절도사劍南東川節度使와 검남서천절도사로 분리하는 등, 사천을 두 지역으로 나누었다. 이 시기가 바로 '양천' 시대다. 당 대종代宗 시기에 들어 검남동도, 검남서도에다 산남서도가 설치되어 양천이 '삼천'이 되었다. 송나라 진종眞宗시기1001 사천 지역에 천섬사로川陝四路, 즉 익益·재梓·이利·기夔 등 4주로州路를 둠으로써 드디어 역사상 '사천'이란 명칭이 정식으로 등장하게 되었다. 이 시대에 들어 사천선무사四川宣撫使·사천제치사四川制置使 등의 지방관 명칭이 나타난 것이다. 사천이 정식 성省으로 등장한 것은 원대부터였다. 송대의 천섬사로를 사천행성四川行省이라 한 것이 바로 오늘날 사천성이라는 명칭의 시작이다. 이후 약간의 변동이 있긴 하였지만 송대에 정해진 사천의 행정구역이 그대로 지금까지 이어지고 있다.

고대에는 사천 분지를 파촉巴蜀이라 불렀다. 파와 촉은 지명인 동시에 종족명이며, 국명이기도 하였다. 감숙성에서 발원한 가릉강을 경계로 천동川東 지역을 파, 천서川西 지역을 촉으로 대개 구분했지만, 당시 파촉의 용례는 반드시 이 지역에만 한정된 것이 아니었다. 파의 경우 한수漢水 중류에서 장강 중류 지역까지도 포괄하며, 촉도 북으로는 섬서 감숙의 남부에서 남으로는 운남·귀주 지역에 이르는 광대한 지역을 가리키기도 하였다.

진시황이 통일할 수 있는 힘의 원천은 파촉의 풍요로운 땅을 직할령으로 두었기 때문인데, 이후 여러 왕조에서도 파촉의 중요성은 누누이 강조되었다. 특히 중국 고대 왕조의 수도가 주로 두어졌던 관중과의 관계에서 사천은 특별한 의미를 갖고 있었다. 파촉이 '배후지'로서 충실하게 역할해야만 관중이 수도권으로서 제 구실을 수행하게 되고 천하 통제도 용이해지기 때문이다. 따라서 고래로 관중을 먼저 얻은 자는 다음으로 파촉을 취하려 했던 것이다.

파촉은 첫째, 관중이 천하 통제를 수행하는 출구로서의 전략적 위치에 있었다. 먼저 파촉을 장악하면 '상류지세 上流之勢'를 이용하여 장강 중·하류 유역을 통제할 수 있었다. 관중을 얻고 파촉을 얻지 못하거나, 파촉을 근거지로 하면서도 관중을 얻지 못하면 천하를 얻는 데 문제가 있었다. 예컨대 전·후한 교체기에 공손술公孫述이 파촉을 얻었지만 광무제光武帝 유수劉秀가 관중을 차지해 버림으로써 천하를 얻는 데 실패했다. 또 조조가 관중을 얻었으나 유비가 파촉을 점거함으로써 천하를 얻는 데 어려움이 많았다. 둘째, 사천은 풍요로운 지역이다. 물산이 풍부하여 중국 고대 부자들에 관한 기록인 『사기史記』「화식열전貨殖列傳」에는 파의 과부 청淸과 촉의 탁씨卓氏, 촉의 정정程鄭 등 이곳 출신이 상당수 등장한다. 사천 지역의 명산물은 촉의 포목과 공邛의 죽장竹杖이었다. 실크로드의 개척자인 전한의 장건張騫이 대하大夏 : 현재의 사마르칸드에 갔을 때 촉의 특산물들이 티베트와 인도를 경유하여 그곳에 들어와 있는 것을 보고 놀랐다. 이런 대외 교역은 사천에 풍요를 가져다 주었다. 촉 성도 출신으로 전한 시대 최고의 문장가였던 사마상여司馬相如는 문장력 하나로 촉의 갑부 탁씨의 딸과 결혼한 것으로 유명하다. 명예를 돈과 바꾼 것이다.

현재 사천성은 두 개의 중심축을 가지고 있다. 수도 성도와 중경重慶이 그것이다. 성도가 촉의 중심이라면 중경은 파의 중심이다. 이 두 지역을 한데 묶어 성투지구成渝地區라고 한다. 성도는 원래부터 사천의 중심이었고 현재까지 그 중심으로의 위치를 굳건히 지키고 있지만, 중경은 그렇지 않다. 서진西晉 시대 상거常據의 저작으로 현존 중국 최고의 지리서 가운데 하나인 『화양국지華陽國志』는 이곳 사천을 대상으로 한 것이지만, 그 가운데 「파지巴志」에 나오는 파자국巴子國의 수도 강주江州가 바로 오늘날의 중경이다. 기원전 4세기 진秦나라 혜왕惠王이 장의張儀를 파견해서 파자국을 토벌하고 파군巴郡을 편성한 이후,

이 지역은 강주 혹은 파라 불렀다. 수·당 시대에는 투주渝州로, 송대에는 공주恭州, 나중에 중경으로 바뀐 것이다.

성도 사람들은 성도를 천부天府라고 부른다. '하늘의 곳간' 혹은 '하늘에서 부여받은 풍요로운 땅'이라는 뜻이다. 다른 지역과 달리 지금도 이곳 자유시장에는 싱싱한 겨울 야채가 넘쳐난다. 성도라는 명칭은 2400여 년 전 주周나라 말기 촉왕이 비현郫縣에서 이곳 성도로 수도를 옮겼을 때 1년에 시市를 이루고 3년에 도都를 이루었다는 데서 비롯되었다. 또 비단 생산이 성하다 하여 금성錦城, 금직錦織을 관리하는 관리를 두었다 하여 금관성錦官城이라고도 한다. 두보의 시 「촉상」에 나오는 '금관재'가 바로 이것이다.

성도는 원래 '촉금蜀錦'으로 불리는 비단의 대표적 생산지로 유명하지만, 옛 파자국의 땅인 중경도 견직물로 유명했다. 전국 시대 말 진나라가 파자국을 합병한 후 이 지역민에게 세금으로 반드시 포목을 내도록 했다고 하니 파자국의 견직물이 당시 크게 호평을 받았음을 알수 있다. 장강과 가릉강이 합류하는 지점의 언덕에 자리하고, 또 운무 낀 날이 많아 '산성山城' 혹은 '무도霧都'라 불리는 장강 연안의 도시 중경은 예로부터 수상 교통의 중심이었고 지금도 장강 하류로 가는 연락선은 거의 여기서 출발한다. 1997년 북경·상해·천진에 이어 중앙직할시로 승격됨으로써 사천성에서 분리되어 중국 내륙의 경제 거점으로 발전하고 있는 중이지만 내가 방문했던 1996년에는 사천성의 일부였다. 현재 인구 1487만 명으로 중국 최대 도시로 성장한 데에는 한때 정부가 여기에 두어졌던 것과 무관하지 않다. 1939~1945년 장개석이 국민당 임시정부를 두었고, 주은래周恩來가 이끈 중국공산당남방국中國共産黨南方局과 팔로군판사소八路軍辦事所도 이곳에 두어졌다. 항일과 혁명의 주무대였던 셈이다. 중경시는 원래 인구 20만 명 정도의 중소 도시였는데, 항일 전쟁 시기에 국민정부가 임시 수도로 정하면서 갑자

삼협 잔도. 사천과 장강 중·하류를 연결하는 유일한 통로인 삼협 천애 벼랑을 뚫고 길을 낸 잔도가 삼협 물길을 따라 달리고 있다. 긴 것은 120km에 이르는 것도 있다.

기 인구가 100만 명에 이르게 되어 오늘의 중경이 되었던 것이다.

날이 새자 사천의 풍경이 눈에 들어온다. 구불구불한 논두렁엔 메뚜기와 여치가 날고 있고, 늦여름의 샛노란 잎들과 그 위로 튀어나온 가지각색의 꽃들이 밭을 온통 물들이고 있었다. 논밭 사이에 산재한 죽림과 그 사이에 있는 초가 지붕에 흙담벽을 한 농가, 그 마당에서 삼베 바지 적삼을 입은 아저씨가 열심히 대광주리를 짜고 있다. 아침밥을 먹을 시간인지, 논두렁을 따라 고삐를 잡고 소를 몰고 집으로 돌아가는 무척이나 낯익은 아이들. 작은 철도 역사 너머의 길가 싸구려 식당 문 위에는 '사천반점四川飯店'이라 마구 갈겨쓴 간판이 걸려 있다. 1950년대 말 나의 고향 북창北倉 장터 마을의 중국집 상호 그대로다. 1년에 한 번도 제대로 들어가 보지 못했지만, 부엌 창문 사이로 새어나오는 자장면 냄새에 정말 환장할 수밖에 없었던 그 시절이 눈앞에 문득 나타난 것이다. 나의 사천 기행은 타임머신을 타고 1950∼1960년대 고향 마을로의 시간 여행, 바로 그것이었다.

사천으로 가는 길은 듣던 대로 과연 멀고 멀었다. 북경을 출발한 지 30여 시간, 이틀 밤을 열차에서 보내고 3일째 아침 8시쯤에 사천성의 중심 성도에 도착할 수 있었으니 말이다. 성도에 도착하니 날씨는 활짝 개어 있었다. "촉견蜀犬은 햇빛이 나면 짖는다"는 말이 있을 정도로 바짝 갠 날이 거의 없는 성도 지방이지만, 먼 길을 찾아온 손님을 대접하는 듯 8월 여름 하늘에 뭉게구름이 두둥실 떠 있다. 출구를 나오니 나와 같은 시대 역사를 전공하면서 동갑내기이기도 한 S대학 C교수가 그 지위에 맞지 않게 반바지 차림으로 저만치에서 반갑게 손을 흔든다. 그는 몇 년 동안 사천 북부 소수민족 아바阿壩족이 생산한 귀한 녹차를 사서 한국까지 부쳐 주던 친구였다. 그의 관심을 끌 만한 뭐가 나에게 있었던 것인지 아직도 알 수 없지만 그는 나를 진정한 친구로 대해 주었다. 그러나 그는 3년 전 타계했다. 6개월에 한 번씩 우

사천 분지. 사천은 1000～3000m급 산들로 둘러싸인 거대한 분지다.
"하늘에서 부여받은 풍요로운 땅(天府)"이라 불리는 성도 평원은 역대 버림받고 빈한한 유민들을
무한한 애정으로 포용하는 피난처였다.

송되어 오던 차엽이 문득 끊어진 지 3개월 가량 지난 1998년 여름 어느 날 나는 그의 부음을 전해 들었다. 나는 흐르는 눈물을 주체할 수 없었다. 중국 도교의 본산 청성산靑城山을 오르면서 그가 나에게 한 말이 두고두고 잊혀지지 않았기 때문이다.

"박 선생! 한국에 태어난 것을 행복으로 여기시오. 조국이 나의 건강도, 청춘도, 행복도, 학문도 다 빼앗아 갔소. 이 도교 사원에 오면 나는 젊은 날 조국이 나에게 안겨 준 아픔을 잠시라도 잊게 된다오!"

그는 고등학교를 졸업하자마자 소위 '문화대혁명文化大革命' 1966~1976의 깃발 아래 신강新疆 어느 병단에 소속되어 강제 노역의 세월 10년을 보냈다고 했다. 그 사이 사랑하는 가족은 죽거나 흩어지고 젊음은 가버렸던 것이다. 그의 가슴엔 10년의 세월만큼이나 큰 구멍이 패였다. 그 공허를 그나마 메워 주는 것이 믿음이었다. 그는 틈만 나면 이 도교 사원을 아내와 같이 찾는다고 하였다.

"박 선생, 왜 중국의 민중[老百姓]들이 도교를 그토록 믿는지 아시오? 체제가 우리를 그리로 보낸다오."

그는 원래 섬서성 출신으로 어릴 때는 유복한 가정에서 자랐다. 인생에서 가장 찬란해야 할 시기에 조국은 그에게 쉽게 지워지지 않는 깊은 아픔을 남겼다. 그 후 그는 사천을 찾아온 현대판 유민이 되었다. 거기서 아내를 만났고, 새로운 가족을 일구었다. 그러나 조국이 준 상처로 하룻밤도 깊은 잠에 빠져 본 적이 없다고 했다. 그는 간혹 나에게 이메일을 보내곤 했다. "Dear Professor Park, I love you!"가 전부였다. 그가 아는 영어란 그것이 다였기 때문이다. 이 간단한 영문마저 나를 위해 아마 누구로부터 특별히 배웠을 것이다.

대학 게스트하우스에 여장을 풀자마자 C교수는 성도 지역 위진 남북조사 전공 교수 10여 명을 집결시켜 두었다며 제갈량의 사당 무후사武侯祠 옆 식당으로 안내했다. 환영 오찬 모임인 셈이다. 오찬이

당唐 명황제明皇帝(현종) 행촉후蜀 문령처問始處. 촉도 가운데 마지막 험봉인 칠곡산 마루에 위치한 이곳은
한 여자에 빠져 국사를 그르친 당 현종이 촉으로 피난가던 중 하룻밤을 머물렀던 곳이다.
그는 바람에 흔들려 울리는 말의 방울 소리를 듣고 그것이 자기를 추격해 오는 반군의 것으로 오인했다는 전설이 전해 오고 있다.

끝나고 성도 시내 관광을 나섰다. 중국의 여타 대도시에서는 느껴지
지 않는 청량감이 성도를 에워싸고 있었다. 사람보다 꽃들이 많아 보
였다. 오대五代 후촉後蜀의 후주後主 맹창孟昶이 성내에 이르는 곳마다
부용꽃을 심었다 하여 용성蓉城 혹은 부용성芙蓉城이라는 아름다운 이
름도 갖게 되었기 때문인지 도시의 도로망도 부용꽃처럼 몇 가닥의
순환로로 구성되어 있다.

　　사천은 중국 역사상 피난지로 유명하다. 4세기 초 북방 유목 민족
에게 중원 땅을 물려주고 피난을 떠나야 했던 소위 '영가永嘉의 난' 때
피난 행렬은 세 가닥 길로 이어졌다. 첫째 가닥이 관중에서 사천으로,
둘째가 하남에서 호북·호남으로, 셋째가 산동 지역에서 강소 지역으
로 향하는 길이었다. 당대에도 사천은 피난지로 유명했다. 현종이 사

랑하는 여인 양귀비를 마외역馬嵬驛에서 마지못해 죽이고는 안록산의 반란군을 피해 목숨이나마 건지려고 향했던 곳이 바로 사천이다. 그는 한중을 거쳐 사천에 들어서 "한 사람이 막으면 만 사람이 열 수 없다〔一夫當關 萬夫莫開〕"는 요충지, 검문관劍門關을 지났는데도 안심이 되지 않았다. 아마 현종은 후한 말 장도릉張道陵이 득도한 중국 도교의 발원지 학명산鶴鳴山 : 현재 사천성 劍閣縣 소재을 지나면서 민초보다 못한 운명의 황제라는 사실을 깨달았을 것이다. 그리고 촉도 가운데 마지막 험봉險峰인 칠곡산七曲山에서 밤을 보내게 되었다. 그곳에서 그는 바람에 흔들려 울리는 말의 방울 소리를 듣고 한 여자에게 빠져 정치를 그르쳤던 지난날을 처연하게 회상했다. 그곳〔唐明皇帝幸蜀聞鈴處〕을 넘고 나서야 당 현종은 모든 것을 잊고 진짜 안식의 땅 사천에 안기게 되었던 것이다. 당나라의 시성詩聖 두보의 피난처도 사천의 성도였다. 757년 48세의 두보가 수도 장안을 떠나 이곳 성도에 와서 초당을 짓고 3년간 살았던 터에 청대에 세운 두보초당杜甫草堂이 자리하고 있다. 피난살이였지만 그의 일생 중 가장 평화로운 생활을 보내게 해준 곳이 바로 사천 성도였다. 그는 그곳에서 「강촌江村」 등 240여 수나 되는 주옥 같은 시를 지었다고 한다.

동짓날 황폐한 마을 荒村建子月
외로운 나무 있는 늙은이의 집이로다 獨樹老夫家
눈은 내리고 배는 가는데 雪裏江船渡
바람 앞에 대나무 숲은 기울고 風前逕竹斜
촉주 한잔이면 내 시름 이기련만 蜀酒禁愁得
돈이 없으매 어디 가서 외상 술을 마시오 無錢何處賖

그러나 두보초당은 피난 생활터라기에는 너무 화려했다. 그 정도 생활 수준이라면 피난살이를 마다할 사람이 누가 있겠는가? 가난한 옛 시인을 뒷사람들이 욕되게 한 것일 뿐이다.

사천은 오갈 곳 없는 사람들을 이렇게 무한히 포용하는 땅이었다. 마음껏 마실 술은 제공해 주지 못했지만, 굶기지는 않았던 곳이 바로 사천이었다. 사천대학 옆 망강루 공원望江樓公園은 당대의 여류 시인이며 기생인 설도薛濤의 이야기가 깃들여 있는 곳이다. 설도는 원래 장안 사람이었으나 전근한 아버지를 따라 이곳에 오게 되었다. 그러나 아버지가 세상을 떠나고 가세가 기울자, 마침내 악기樂妓가 되고 말았다. 시재가 뛰어난 설도는 많은 작품을 썼기 때문에 사람들은 그녀를 여교서女校書라 칭송했다. 그녀가 마실 물을 긷고 시를 쓰기 위해 독특한 종이인 설도전薛濤箋을 만들었던 우물이 바로 설도정薛濤井이다. 설도는 대나무를 좋아했다. 그녀가 심은 대나무는 지금 남아 있는 것만도 130종이 넘는다고 한다. 그래서 망강루 공원은 대나무 공원이라고 불리기도 한다. 사천은 대나무 산지로도 유명했다. 송대 사천이 배출한 대시인 소동파蘇東坡, 1036~1101는 대나무를 무척 좋아해서 "식사할 때 고기는 없어도 되지만 사는 곳에 대나무가 없어서는 안 된다"고 했다. 고향 사천에 대한 끔찍한 사랑의 표시이리라. 내 고향집 뒤편에도 죽림이 무성했다. 나는 대나무숲에서 나는 청량한 소리를 들으며 내 인생 가장 고민 없던 시절을 보냈다.

역대 피난민들이 이곳을 택한 데는 여러 가지 이유가 있겠지만, 가장 중요한 원인은 높은 산으로 겹겹이 둘러싸여 있는 자연적인 방어벽과 풍부한 물산 때문일 것이다. 사천은 지금도 중국 최대의 쌀 생산지이지만, 예로부터 흉년이 없는 곳이었다. 『삼국지』에 나오는 유비의 촉한蜀漢이나 오대 전촉·후촉이 그러하듯이, 사천은 단순히 하나의 분지가 아니라 나라로서 독립해도 될 만한 충분한 인력과 물력을 갖추고 있었다. 이 지역이 중국의 판도에 들어간 것은 기원전 4세기 말 진나라에 의해 정복된 후의 일이지만, 파촉은 그 이전 중원과는 다른 독자적인 문화가 형성·유지되고 있었다.

사천이 원래부터 비옥한 땅이었던 것은 아니다. 중원 세력에 의해 정복된 당시 상황에 기초해서 만들어진 『상서尙書』 우공편禹貢編에 따르면, 이곳에서 나오는 토지세인 전조田租는 전국 가운데 하상下上:7/9급이고, 특산물의 공납인 부賦도 하중下中:8/9에 오를 정도로 낙후한 곳이었다. 사천이 풍요의 땅으로 변한 것은 이 땅에 염鹽·철鐵·시市·공관工官을 두어 적극 개발한 진·한 제국 시기부터였다. 이리하여 "비옥한 들이 천리나 되어 하늘이 내려준 토지[沃野千里 天府之土]" 혹은 "육해陸海"라는 명칭과 함께 "물산이 풍부하여 민은 흉년의 근심이 없다"는 명성을 얻게 된 것이다. 이 사천을 개발하여 비옥한 토지로 만든 것이 한두 사람의 힘으로 가능한 것은 물론 아니었겠지만, 그래도 진나라 이빙李冰·이이랑李二郎 부자가 만든 도강언都江堰 덕분으로 돌리는 데는 크게 이론이 없다. 도강언은 건설 당시뿐만 아니라[天府之國 富庶之源泉], 2000여 년이 지난 지금의 사천 사람에게도 혜택을 주고 있다[千古不廢 沿用至今].

중국의 유명한 역사학 교수 겸 작가인 여추우余秋雨는 중국 역사상 가장 감동적인 건축물은 흔히 드는 만리장성이 아니라 도강언이라고 단정한 바 있다. 그의 주장을 요약하면 다음과 같다.

장성이 드넓은 공간을 차지했다면 도강언은 아득한 시간을 차지했다. 만리장성은 이미 그 사회적 기능을 상실한 지 오래되었지만 도강언은 지금까지도 수많은 민중을 위해 맑은 물을 보내 주고 있다. 도강언이 존재했기 때문에 제갈량과 유비의 지략이 꽃필 수 있었고, 이백과 두보와 육유陸游의 시문이 존재할 수 있었다. 장성의 수축을 지시한 진시황의 명령에는 웅장함과 경악스러움 그리고 잔인함이 묻어나지만, 이빙의 명령에는 지혜와 인자함 그리고 투명함이 짙게 배어 있다. 장성은 반이 실질이라

검문관劒門關. 촉도 가운데 험관으로, 예리한 칼처럼 생긴 두 산이 문처럼 대치하고 있다 하여 검문이라 하였다. 한 사람이 막으면 만 사람이라도 열 수 없다는 요충지다. 제갈량이 강유姜維에게 이곳을 지키게 한 것으로 유명하다.

면 반은 걸치레였다. 그러나 도강언은 처음부터 그 목적이 명료했다. 도강언에 가면 2000여 년 전에 죽은 이가 여전히 물의 흐름을 지휘하고 있음을 볼 수 있다. 강심에 있는 초소 앞에 서면 '너는 이쪽으로 가고 자네는 저쪽으로 가게'라는 소리가 들리는 듯하다.

사천으로의 시간 여행을 떠나면서 여추우가 그렇게 격찬한 이 도강언 소개를 빠뜨린다면 뜻있는 분들은 사천에서 헛것만 보고 왔다고 나를 욕할 것이 뻔하다. 그래서 이 글의 본론인 도교를 이야기하기 전에 도교의 본산 청성산 동쪽 15km에 위치한 도강언을 잠시 소개하려한다. 도강언은 성도에서 59km 지점에 있는 민강 상류에 건설된 수리시설로 전국 시대 진나라 소왕昭王 때인 기원전 251년 촉군태수로 부

도강언 都江堰 어취魚嘴. 고기 입처럼 생긴 제방으로 민강의 물을 내·외강으로 나누는 기능을 한다.
앞쪽 물줄기가 내강이 되어 천서·성도 평원을 관개한다.

도강언의 비사언飛沙堰과 보병구寶瓶口. 비사언은 내강에 토사가 흘러드는 것을 막고 수량을 조절하는 기능을 하며,
보병구는 산을 절개하여 만든 취수구다.

임한 이빙이 민중을 이끌고 만든 거대한 물막이다. 천서고원에서 발원하여 한때는 그 상류가 장강의 발원지로 잘못 알려지기도 했던 민강의 거센 물결이 도강언을 경과하면서 착하디착한 관개 용수로 변한다. 『익주기益州記』라는 책에는 이 도강언이 "험한 물결을 잔잔하게, 수해를 수리로 변화시켰다[化險爲夷 變害爲利]"고 소개되어 있다. 이로써 천서평원은 천백 년 래에 "기한을 모르는 옥야 천리의 육해라 칭해지는[不知凱寒 沃野千里 世號陸海]" 땅으로 변한 것이다. 도강언이 어떤 구조를 가졌기에 이런 큰 변화를 가져오게 한 것인가? 도강언은 어취魚嘴·비사언飛沙堰·보병구寶瓶口 세 부분으로 되어 있다. 어취는 의미 그대로 강 가운데 고기의 입처럼 생긴 분수제分水堤로, 민강 물을 두 줄기[內·外江]로 나눈다[分水魚嘴]고 하여 붙여진 이름이다. 외강은 홍수가 일어났을 때의 배수로로 민강의 본류로 연결되고 내강은 보병구를 통과한 후 천서평원의 농전을 관개한다. 비사언은 내강에 토사가 흘러드는 것을 막고 수량을 조절하는 기능을 한다. 보병구는 민강 바로 옆에 솟아 있는 옥루산玉壘山을 절개하여 만든 취수구取水口를 말한다.

옥루 산록에는 도강언의 개착자 이빙과 그 아들을 추모하는 사묘인 이왕묘二王廟가 있다. 남북조 시대에 창건된 후 여러 차례 중수를 거쳐 지금에 이르고 있다고 한다. 송대 이후 역대 왕조는 이빙 부자를 왕으로 봉하여 추존했다. 실제 왕이 아닌 자가 왕으로 칭해지는 사람은 중국 역사상 공자와 관우, 악비岳飛, 이빙 부자 정도가 아닐까 한다. 도강언은 한마디로 "수재와 한재란 사람 손에 달린 것[水旱從人]"이라는 말을 확실히 증명해 주는, 중국이 자랑하는 건축물임에 틀림없다.

도교 궁전이 즐비한 청성산에 입산하기 전에 너무 딴소리를 많이 한 것 같다. 도교는 뭐라 딱 부러지게 규정하기 힘든 특수한 종교다. 다른 종교에서 흔히 보이듯 인간 존재에 대한 근원적인 문제를 확실하게 파악한 토대 위에서 조직된 교설敎說이란 것도 없으며, 또 그

학명산鶴鳴山. 도교 발상지의 하나인 학명산은 도교[오두미도]의 개조 장(도)릉이 득도한 곳으로 알려져 있다.

것에 기초한 실천적인 수양 방식도, 그것을 제창했다고 믿게 하는 교
조敎祖도 없는 것이 특징이다. 즉, 도교는 어느 특정 인물이 제창하여
지속되어 온 종교라고 보기는 어렵다. 또 다른 종교에서처럼 내세에
비중을 두기보다 현실의 인생에 모든 것을 걸며, 거기에 최고 가치를
둔다. 도교에서는 현실에서의 삶 자체가 기본적인 전제이며 삶의 욕
구 추구가 근본적인 목적이다. 충실한 삶— 질병의 예방과 치유, 재
앙의 모면, 건강과 부귀의 획득, 가문의 번영, 쾌락— 과 그러한 삶을

장(도)릉상. 『삼재도회』(明, 王圻撰)에 수록. 오두미도의 창시자 장(도)릉. 장릉의 사후 아들 장형,
손자 장로로 계승되었다. 장로는 한중 지역을 점령한 후 일종의 종교 왕국을 건설했다.

무한히 연장하려는 욕구가 기본적인 전제다. 이런 욕구를 신비적 실
천이나 수양에 의해, 혹은 초인간적 힘에 의지함으로써 달성하려는
것이 바로 도교다.

　　도교가 신도로서 일체감을 갖게 된 시기를 도교의 성립 시기로
잡는다면, 동진東晉 말~ 남북조 초엽인 4~5세기의 교체기가 될 것이
다. 그러나 나름의 교법敎法을 갖고 그것에 기초한 교단敎團이 조직된
것을 도교라 부를 경우, 그 시원은 후한 말2세기 말까지 소급된다. 즉,
장각張角의 태평도太平道와 삼장三張：張(道陵)-張衡-張魯의 오두미도五斗米
道：天師道가 그것이다. 양교의 선후 관계는 명확하지 않으나 그 교법만
을 볼 때, 오두미도가 태평도의 영향을 받아 그것을 더욱 발전시킨 측

면이 있다.

사실 이 도교 계열 종교의 발생은 현재의 산동·강소江蘇 일대의
연해沿海:海濱 지역과 아주 관계가 깊다는 것이 정설이다. 오두미도를
창건한 장씨 가문도 강소성 북부에 자리한 패국沛國 출신이었지만, 태
평도의 교법을 창시한 장각도 하북성 남부의 거록鉅鹿 사람이다. 장각
은 그가 바로 '황건黃巾의 난'의 수령이었기 때문에 그 반란 활동에 대
해서만 상세하게 기록되어 있을 뿐, 태평도의 종교적 활동에 대해서
는 충분히 전하는 기록이 없다. 후한 순제順帝, 재위 126∼144 때 산동
낭야琅邪 사람인 궁숭宮崇은 그의 스승 우길于吉이 신인神人에게서 받
았다고 전해지는 『태평청령서太平淸領書』 170권을 헌상했다. 현존 도장
道藏:도교의 모든 경전을 모은 책에 수록된 『태평경太平經』이 바로 그 후신
인데, 장각은 이것을 얻어서 태평도의 교법을 창시했다는 것이다. 태
평도라는 이름도 여기서 나온 것이다. 장각이 언제 태어났는지는 잘
알려져 있지 않지만, 그가 태평도를 제창하여 활동한 시기는 그 교도
들이 누런 두건[黃巾]을 쓰고 후한 정부에 반대해 일제히 봉기한 해인
동시에 그가 죽은 해이기도 한 184년까지의 10여 년간이다. 이 10여
년 사이에 장각은 수제자 8명을 각지에 파견하여 교화에 힘쓰도록 한
바, 중국 동반부의 광대한 지역인 서徐·유幽·기冀·형荊·양揚·연
兗·예豫 등 8주에 걸쳐 신도 36만 명을 얻고 그들을 군대로 편성하기
에 이르렀다. 태평도의 기본 교단 조직은 방方이며, 전국에 총 36방이
있었다. 이 종교 단체는 184년 어느 배교자의 밀고로 후한 왕조로부터
금지되고 박해를 당하지만, 결국 종교 전쟁인 '황건의 난'을 통해서 정
부에 격렬하게 대항하였고, 후한 왕조를 붕괴 직전까지 몰고 갔다.

태평도의 교법에 의하면, 신은 사람의 일상 행위를 살펴보고 죄
를 범하면 그 벌로 병을 내리게 되어 있다. 즉 다욕多慾은 죄로 만병의
원인이 되며, 병은 신이 내린 징벌인 것이다. 병에 걸린 사람은 먼저

자기의 죄과를 반성하고 신 앞에서 참회·고백함과 동시에 다시 죄를 짓지 않을 것을 맹세한 후, 영험한 힘이 있는 부적과 물[符水]을 마신다. 이때 성직자인 사師는 아홉 마디의 죽장竹杖을 손에 들고 주문을 외워 신의 용서를 구한다.

2세기 중엽인 후한 순제·환제桓帝 무렵, 패국 사람인 장도릉이 촉의 학명산에 와서 수행·득도하여 오두미도라는 이름의 종교를 만들었다. 신자[道民]들에게 오두五斗의 미米를 공출하도록 했기 때문에 그렇게 불린 것이다. 앞서 도교의 발생이 중국 동부 연해 지역과 연관성이 있다는 것을 지적했지만, 사실 엄격한 의미의 종교로서의 도교의 시작은 태평도보다 사천 지역에서 시작된 오두미도 쪽이 시기적으로 빠르다고 할 것이다. 장릉의 도교 활동은 세상의 주목을 끌 정도는 아니었던 반면, 장각의 태평도는 후한 사회를 붕괴 직전까지 몰고 갈 정도의 대란을 일으킨 종교 단체로 급작스럽게 부상하여 세상의 주목을 받았기 때문이다.

오두미도는 장릉의 아들인 장형과 손자인 장로가 계승하여 그 교파를 확장해 갔고, 교법은 장로의 시기에 와서 대성되었다. 장로는 192~193년경 한중 지역에 종교 왕국을 세웠다. 카리스마적 세습 씨족인 장씨가 장생長生의 영약 제조를 독점하고 천사天師:天上의 敎師라는 칭호를 전유하고 있었다. 교단 조직은 사군師君-치두治頭-좨주祭酒-귀리鬼吏·간령姦令-귀졸鬼卒 등의 등급을 갖고 있다. 장로는 사군이었고, 입도入道한 사람을 귀졸이라 했는데, 입도한 깊이의 정도에 따라 점차 높은 칭호가 주어졌다. 이 가운데 가장 강조되는 직책이 좨주였다. 좨주의 임무 가운데 하나가 '노자오천문老子五千文'의 강습이다. 오두미도의 교법은 질병을 치유하는 법이 중심을 이루고 있다. 사람은 천신天神의 지배 아래 있고, 길흉화복은 천신의 상벌 결과로 나타난 것이었다. 과오를 빌면서 복을 구하는[謝過祈福] 면이나 부수주술符水呪術

에 의한 치병治病 등 교법이 기본적으로 태평도와 비슷하다. 즉, 성신誠信하며 일절 속임이 없는 생활을 영위하도록 가르치고, 병자가 있으면 '정실靜室'에 들어가 범한 죄과를 참회·고백하여 자기의 죄과를 회개하고 신에게 용서를 구한다. 이때 병자의 성명과 죄과를 갚겠다는 의지를 밝힌 문구를 써넣은 서약서[手書] 세 통을 '삼관수서三官手書'라 하는데, 이것을 천天·지地·인人 3관官·神에게 바치면서 다시는 죄를 짓지 않겠다고 목숨을 걸고 서약하는 형식이다.

오두미도에서는 무료 숙박 음식 시설인 '의사義舍'를 도로를 따라 곳곳에 설치하여 쌀이나 고기 등 식료를 두고 여행자에게 제공했다. 좨주가 관리하는 이 기관의 설치는 불교에서의 복덕사福德舍나 의식義食처럼 종교적 보시의 구현이라는 의미를 갖는 것이지만, 도교 신도 가운데 파산한 빈곤 유민이 많았던 것과 관련 있는 것으로 생각된다. 이것은 유민이 본적지로 귀환할 때 무료로 숙식을 제공하는 한대의 정전享傳과 그 기능면에서 비슷하다. 오두미도에서 지방 교구를 통괄하는 조직을 치治라 했는데, 치는 일반적으로 산 위에 자리잡고 있었다. 도교 유적들이 대개 산 정상에 있는 것은 이 때문이다. 전국에 24치가 있었다. 당시 자료에는 오두미도를 귀도鬼道·요도妖道·무도巫道 등으로 부르고, 또 그 신도를 미적米賊 혹은 요적妖賊이라 한 점에서 이 역시 태평도와 마찬가지로 반왕조적·민중적 성격의 종교 단체로 취급되었음을 알 수 있다.

태평도와 오두미도라는 두 교단을 구성하는 신도의 핵심 부분은 유망流亡 농민이거나 그에 가까운 파산 궁핍 농민이었다. 잘 알다시피 시조 광무제 자신이 남양南陽의 호족豪族 출신으로 호족 집단의 세력을 기반으로 정권을 획득했기 때문에, 후한 왕조는 다분히 '호족연합정권'의 성격을 띠고 있었다. 그러나 후한 중기 이후 황제가 단명하는 등의 이유로 정치가 본궤도를 벗어나자, 외척과 환관이 번갈아 정권을 장악하여 외척·환관의 발호 시대를 연출했다. 이런 기강 해이를 틈타 지방 호족 세력이 발호하기 시작했다. 여기에 격화된 이민족의 침입 등이 일종의 상승 작용을 일으켜 농촌 붕괴는 심각한 양상을 드러내기에 이르렀다. 결국 후한 말기에는 지방 실력자의 할거 시대가 나타났다.

이 와중에서 농촌의 계층 분화는 '폭력적'이라고 할 정도로 급격하게 진행되었다. 사람들은 고향을 등지고 타향으로 유랑하거나 몸을 팔아 노비가 되는 등 궁극적인 의지처인 가족과도 이별해야만 했던 자가 적지 않았다. 사서에 '유민' 혹은 '요적'의 활동 기사가 빈번하게 등장하는 것도 이런 상황에 연유한 것이다. 종족이나 향촌 등 기존의 질서로부터 물질적 혹은 정신적 비호나 협력을 기대할 수 없는 처지에 몰린 사람들은 심한 고독과 절망감을 맛보지 않을 수 없었다. 여기에 개인으로서의 구원과 마음의 평정을 전제로 하는 신앙이 요망된 것은 당연하다. 이와 같은 현실의 고뇌와 소망을 통찰하고 그것을 자기의 고뇌로 체험하여 그것을 통해 얻은 구원을 시대 속에서 실현하려는 인사가 나타났다. 그들이 바로 장각이며, 장로였다. 물론 그들이 인생에 대한 깊은 통찰이나 인간성 파악을 통한 투철한 식견을 가지고 그것을 극복할 만한 고매한 이상을 내건 것은 아니었다. 그러나 이들이 어느 정도 독자적인 종교적 실천과 이론을 정비하여 민중에게 방향과 조직을 제공하자, 갑자기 많은 신도가 모여들었고 커다란 교단이 형성된 것이다.

'황건의 난'은 도교의 일파인 태평도가 주축이 되어 일으킨 것이지만, 당시 민중들이 후한 제국에 절망했던 것은 그들이 내세운 구호 속에 잘 드러나 있다. "창천은 이미 죽고 황천이 들어설 것이다[蒼天已死 黃天當立]." 그들의 궁극적인 투쟁 목표는 후한 왕조가 통치하고 있는 '창천'의 시대에서 '황천'이라는 새로운 세계로 전환하자는 데 있었다.

조조와 장로, 명판본 『삼국지연의』에 수록. 장로는 한중을 점령하여 종교 왕국을 세웠지만 조조의 정벌군에 의해 패하였다. 조조군이 한중에서 장로군을 격파하는 모습을 그린 것이다.

'황건의 난'은 단순한 정치 운동이라기보다 오히려 평화롭고 질서 있는 신神의 나라를 이 지상에 세우려고 한 종교 운동이었다. 다만 태평도가 성립한 지역이 지리적으로 볼 때 후한 정부의 수도와 근접한 지역이었고, 또 호족 세력이 비교적 우세한 지방이었기 때문에 양자의 결합된 힘에 의해 탄압을 받았고 그로 인해 자취를 감춰 버린 것이다. 그러나 태평도가 지향한 이념은 오두미도의 교법으로 계승되었다. 오두미도가 태평도와 다른 길을 갈 수 있었던 것은 여러 가지 요인이 있겠지만, 그 근거지로 사천 지역을 택한 것이 중요한 요인이었다고 생각된다. 한중과 파촉은 후한 정부에 절망하여 유랑하여 들어온 파산 농민이 가장 많은 지역이었기 때문이다. 그런 민중적 역량과 천혜의 지형이 종교 왕국이 탄생하는 데 기여했다고 생각되는 것이다.

　종교 왕국을 건립하여 통치한 장로가 활동한 시기는 대략 후한 헌제獻帝, 재위 190~220의 치세에 해당한다. 장로의 어머니가 익주목益州牧 유언劉焉과 특수한내연의 관계에 있었기 때문에 먼저 그의 부하로 임용되었다. 유언은 사천 분지에서의 할거를 공고히 하기 위해 중원과의 사이를 차단할 필요가 있었기 때문에 장로에게 한중을 공략하도록 했던 것이다. 유언이 죽자 장로는 한중을 차지하였고, 천연의 요새라고 할 만한 지형 덕택으로 전란 중에도 자립하여 20여 년간 종교 정권을 유지할 수 있었다. 장로 치하의 오두미도 정권에서는 교단 조직이 그대로 행정기구였다. 좨주는 동시에 말단 행정관이었다. 종교 왕국이기 때문에 행형行刑도 종교적으로 행해졌다. 법을 어긴 자는 세 번 과오를 뉘우친 후 다시 도를 믿을 기회가 주어졌다. 이 과정을 총괄하는 자가 좨주였다. 문제는 이런 종교적 통치를 당시 인민들이 매우 편하게 여기고 즐거워했다는 점이다. 신도로서 종교적 교화를 받은 민중이 간소한 행정기구와 비권력주의적 지배에 호감을 갖는 것은 어쩌면 당연한 일이었다. 오두미도 왕국에서는 이처럼 정치와 종교가 불가분의 관계로 결합되어 있었다. 정권을 수립하고 유지하기 위한 정치적 수단으로 종교를 이용하는 당시 일반적인 왕조와는 질이 달랐다.

　이 종교 왕국은 세속적인 왕조 권력에게 압살되어 그리 오래 존속하지는 못했다. 211년 조조는 유비의 촉을 점령하기 위한 전초전으로 한중에 원정군을 파견했고 몇 번의 실패 끝에 215년 관중을 평정하고 한중을 함락시켰다. 이런 상황에서 교주 장로도 조조의 제후諸侯가 되는 것이 현명하다고 생각하여 크게 저항하지 않았다. 장로는 그 후 제후로서 높은 명예를 부여받았지만, 오두미도는 원래 독립된 종교 정권이라는 형태로 전개되었던 만큼 그 정치적 독립성을 상실한 이상 종교로서도 큰 타격을 입지 않을 수 없었다. 도교가 최초로 어용화·

관방화官方化의 길을 걷게 된 것이다. 장로가 조조 밑으로 귀속된 후 오두미도 간부나 신도들이 중원 지역으로 이주되게 되면서, 한중은 촉을 수중에 넣은 유비와 조조의 쟁탈전 중심에 서게 되었다. 천사인 장씨의 통제력도 크게 손상되었다. 4세기 들어 북방 민족의 점령으로 중원 지역이 혼란에 빠지자, 진晉나라는 강남으로 옮겨가 정권을 재건하지만 천사로서의 권위가 땅에 떨어진 장씨는 그 통제력을 완전히 잃고 말아 통일적 교단으로서의 모습은 완전히 상실되었다. 이 사이에 오두미도당시 '천사도'라 불림는 좨주들의 자립적 경영으로 민중들 사이에 영향력을 미치게 되었고, 귀족화한 장씨의 영향력에 의해 상층 귀족 사이에도 신도가 생기게 되었다. 서예가 왕희지王羲之 집안이 대대로 오두미도를 믿었고, 동진 말 오두미도에 의거해 대규모 반란을 일으킨 손은孫恩·노순盧循 등도 귀족 출신이었다.

삼국 이후 오호십육국五胡十六國에 이르기까지 중원 지역의 도교에 관해서는 기록이 거의 남아 있지 않다. 북위 시대 들어 돌연 장로의 술법을 닦던 숭산嵩山의 도사 구겸지寇謙之, 365~448의 대활약으로 도교는 국가 종교로서 확고한 지위를 얻기에 이르렀다. 그는 이미 실권을 잃은 장씨를 대신하여 스스로 천사가 되었다. 구겸지의 교법은 오두미도의 전통인 남여합기술 등 일부를 버리고 신선 사상과 불교를 아울러 받아들인데다 유교의 예법주의를 첨가한 후 정권과 밀착함으로써 도교의 왕법화王法化를 도모하였다. 구겸지는 제자였던 북위 최고 한인 문벌 귀족인 최호崔浩의 교묘한 추천을 받아 태무제太武帝의 국사國師가 되고 440년에는 연호마저 태평진군太平眞君으로 고치게 하였고, 446년에는 마침내 폐불廢佛 조칙을 이끌어 내기에 이르렀다. 이로써 북위 군주는 완전한 도교 군주가 되고 도교는 공식적으로 국가 종교가 되었다. 그러나 북위에서의 도교의 영향력은 이후 미미해졌다. 국가의 열의가 식으면 교단은 급격하게 쇠퇴하지 않을 수 없는 것이 정치와 결탁한 종교의 보편적인 운명이다.

다시 남조로 눈을 돌려 보자. 모산파茅山派라 불리는 도교의 일파가 있다. 모산은 남경 동남쪽에 있는 산 이름이지만, 그곳에 본거지를 둔 도교의 일파로서 귀족적인 종파라 할 수 있다. 진실晉室과 함께 남도南渡한 서진 재상 위서魏舒의 딸 위화존魏華存:南岳夫人과 그 밖의 진인眞人이 구술한 『상청경上淸經』이 그 경전이다. 이 모산파는 오두미도의 영향을 받은 면도 있지만 독자적으로 성립된 측면이 강하며 신선술을 중시하고 불교의 영향을 받아 경전 독송에 큰 의의를 두고 있는 귀족 도교다.

이상에서 보듯이, 후세 위진남북조 시대의 도교는 장로가 조조 밑으로 귀속한 이후 어용화·관방화된 오두미도에서 파생해 나간 것이다. 그러나 이상과 같은 어용화·관방화와는 다른 흐름이 희미하게나마 지속되고 있었다. 215년 장로가 투항한 이후로도 기왕의 오두미도 조직 구성원의 일부는 현실 정권과 제휴 없이 민간에서 활동을 지속하고 있었다. 이러한 활동의 주축 역할을 담당했던 것이 '이가도李家道'였다. 사실 갈홍의 『포박자抱朴子』에서는 이들이 금절되어야 할 사이비 교파로 백안시되었지만, 노자의 성인 이씨가李氏家:李弘·李八百·李脫·李阿 등는 누대에 걸쳐 노자 변화 사상의 체현자로 자임하며 민중 신앙의 구심점으로 수세기 동안 역할을 수행했다. 특히 이홍은 남북조 시대를 통하여 반란 집단 영수의 대명사로서 등장하는 경우가 빈번하게 보인다.

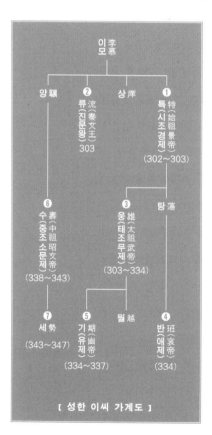

[성한 이씨 가계도]

이가도 관계 사료에서 보이는 이씨들은 촉 출신이라는 공통성을 가지고 있다. 특히 이가도의 본모습은 4세기 초 파촉 지역에서 자립한 저족氏族 출신 이웅李雄 등에서 살펴볼 수 있다. 이웅 등의 성한 정권은 유민 세력을 주축으로 형성된 정권으로, 4세기 중엽까지 이 지역에서 독립 세력을 유지하고 있었다. 이웅의 선조들은 장로 정권 하에서 오두미도의 영향을 받았고, 오두미도가 실현하고자 한 이상 국가를 지향했던 것이다. 이웅은 오두미도의 28치 가운데 하나인 청성산에 머물면서 도교 국가를 구체화하고 있었다. 즉, 이가도는 장로의 투항과 오두미도 조직의 이완 이후 어떤 정권과의 제휴 없이 민간에서 활동하면서 상당한 지지 기반을 얻고 있었던 도교의 별파였던 것이다.

사천이 왜 도교의 성지가 되고 사천과 가까운 한중 지역에 중국 최초의 종교 왕국이 등장하여 20여 년간이나 존속하게 되었고, 또 민중적인 이가도가 지향한 이상향 건설을 목표로 한 성한 정권이 사천 지역에 들어서게 되었는가는 잘 알려져 있지 않다. 이 방면에 특별히 문장을 발표해 보지 않은 필자로선 별다른 논리를 준비하고 있지 않다. 다만 도교의 성립은 민간 신앙에 근거한 이상 그 고유의 지방 문화와 관련이 있을 것이라는 생각이다. 도교가 발생하고 또 많은 신자를 확보한 파촉과 제齊, 즉 산동 지방도 신선 사상과 관련이 깊은 지역으로 알려져 있다. 예컨대 제에 팔신八神이 있다거나『漢書』郊祀志 上, 발해渤海에 삼신산三神山이 있다는 기록『史記』封禪書 등이 그것이다.

당시 폭력적인 세속 정권으로부터 물신 양면으로 상처받은 민중들이 유민이 되어 찾아온 곳이 바로 한중·사천이었다. 당시 민중들의 의식은 "인생은 백을 채우지 못하나 항상 천년의 근심을 지고 있네[人生不滿百 常懷千歲憂]"「西門行」라든지, "인생은 홀연히 거쳐가는 것, 수명은 금석같이 견고한 것이 아니네[人生忽如寄 壽無金石固]"古詩 19수라는 시에 극명하게 표현되어 있다.

(좌) 천사동天師洞에 있는 노자상.
천사동은 장릉이 일찍이 강도했던 곳이다.
(우) 청성산靑聖山 산문山門. 사천 도교의 본산 청성산은
산 전체가 도교 관련 시설로 덮여 있다.
전산·후산을 합쳐 38개의 도교 사원이 현재 남아 있다.
전산의 산상에 있는 상청궁(노자를 모신 곳)과
천사동(장릉이 강도한 곳)이 가장 유명하다.

　　한중 역시 사천과 마찬가지로 부서富庶 지역인 동시에 유민이 많
은 지역이라는 특징을 가지고 있음에 주의해야 한다. 『화양국지』 「한
중지漢中志」를 보면 "그 땅은 비옥하고 부세 공출은 대략 삼촉과 비슷
하다[厥壤玉美 賦貢所出 略侔三蜀]"는 기술이 있고, 또 한중 일대에 유민들
이 많아 한중 1군으로는 식량을 제대로 공급할 수 없어 조정에 "파촉
에 가서 기식[寄食巴蜀]할 수 있도록 요구"하는 기사가 보인다『晉書』 李特
載記. 파촉 지역의 유민도 사실 한중을 거쳐 들어간 것이라면 한중과
사천은 당시 처한 사정이 매우 유사하다고 할 것이다. 기원전 206년
항우項羽는 서초패왕西楚覇王으로 자립하고는 한 고조 유방劉邦을 한왕
漢王으로 봉하고 파와 촉·한중을 그 봉지로 하였다. 이후 사천 분지와
관중 분지가 다른 정권에 속했을 때 그 경계선은 일반적으로 진령산
맥秦嶺山脈이었고, 한중 분지는 대개 남쪽 사천 분지에 있던 정권에 속
해 있었다. 그러나 원나라 때 남송을 정벌하고 새로 행정구역을 나누

면서 한중 분지를 섬서에 편입시켰다. 송과 금, 송과 원의 대치 시기에
한중은 항상 사천의 방벽 역할을 했기 때문에 한중을 북쪽 섬서에 편
입하여 사천의 방벽을 없앤 것이다. 또 원 왕조는 통치 중심이 북방에
있었으므로 이러한 구획은 북에서 남을 통제하는 데 유리했다. 이후
명·청 정권도 북경에 수도를 두었기 때문에 이런 구획의 유지가 통치
하는 데 도움이 되었으므로 계속 고수되었다. 그러나 진령산맥이라는
교통의 장애가 극복되지 않은 전근대 시기에 자연지리나 인문지리의
각도에서 볼 때 한중 분지는 사천 분지와 동일 행정구역에 속하는 것
이 유리했다. 따라서 한중 분지가 북쪽에 속한 지 이미 700여 년이 지
났지만 이 지역의 인문지리적 상황은 계속해서 사천 분지에 가까운
실정이다. 이처럼 사천과 한중은 서로 밀접한 연관성을 가지고 있다.

　　그렇다고 한중이 사천에 부수되는 지역은 아니다. 그 나름의 독
자성을 구비하고 있는 지역이다. 필자는 2001년 여름 관중에서 버스

를 타고 진령산맥을 넘어 한중으로 들어간 적이 있다. 이전 관중에서 한중으로 들어가려면 진창陳倉·포야襃斜·낙곡駱谷·자오子午 등의 길에 설치된 잔도를 거치지 않으면 안 되었다. 지금은 도로가 뚫려 있지만 한중으로 가는 길은 아직도 버스가 다니기에는 험하기 이를 데 없다. 그리고 한중에서 사천으로 가는 길도 만만찮다. 남으로 미창米倉·금오金午·양평陽平·백뇌百牢 등 관애關隘를 통과하지 않으면 안 되었기 때문이다. 한중은 "잔도로 북으로 농과 촉 지방으로 연결되고 한수를 통해 동으로 형과 오 지방을 통제한다[棧閣北來連隴蜀 漢川東去控荊吳]"는 전략적 요충지였으므로 이곳을 '고루孤壘'라고 불렀던 것이다.

　　한중에 들어서니 결코 섬서성의 모습 그것이 아니었다. 섬서성의 여타 지역과 달리 기후가 온화·습윤하고 물산이 풍부하다는 것을 금방 느낄 수 있었다. 동서로 끝없이 뻗어 있는 공로公路 옆에는 충분한 수분을 섭취한 미루나무 가로수가 수십 척의 높이를 자랑하고 있었다. 목타는 관중과는 너무 대조적인 풍경이다. 관중 평원은 거의 밭인 데 반해 한중은 거의 논이었다. 한수漢水 유역에 펼쳐진 녹색의 평원, 그래서 이곳을 "어미지향魚米之鄉, 소강남小江南"이라 부르는 것이다. 한중은 그 규모는 적지만 사천과 마찬가지로 외부 세력으로부터 오는 위험을 줄이고 유민에게 먹이를 제공하는 이점을 가진 지역이었다. 여기로 몰려든 민중들의 열망에 부응하여 일어난 종교가 바로 도교였다.

　　위·진 시기는 도교가 종교로서 정형화·성숙화해 가는 동시에 관방화와 민중화라는 서로 다른 길을 걸었던 시기라고 할 수 있다. 이런 분화 과정에서 황제권과의 타협을 거부하고 민중적인 신앙으로의 길을 걷게 한 도교의 전통이 바로 사천 지역에서 발생했던 것이다. 같은 도교라 하더라도 태평도와 오두미도, 관방화된 오두미도와 민간에 존속해 간 이가도의 운명이 반드시 동일하지 않았던 것은 각각 다른 배경을 갖고 있음을 느끼게 한다. 내가 한중을 거쳐 사천을 찾은 이유도 바로 거기에 있었다.

도교의 발상지 청성산은 성도 북방 59km에 위치한 관현灌縣 현성 서남 15km에 있는 해발 1600m의 산이다. 파란 나무들이 성벽을 이룬다고 하여 붙인 이름이라고 하나 중국의 다른 영산, 예컨대 오악五嶽에 비한다면 평범하기 이를 데 없는 산이다. 민중의 아픔을 포용하고 그들에게 현세에서 무한한 위안을 주던 도교의 사원이 우람해서야 되겠는가? "청성산은 천하에서 가장 그윽하다[靑城天下幽]"고 하지만 산의 형세가 그런 것만은 아닌 것 같다. 오히려 많은 도관道觀 때문일 것이라 생각되었다. 전산前山과 후산後山을 합쳐 38개의 도교 사원이 지금도 남아 있다. 유명한 도관은 주로 전산에 위치하고 있다. 전산의 산상에 있는 상청궁上淸宮에는 이노군李老君: 老子의 상이 모셔져 있다. 청성산 전산 허리인 혼원정混元頂 암벽 사이에 위치한 천사동天師洞은 천사天師 장릉이 일찍이 그곳에서 강도講道했다고 해서 이름을 얻은 도관이다. 그 도관의 주전主殿인 삼황전三皇殿: 伏羲·神農·軒轅 앞에는 장릉이 심었다는 은행나무 한 그루가 아직도 서 있다. 그 옆에 천사 조상이 있는 사묘寺廟는 수나라 양제 대업 연간에 지어진 것인데, 연경관延慶觀, 혹은 상도관常道觀이라 한다.

북경에서부터 동행한 Z교수, 그리고 C교수는 도관 하나하나를 들를 때마다 도교의 여러 신들 앞에 쭈그리고 앉아 중얼거리며 흐느낀다. Z교수는 나보다 1년 연상으로 문화대혁명 때 깊은 상처를 받은 사람이다. 그들이 그 앞에 쭈그린 도교 신들이 어떤 의미를 가진 신들인지 나는 잘 모른다. 그러나 그들이 왜 그 앞에서 그래야만 하는지는 진정 뜨거운 가슴으로 느낄 수 있었다. 그래서 나도 그들을 따라 그 신들 앞에 오랫동안 앉아 있었다. 나의 가슴에 달라붙어 있는 응어리가 이제 풀어지기를 기대하면서……

二

죽림竹林은 사라지고
칠현七賢의 이름만 남아

● 죽림칠현 활동 지역도

술과 마약과 기행奇行으로 세월 보낸 죽림칠현

죽림칠현竹林七賢은 3세기 중국을 대표하는 하나의 지식인 그룹이다. 그들은 형식적인 예교주의禮教主義에 속박되었던 인간을 해방시키고, 인간 본연의 진정을 추구하는 새로운 학문 체계를 구축하는 데 나름대로 기여했다. 그들은 참다운 인간을 청안시靑眼視했지만 위군자僞君子를 백안시白眼視했다. 그들의 토론과 언설은 문자 그대로 티없는 담론이라는 의미로 '청담淸談' 혹은 '청언淸言'이라 했다. 이런 입장에 선 정치 세력을 '청류淸流'라 했다. 당시 위군자들의 거짓 놀음에 식상해하던 많은 사람들에게 그들의 탈속적脫俗的인 언행은 신선한 충격이기도 했다.

그러나 그들 죽림칠현에게는 술과 마약과 기행奇行이 상표처럼 달라붙어 있었다. 술은 마약을 먹게 했을 뿐만 아니라 갖가지 기행에 대한 변명거리가 되곤 했다. 그래서 그들의 언행은 당시 사회에 적지 않은 폐해도 낳았다. 그들의 사상과 행동은 점차 본질에서 벗어나 말초적인 것으로 흘러갔다. 도덕 지상주의도 문제지만, 사회윤리의 상실은 더욱 큰 문제다. 결국 수천 년간 중국 문화를 일구고 키워 온 신주神州 중원中原을 오호五胡 이민족에게 넘겨주고 강남으로 피난하지 않을 수 없었던 원인을 제공한 자들이 바로 죽림칠현으로 대표되는 당시 지식인들이었다. 강남에서 다시 왕조를 세워 새로운 출발을 시도했으나 그들이 남긴 유산은 강남 사회를 여전히 주름잡고 있었다.

지도자가 탈속의 세월을 보낸다면 그 누가 세속世俗을 다스린다는 말인가! 남조南朝 귀족들은 술과 마약과 기행으로 탈속의 세월에서 끝내 벗어 나지 못했다. 죽림칠현이 남긴 풍조가 유행했던 왕조는 쉽게 망국의 길로 접어들었다. 남조 여러 왕조의 조명祚命이 총망悤忙하게 끝났던 것도 그 때문이었다. 풍속이 건전해야 나라가 사는 법이다. 근본인 도덕이 흔들리면 풍속이 난잡해지고 나라가 거덜나는 것이다. 죽림칠현이 오늘날 우리에게 주는 교훈이다. 어찌 근본을 다지고 사람을 만드는 교육이 시급한 때가 아니겠는가!

시골 고향집 뒤편에는 대나무 숲이 지금도 울창하다. 초등학교와 중학교를 고향 마을에서 다닌 나는 고향 대밭에서 울리는 바람 소리에 따라 사계절의 변화를 느끼며 꿈 많은 어린 시절을 보냈다. 봄이면 죽순을 꺾어 초고추장에 찍어 먹던 일을 생각할라치면 입에 침이 저절로 고인다. 6·25 전쟁 직후 그 어려운 시대, 그것도 보릿고개를 넘어가는 시점에 돋아나는 죽순과 죽림 옆 언덕바지에 나는 쑥은 변변치 않던 우리 식탁을 화려하게(?) 만들었다. 죽림은 우리 식구들에게는 당시 최고의 구황救荒 식품 제공처로 여겨졌다. 그 때문인지 요즈음도 고향에 들르면 죽림을 돌아보면서 그 옛날을 회상하곤 한다.

'죽림칠현'이란 존재를 처음 알게 되었던 것은 지금으로부터 50년 전으로 거슬러 올라간다. 돌아가신 선친께서 "옛날 중국에 죽림칠현이라는 현자가 있었느니라" 하시던 말씀이 죽림칠현과의 첫 만남이었다. 평생 공부라고는 6개월의 서당 공부가 전부였던 아버님께서 그들이 살았던 시대의 역사를 연구하는 교수가 된 이 아들이 지금도 이해하기 힘든 이 죽림칠현을 어떻게 알고 계셨을까 하는 의문은 여전히 가시지 않고 있다. 죽림칠현이 그들이 생활했던 때로부터 거의 1700년이 지난 지금까지도 동양인들의 기억 속에 진하게 남아 있는 것만은 분명하다. 사실 죽림이야 숱하게 있지만, 진정한 죽림은 칠현이라는 주체가 뒤에 붙지 않으면 별다른 의미를 갖지 않는다.

그들은 왜 굳이 죽림에서 놀게 되었을까? 그것은 대나무가 가지고 있는 이미지와 연관된 것이었다. 대나무의 쭉 뻗은, 그래서 전혀 꾸밈이 없는 담백한 성격이 칠현의 사상과 탈속적인 기풍과도 연관이 있다는 설이 유력하다. 동진 시대 강림한 도교 신들의 계시를 집대성한 『진고眞誥』라는 책에 "대나무는 북두칠성의 정기精氣를 받았기 때문에 둥글면서 안은 비고 윤이 나며, 땅속에 있을 때 청소淸素한 자질을

여산廬山 동림사東林寺. 여산 서북쪽에 위치한 동림사는 정토종을 창시한 혜원 스님이 동진의 명사들과 청담을 나누던 곳으로 유명하다.

기르고 뿌리를 뻗어 열매를 맺으면 휘어지는 것이다"라고 되어 있으
니 칠현이 그들이 놀던 장소로 죽림을 택한 이유를 짐작할 수 있다.

중국에서 '인간'에 대립되는 개념으로서의 '자연'이 성립된 것은
노장의 무위 자연 사상이 성행하고 은일隱逸 사상이 유행한 위·진 시
대부터라고 한다. 즉, 보다 자연스런 것이란 인간 사회 밖에 존재하는
것이라는 인식이 강하게 대두되었고, 그에 따라 자연을 동경하고 그
속에 은둔하려는 풍조가 나타난 것이다. 문학사적으로 큰 의미를 갖
는 산수 애호의 산수시山水詩가 나타난 것도 그 영향을 받아서이다. 감
정과 사상을 자연물에 의탁하여 표현하는 소위 '기물진사寄物陳思' 기
풍의 결과인 것이다. 중국에는 고래로 적지 않은 은자들이 출현했다.
후한 말~삼국 시대 이전의 은자들은 은둔 장소로 대개 산야山野를 택

동림사의 죽림. 이곳에서 혜원은 시인 도연명, 산남도사山南道士 육수정陸修靜과 유교·도교를 함께 논하곤 했다.

했고, 주위의 풍물을 바라보며 사랑했다고 한다. 그러나 그것과 더불어 노니는 것은 아니었다. 특히 대나무를 사랑하고 그것과 같이하는 기풍이 칠현 이전에는 없었다고 한다. 우리가 흔히 사대부라면 같이 노니는 것으로 알고 있는 매란국죽梅蘭菊竹의 사군자四君子도, 윤선도尹善道의 「오우가五友歌」 속의 수석송죽월水石松竹月 애호라는 것도 후세에 나타난 경향이다. 하지만, 그 기원을 따지면 죽림칠현으로 소급될지도 모른다.

이처럼 지식인이 대나무와 노니는 기풍은 죽림칠현으로부터 생겨났다고 할 수 있다. 동진東晋 서법가 왕희지의 아들인 자유子猷 : 王徽之가 대나무를 특히 좋아해 남의 집에 잠시 기거할 때마저 대나무를 심도록 하면서 "어찌 하루라도 이분[此君]이 없을 수 있겠는가"라고 했다는 고사가 있다. 대나무의 별칭으로 '차군此君'이란 용어가 쓰이게 된 계기를 만든 것이다. 칠현처럼 자연 풍물이 갖는 기풍을 기려 그곳에서 그것과 놀기 위해 은둔하는 것이 이 시대에 와서 성행하게 된 것이다. 따라서 칠현에게 죽림이 없다면 그것은 단팥 없는 찐빵과 다를 바 없는 것이다.

칠현이 모여 생활했던 죽림은 어디에 있을까? 죽림칠현에 대한 최초의 기록은 『삼국지三國志』의 「위서魏書」 권21 왕찬전王粲傳의 주注다. 거기에는 진晋나라 손성孫盛이 지은 『위씨춘추魏氏春秋』라는 책에 실린 내용이 인용되어 있다. 즉 "혜강嵇康이 하내河內 산양현山陽縣에 잠시 살고 있었는데, 그와 더불어 교유하는 자들은 일찍이 기뻐하고 성내는 기색을 얼굴에 드러내지 않았다. 진류陳留 사람인 완적阮籍, 하내 사람인 산도山濤, 하남 사람인 상수向秀, 완적의 조카인 함咸, 낭야琅邪 사람인 왕융王戎, 패국沛國 사람인 유령劉伶이 서로 더불어 벗 되어 친하게 지내면서 죽림에서 노니, 이들을 칠현이라 불렀다"고 되어 있다. 그러나 죽림칠현은 위에서 인용한 대로 항상 같이 모여 있었던 것은 아니었으며, '7'이라는 숫자도 상당히 작위적인 것이라는 설이 유력하다. 이미 『논어』에 "도가 행해지지 않자 일어나 은거한 사람이 일곱이었다[作者七人]"는 구절이 있고, 또 당시 조조의 근거지 업성鄴城을 중심으로 활약한 문학 그룹을 '건안칠자建安七子'라 불렀듯이, '7'이란 당시 어떤 그룹을 나타내는 상용 숫자이기도 했던 것이다.

죽림칠현 가운데 생졸生卒 연대가 판명된 자는 산도205～262, 완적210～263, 혜강223～262, 왕융234～305 4인뿐이고 나머지 3인에 대해서는 자세히 알려져 있지 않다. 또, 산도와 왕융의 나이 차이는 29세나 되어 서로 벗이라고 부르기엔 별로 어울리지 않는다. 칠현의 인물 가운데 최연장자인 산도가 태어난 해가 후한 헌제獻帝 건안建安 10년205이고, 최연소로 여겨지는 왕융이 죽은 해가 서진 혜제惠帝 영흥永興 2년305이니, 칠현이 활약한 시대는 대개 후한 말에서 서진 말까지의 시기라 할 것이다. 사실 후한 시대라 하나 정권은 조조에게 이미 넘어간 시기이므로 그들이 활약한 시대는 3세기 중국, 즉 위·진 시대라 하는 것이 옳다. 산도와 왕융이 29세의 나이 차이가 나듯이 7인의 연령은 다양하고, 거기다가 7인의 행동, 예컨대 위와 서진, 양 왕조와의 관계나, 시대를 살아가는 소위 처신 방법도 반드시 같지는 않았고 성향도 똑같은 것이 아니었다. 그래서 『진서』에서는 산도와 왕융권 43의 열전을 완적 등권 49과 분리해 두고 있다. 남조 송대의 안연지顔延之는 「오군영五君詠」을 지었는데, 재상이라는 고관을 지낸 산도와 왕융을 뺀 나머지 5인의 처지를 빌려서 자기의 심정을 노래했다. 따라서 '오현五賢'이라는 범주도 가능하다는 이야기다. 그럼에도 불구하고 후세에 죽림칠현이 하나의 교유交遊 그룹으로 여겨진 데는 나름대로 이유가 있다. 그들의 행동과 성향의 차이를 넘어서 그들의 교유 궤적이 기본적으로 동일하고, 그들 각각의 내면 세계도 서로 공유하는 부분이 있었기 때문이다.

'죽림칠현'이 그들 스스로 붙인 이름은 물론 아니었다. 그렇게 불리기 시작한 것은 4세기 동진 시대였던 것 같다. 고래의 성현 그룹을 열거한 도연명陶淵明의 저서『집성현군보록集聖賢群輔錄』이라는 책에는 완적·혜강·산도·유령·상수·완함·왕융의 순서로 이름을 열거한 후, "그들은 위나라 가평嘉平, 249~254 시기에 모두 하내군의 산양현에 살았다. 같이 죽림에서 놀았다. 세상에서는 그들을 '죽림칠현'이라 했다"고 쓰고 있다. 또 원굉袁宏의『죽림칠현전』, 대규戴逵의『죽림칠현론』, 손통孫通의『죽림칠현논찬竹林七賢論贊』등의 책들이 연속으로 출판된 때가 바로 동진 시대였다. 따라서 죽림칠현이 활약한 시기는 좁게는 위나라 3대 황제로 풍류를 즐기다 사마씨司馬氏 세력에게 쫓겨난 제왕齊王 방芳의 정시正始, 240~248 연간이었고, 그들의 행적이 가장 강하게 조명된 시대는 동진 왕조 이후 시대의 일이었다고 할 수 있다.

그래서인지 죽림칠현의 유적이 발견되는 지점은 그들이 당초 활약했던 하내 지역이 포함된 화북 지방이 아니라 강남 지역이다. 우리에게 다시 한 번 죽림칠현의 존재를 부각시켜 준 것은 1960년 남경시 남쪽 교외 서선교西善橋라는 곳에서 발견된 육조 시대인의 한 분묘였다. 그곳에서 뜻하지 않게 죽림칠현을 포함한 8인의 인물상을 그린 전화塼畵가 발견되었던 것이다. 그것이 유명한「죽림칠현도竹林七賢圖」다. 현재 이 전화는 남경박물원에 그대로 옮겨져 보존되고 있다. 발굴 당시 묘실의 좌우 벽에 길이 2.4m, 높이 0.8m의 전화가 좌우 양측 벽에 4인씩 8명의 인물상으로 그려져 있다. 우측 벽에는 왼쪽으로부터 혜강·완적·산도·왕융, 좌측 벽에는 오른쪽으로부터 상수·유령·완함과 춘추 시대 은자인 영계기榮啓期의 화상이 그려져 있다. 항상 음악을 즐기고 즐거운 마음으로 살았던 영계기는 공자로부터 뭐가 그렇게 즐거우냐는 질문을 받자 "삼락三樂:사람으로 태어난, 남자로 태어난, 장수하고 있음을 누리니 그럴 수밖에 없지 않느냐"고 대답한 것으로 유명한 사람

「전화塼畵 죽림칠현도」. 1960년 남경 남쪽 교외 서선교에서 발굴된 육조 시대 분묘에 조각된 죽림칠현과 영계기의 벽돌 그림이다.
분묘 벽화로서 이 「죽림칠현도」가 나왔다는 것은 육조 시대 현학이 얼마나 흥성하고 청담이 얼마나 성행했는가를 보여 준다.

이었고, 위·진인들로부터도 '고사高士'로 크게 경모되었다. 그가 칠현
과 이렇게 병렬된 것은 양자가 추구하는 정신 세계가 공통되는 측면
이 있기도 하지만, 무엇보다 각 면에 4명씩 그려 넣어 벽화의 균형을
맞추기 위한 고려였던 것으로 보인다. 그 묘주가 누구인지는 구체적
으로 확인되지 않았지만, 귀족 이상의 고급 인사였던 것은 분명하다.
그 묘주가 사후 세계에서 같이 담론을 나눌 상대로 뽑힌 사람들이 바
로 죽림칠현과 영계기였던 것이다. 보존 상태나 예술성에서 남경의
것보다 떨어지지만, 이처럼 영계기가 보태진 「죽림칠현도」가 그려진
전화는 현 강소성 단양시丹陽市에 있는 5세기 남제南齊 시대 제왕의 능
에서도 발견되었다. 따라서 그들의 행동이 현창된 곳 역시 동진 남조
였던 것이 분명하다. 그것은 그들이 지향했던 학문 세계나 행동 방식
이 북방 화북보다 강남으로 이동하여 계속되었기 때문이다.

칠현의 명성이 화북에서 사라지고 장강 너머 강남으로 가버렸듯이, 그들이 놀던 죽림마저 화북 지방에서는 찾을 길이 없었다. 죽림칠현이 놀았던 산양현은 현재 하남성河南省 수무현修武縣 일대인데 어찌된 연유인지 오래전부터 그곳에서는 대나무가 전혀 자라지 않게 되었다. 일본의 유명한 역사지리학자[森鹿三]는 위·진 시대 이 지방에 무성했던 죽림이 시대가 내려감에 따라 남방 장강 유역으로 점차 이동해갔다는 소위 '죽림의 남방 이동설'을 주장했다. 죽림이 남방으로 이동하여 없어진 까닭인지 원래 죽림칠현이 놀던 유적지도 함께 없어져버렸다. 중국에서 발간되는 각종 여행 안내서와 지방지를 조사했건만, 그들이 놀던 유적지는 좀처럼 발견할 수가 없었다.

지난 2000년 12월 말엽 나는 남경南京~수현壽縣~구강九江~무한武漢~허창許昌으로 이어지는 여행을 다녀왔다. 여행 과정 중에 죽

림칠현의 유적지를 찾기 위해 노력했다. 남경에서 전화를 눈으로 보았고, 「죽림칠현도」가 나왔던 서선교도 다녀왔다. 같이 동행했던 강소성 역사연구소 G연구원은 이미 아무 흔적도 없는 곳을 「죽림칠현도」가 나온 곳이란 이유 하나만으로 굳이 가겠다는 나를 이해하지 못하겠다는 듯이 쳐다보았다. 한편 강서성江西省 구강의 명산 여산廬山 서록에 있는 육조 시대 유명한 사찰 동림사東林寺를 방문했을 때는 절 후면에 있는 죽림을 발견하고는 한참 동안 떠나지 못했다. 이곳은 바로 명승名僧 혜원慧遠이 동진 명사들과 함께 청담을 나누었던 곳이다. 아마 저 죽림 속 어디선가 그들은 북쪽 산양에서 가져온 논제들을 두고 열띤 토론을 벌였을 것이다.

북경으로 돌아오는 길에 하남성 허창에 들렀다. 그곳에 가면 분명 유적지의 소재를 알 수 있을 것이라는, 북경에서부터 줄곧 나와 함께 여행한 L씨의 주장을 그대로 믿었기 때문이다. 삼국 시대 가장 번창했던 역사를 가진 허창에서도 죽림칠현의 유적지에 대해 아는 사람을 전혀 찾을 수 없었다. 그곳 사람들은 그것에 대해 아는 것도 없고, 관심도 갖고 있지 않았다. 그저 삼국 명성名城 허창을 잘 소개해 달라는 부탁과 함께 융숭한 대접을 해줄 뿐이었다. 그리고 0시 50분 허창발 북경행 밤 열차에 몸을 실었다. 죽림칠현이 노닐었던 곳, 수무현은 정주鄭州 북방 신향新鄕 서쪽에 있다. 잠이 오지 않았다. 한밤중 잠자지 않고 신향역을 확인하고 지난 것만이 이 죽림칠현 유적지 탐방 여행에 대한 나의 작은 성의 표시였을 뿐이다.

'P교수의 중국 중세로의 시간 여행'치고는 멋쩍게 되었다. 여행을 다녀온 지 2개월이 지난 2001년 2월 말 북경의 친구 L씨에게서 걸려온 전화를 받았다. 백방으로 알아본 결과 마침내 수무현 현장縣長과 연결되었는데, 그곳에 칠현의 유적지가 있다는 것이다. 설명을 들어 보니 그저 팻말 하나 꽂아 놓은 것임에 틀림없는 듯했다. 개강이 임박한 시기라 출국하기도 힘들었다. 이해하는 사람도, 같이 벗했던 대나무도 떠나 버린 그 땅에 그래도 나라도 찾아가 보아 주었어야 하는 건데 하는 아쉬움이 아직도 있다. 언젠가는 팻말이라도 보고 왔다는 소식을 전할 것을 약속하는 수밖에 현재로선 도리가 없다. 독자 여러분은 'P교수의 중국 중세로의 꿈속 여행'이라 여기시고 양해해 주시기 바란다. 단, 여기서 강조하고자 하는 것은 죽림도 강남으로 이동했고, 칠현도 옛 놀던 곳을 이미 떠났으며, 그들을 기억하고 추모하는 사람들도, 그들이 개창했던 자유분방한 풍조도 서진 왕조의 남도南渡 이후 제비 따라 강남으로 갔듯이 모두 떠나 버렸다는 사실이다. 그 놀던 자리엔 그들의 이름만이 남아 떠돌고 있을 뿐이다.

이제 죽림칠현의 사적에 대해 이야기할 순서가 된 것 같다. 흔히 '죽림지교竹林之交', '죽림지유竹林之游'로 알려진 이 교유 그룹의 중심 인물은 혜강·완적·산도 3인이었다. 산도는 나이가 가장 많았지만 나중에 서진의 이부상서吏部尚書라는 직위에까지 올라 출세한 사람이니 너무 세속적이라 하지 않을 수 없다. 완적은 혜강보다 10여 세 많았지만, 그들의 트레이드 마크인 반항성이 비교적 약하다. 따라서 종래 학계에서 세 사람 가운데 가장 나이가 적은 혜강을 칠현 중 우두머리로 삼는 것은 전혀 무리가 없어 보인다. 나머지 4인은 세 사람의 행동과 놀음판에 끼여든 사람[預此契者, 預其流者]에 지나지 않았다. 이들의 모임이 결성된 것은 정시 4년243 혜강이 산양에 은거하면서부터였다. 그는 곧바로 몇몇 동지들과 교유하기 시작했다. 정시 6년 군주부郡主簿 및 하남종사河南從事 벼슬에 있던 산도가 혜강과 만나 의기투합하여 곧 사관퇴은辭官退隱하고는 합류했다. 산도와 상수는 이미 알던 사이니 이로 인해 산도를 통해 상수는 혜강과 알게 되었다. 완적의 가입은 약간 늦었다. 그가 죽림지교에 가맹하자 왕융을 물고 들어왔다. 왕융의 아비 왕혼王渾이 완적의 친구였던 것이 계기가 된 것이다. 마지막이 유령

「죽림칠현도」. 상해 박물관에 소장되어 있는 당唐 손위孫位가 비단 위에 그린 「고일도高逸圖」의 죽림칠현을 근대 화가인 심아주沈亞洲가 복제한 그림이다. 위로부터 혜강, 완적, 산도, 상수, 완함, 유령, 왕융.

인데, 그는 원래 말이 적고 친구 사귀는 것을 꺼리는 사람이었지만 완적과 혜강을 만난 후 그들에게 흠뻑 빠져 죽림에 들게 되었다고 한다. 이렇듯 정시 말년 죽림칠현이 속속 하내 산양현에 모여 함께 거주하게 되었다. 그들이 놀던 죽림은 산양성山陽城 동북 20리에 있는 혜강의 원택園宅이 있던 곳으로 알려져 있다.

북위 시대의 유명한 지리학자인 역도원酈道元의 『수경주水經注』권 9 淸水條를 보면 "백록산白鹿山 동남 25리 혜강의 고거故居가 있던 자리에 칠현사七賢祠가 있는데, 사당 동편에 좌우로 대나무가 심어져 있어 여름·겨울 등 계절의 변화에도 불구하고 그 푸르름이 변하지 않고 있다"고 기록되어 있다. 그리고 당나라 초기의 저작인 『예문유취藝文類聚』권64에도 "산양현성 동북 20리에 위나라 중산대부中山大夫 혜강의 원택이 있었으나 지금은 모두 밭과 폐허로 변했다. 여전히 대나무[遺竹]가 자라고 있어서 그 지방 부로父老들이 혜공림嵆公林이라 부르고 있다"고 하였다. 따라서 죽림칠현의 유적지와 죽림은 북위를 거쳐 당나라 초기까지도 그런대로 원형을 유지하고 있었던 모양이다. 그러나 그 이후에는 그들의 유적지가 보존되거나 그들을 기억하려는 사람도 별로 없는 것 같다. 돈벌이가 되면 어떤 일도 불사하는 요즈음의 중국인들도 죽림칠현을 가지고는 장사가 되지 않는다고 생각해서일까? 그 유적지를 찾기 위해 거금을 들여 바다

건너 만리 길을 찾아온 외국의 약간 정신 나간(?) 사람마저 받아들일
준비가 전혀 되어 있지 않았으니 말이다.

내가 여기서 죽림칠현의 사적을 소개하고자 하는 것은 그들의 기
행을 열거하면서 그저 같이 웃고자 하는 데 목적이 있는 것이 아니라
현재 우리의 현실을 돌아보게 하는 깊은 페이소스가 숨어 있기 때문
이다. 죽림칠현의 행동과 사상은 한마디로 기존의 권위와 질서에 대
한 철저한 반항에서 비롯된 것이었다. 그들의 행위를 일컬어 마음 가
는 대로 자유롭게 행동한다는 의미의 '굉달불기宏達不羈', 혹은 마음을
자유롭게 해방시킨다는 의미의 '방달放達'이라 한다. 당시의 모든 법
과 규율을 무시하고 예속에 구애되지 않고 그 틀에서 벗어나고자 하
였던 것이다. 당시 그들을 짓누르던 기존 질서란 바로 한대 이래 정치
를 지탱해 온 체제 교학인 유교였다. 당시 지식인들의 일화를 집대성
한 『세설신어世說新語』「임탄편任誕編」은 타인에게 전혀 구애받지 않고
자행한 방탕한 행동들을 주로 소개하고 있는데, 그 첫머리에 "칠인은
늘상 죽림 하에 모여 마음껏 즐겁게 술을 마셨기 때문에 세간에서 죽
림칠현이라 한다"고 하였다. 그들은 당시 유교적 도덕 내지 제도를 예
禮 혹은 예교禮敎라 지칭하고, 그것을 '속俗'된 것으로 간주하고, 그것
에서 벗어남, 즉 '탈속脫俗'의 행동을 몸소 실천했던 것이다.

무엇이 그들로 하여금 탈속하지 않으면 안 되게 하였던 것일까?
한마디로 후한 시대 절대주의 이데올로기로서 어용 사상적 지위를 점
하던 유교가 가져다 준 결과였다. 유교의 국교화는 중국의 고대 문명
이 한대에 이르러 학문, 특히 유학을 축으로 하여 완성된 도그마를 의
미한다. 학문이란 인간의 내면 세계를 배양함과 동시에 그 행위에 도
덕성과 합리성을 보증해 줌으로써 사회와 국가의 질서에 동참하도록
유도하는 것이다. 그 목적이 달성되고 나면 학문은 자기 운동을 일으
켜 스스로 규범화規範化의 길을 걷게 된다. 완성이란 본래 붕괴의 또

다른 이름이기 때문이다. 문화가 난숙하게 되면 '자기 중독'에 빠지게 된다. 유학의 발달 결과는 효과와 중독 양면으로 나타났던 것이다.

그리하여 유학 이외의 학문은 존재할 가치가 없게 되었다. 경전의 자구字句를 따지고 판본의 전래와 그 같고 다름을 따지는 훈고학訓詁學이 출현한 것은 자연스런 현상이었다. 이것은 학문 발달의 긍정적인 측면인 동시에, 새로운 사고를 억누르는 해독도 같이 지니고 있음을 뜻한다. 이른바 학문의 동맥경화증이다. 또 유교의 교리가 정치·사회, 특히 사람들의 행위의 모든 측면에 절대적으로 작용하자 국가의 위기에 몸을 던지는, 소위 명절名節을 중시하는 사대부 계급이 육성되었다. 사대부들은 명절을 지키기 위한 그들의 투쟁이 정의로운 것이라고 생각하기 때문에 어떠한 탄압에도 굴하지 않았다. 탄압받는 것을 오히려 명예로 여겼다. 유학의 중독이 낳은 결과다. 이것은 절의節義라는 한도를 벗어난 형태여서 명절이라기보다 '고절苦節'이라 할 수 있다. 이런 것이 계속 진행되면 정치 운동으로서도 파멸만이 기다릴 뿐만 아니라 사람들로 하여금 그 운동의 진의에 의구심을 갖게 한다. 후한 말의 '태학생太學生'이나 소위 '청류파淸流派'가 그러했다. 그들이 주도한 반정부 운동, 소위 청류 운동의 화려함 뒤에 숨겨진 위선성이다. 순수하지 않은 반정부 운동은 또 다른 엽관獵官 운동인 것이다. 그들의 언동은 부화浮華하기 이를 데 없고, 그들의 모임은 구합鳩合·교회交會에 불과한 것이어서 한마디로 외화내빈이었다. 명절적인 행동이 사리私利로 곧바로 연결되었기 때문이다.

후한 시대는 유교에서 규정된 도덕적 가치가 정치·사회적 가치로 직결되었던 시대였다. 유교의 윤리 준수 정도가 그대로 선거選擧에 운용되었다. 위선적인 인물[僞君子]이 그 모습을 서서히 드러내기 시작했다. 그렇게도 행하기 어렵다는 3년 복상服喪은 예삿일이 되고, 보다 높은 자리를 확보하기 위해 심지어 20년이나 복상한 자도 나타나게 되었다. 문제는 그 위선성이다. 20년의 복상 기간 동안 다섯 명의 애를 출산한 조선趙宣이라는 자의 출현은 이 시대 지식인의 행동이 얼마나 위선에 차 있었던가를 대변해 준다. 후한 사회를 위선과 거짓으로 이끌고 간 것이 바로 유교였다.

후한 말 '황건의 난'을 계기로 일어난 대규모 동란은 모든 사람들에게 거짓과 위선에 대한 철저한 반성을 촉구했다. 동시에 이제까지 그 공부로 모든 것이 보장되었던 '녹리지학祿利之學'으로서의 유학의 독존적인 지위는 크게 동요할 수밖에 없었다. 이런 혼란 속에서 정권을 장악한 조조가 이제까지의 관행과는 달리 품행을 묻지 않고 능력에 따라 인재를 등용한 것은 바로 명절 중시 풍조가 안고 있는 허위적인 면을 부정하고 실질주의로 돌아가려는 것이었다. 이러한 새로운 움직임은 조조 등 위정자에게서만 나타난 것이 아니었다.

죽림칠현은 이런 사회의 새로운 흐름을 선도한 지식인 그룹이다. 그들은 수백 년간 사회를 지배해 온 기존 권위를 부수기 위해 때로는 과격한 행동으로, 때로는 논리적인 언설로 맞섰다. 그들의 언설을 청담이라 했음은 주지의 사실이다. 원래 후한 시대 청류파의 언설인 청의淸議와 청담은 동일한 의미로 쓰였지만, 이제 청의의 퇴폐와 함께 청담이 분리되어 나온 것이다. 한漢·위魏 교체기인 위나라 문제文帝 황초黃初, 220~226 연간의 일이다. 그들은 청의파를 '속류俗流'라 매도하고 자기 일파의 언설을 '청담' 혹은 '청언'이라 했다.

그들의 목표는 기존 권위가 갖고 있는 허위성을 부수고 '인간'을 되찾자는 것이었다. 위·진 시대에 들어 유교를 '명분名分의 교'라는 의미에서 '명교名敎'라 불렀다. 즉 군주와 신하, 아버지와 자식의 이름[名]에는 각각 그에 마땅한 분수[分]가 수반되었다. 명분이란 인간에 가해진 제한의 틀이다. 명분이 지배하는 세계에서는 진실한 의미에서 인간의 존재는 불허된다. 명분 사상에 대해 반역의 기치를 들었던 대표적인 인물이 공융孔融이다. 그는 "부자 관계란 정욕에 의해 만들어진 것이고, 모자 관계도 항아리[壺]와 그 속에 들어 있는 물건과 같아서 일단 항아리 속에서 밖으로 나가게 되면 아무런 관계도 없는 것이다"라는 식으로 극언을 퍼부었다. 유교적인 혈연 친족 관계를 철저하게 부정한 것이다. 공자의 20대손이며 유학자였던 공융의 이런 언설은 당시 사람들은 물론 우리를 놀라게 한다. 완적이 모친이 죽었다는 부보를 받고도 바둑두기[圍碁]에 열중하고 있었던 것도 이런 분위기에서 나온 것이다. 명분의 부정은 맨정신으로 하기는 어려운 일이다. 그래서 그들에게는 술이 필요했던 것이다.

죽림칠현의 행적에서 술에 얽힌 이야기를 빼면 남는 것이 별로 없다. 『세설신어』「임탄편」은 말 그대로 '제멋대로 방종한' 사람들의 기행을 모은 것이다. 기행이야 술이 없으면 성립되지 않고 또 쉽게 용인되지도 않는다. 위·진 풍도風度의 핵심은 술이다. 그래서 「임탄편」 54조 가운데 술과 연관된 고사가 무려 30조나 된다. 예나 지금이나 술꾼 때문에 피해 보는 사람은 주위 사람들이다. 특히 그 부인이다. 술 중독으로 건강을 해친 유령은 기갈이 심해지자 부인더러 술을 구해오라고 재촉하였다. 부인이 그의 말을 제대로 따를 리 없다. 하는 수 없자 이제 술 안 마시기로 신명에게 약속하는 금주 의식을 치르기 위해 술상을 차리라고 하였다. 술과 고기를 앞에 놓고 "하늘이 유령을 태어나게 하실 적에 술로 이름을 드날리게 하셨으니 한번 마시면 열 말이요, 해장술로 다섯 말이었으니, 천지신명이시여! 이 부인의 말을 삼가 듣지 마소서"라 기도하고는 술과 고기를 가져다 배불리 먹고는 만취했다고 한다. 유령은 집안일은 전혀 돌보지 않고, 그저 사슴이 끄는 수레[鹿車]를 타고 술병을 들고 하인에게는 가래를 메고 따르게 하여 만약 자기가 죽거든 바로 그 자리에서 묻으라고 부탁했다. 평소 글을 쓰지 않았기 때문에 남긴 것도 별로 없지만, 그가 남긴 유일한 글은 술을 칭송하는 「주덕송酒德頌」 한 편뿐이다.

완씨 집안은 술 잘 마시기로 유명한 가문이었다. 완함도 그러했다. 일족이 모이면 큰 옹기 그릇에 술을 넣고 죽 둘러앉아 마셨는데, 그때 돼지들이 달려들어 같이 마셔도 괘념하지 않았다고 한다. 평소 관직에 관심이 없던 완적이었지만 보병교위步兵校尉 자리가 마침 비자, 그 관아의 주방에 수백 곡斛의 술이 저장되어 있다는 소식을 듣고 그 자리를 맡겠다고 자청하고 나섰다. 관청에 들어가 그가 처음으로 한 일은 유령과 같이 실컷 술을 마시는 것이었다. 혹설에는 둘이 같이 마시다가 그 자리에서 죽었다고 전하지만, 같은 날 죽은 것이 아님이 확인되었다.

서진 시대 이부랑吏部郎의 벼슬 자리에 있었던 필탁畢卓은 이웃집에 술이 있는 것을 알고는 밤에 술독에 몰래 숨어 들어가 혼자 마시다가 도둑으로 몰려 결박당했다. 주인이 필탁임을 알고 풀어 주자 주인에게 되려 같이 술을 마시자고 꼬셔서, 두 사람이 주와 객이 되어 술독 옆에서 술잔을 나눈 끝에 만취하였다. 그가 평소 자주 토로하는 말은 "한 손에는 안주로 게 집게발을 들고 한 손엔 술잔을 든 채, 술 연못 속에서 헤엄칠 수만 있다면 일생을 만족하게 마칠 수 있을 텐데"라는 것이었다. 술 마시는 것 자체가 그의 인생의 유일한 목적이었다.

혹자는 위·진 시대를 "인간 발견의 시대"라고 했다. 술만 마신다고 인간이 재발견되는 것은 아니지만, 술을 통해 인간의 적나라한 모습을 발견할 수 있는 것만은 사실인 모양이다. 그러나 그 풍조는 시기적으로 차이가 있었다. 제1기인 위나라 제왕 방의 정시 연간에는 하안何晏·왕필王弼, 혹은 혜강을 비롯한 죽림칠현이 활동한 시대로 '정시지풍正始之風'이라 지칭되는 청담가의 황금 시대였다. 제2기는 서진 혜제惠帝 원강元康 연간으로 퇴폐적인 향락주의의 전성기였다. 제3기는 이민족의 침입으로 서진 왕조가 강남으로 남도한 이후인 동진 시대다. 정시의 죽림칠현은 예법 무시라는 위진 풍도를 선도했으나 대담한 방종이라는 면에서는 서진 원강 시대에 훨씬 미치지 못했다. 동진 시대가 되면 원강의 향락주의가 결국 망국을 가져왔다는 반성이 일부에서 일어나긴 했으나, 향락주의는 여전히 강남으로 이동하여 강남의 좋은 풍경과 함께 도를 더해 가고 있었다. 술도 담배도 산천이 좋은 곳에 가면 더 맛이 난다는 일반적인 통설에 부합한 것이다.

동진의 덕망 있는 사인이며 상서복야尙書僕射였던 주의周顗는 술을 자주 마셨는데, 마셨다 하면 3일 동안 깨어나지 못했다. 그래서 당시 사람들은 그를 '삼일복야三日僕射'라 하였다. 이후 '술만 마시고 직무를 잘 보지 않는 재상'을 삼일복야라 부르게 된 것은 주의에서 시작되었다. 훌륭한 관직보다 풍족한 술과 함께 여생을 마칠 수 있기를 더 바란 그들에게는 생전의 명예나 죽은 후의 평판 같은 것은 큰 관심사일 수 없었다. 방탕한 생활로 '강남의 완적'이라 불린 장한張翰은 누군가가 "어찌 죽은 뒤의 명성을 생각하지 않소?"라고 힐난하자 "나에게 죽은 뒤의 명성은 지금의 한잔 술만 같지 못하다"고 대꾸했다. 최근 어디서 많이 들어 본 이야기다. 동진의 왕온王溫은 평소 술을 좋아하여 회계내사會稽內史로 있을 때 깨어 있는 날이 거의 없었다고 한다. "3일 동안 술을 마시지 않으면 육체와 정신이 더 이상 가까워지지 않음을 느낀다"고 토로하였던 왕침王忱은 형주자사로 있을 때 술을 한번 마셨다 하면 며칠 동안 깨어나지 못하기도 했는데, 그 스스로를 '상돈上頓: 大飮'이라 불렀다. 술을 많이 마시는 것을 상돈이라 하는 것은 여기서 비롯되었다. 결국 왕침도 술 때문에 죽었다.

이런 과도한 음주와 기행에 대해 당시 사회는 매우 관용적이었을 뿐만 아니라 조장·미화까지 하였다. 그들은 술을 긍정했을 뿐 아니라 술에 대한 찬사를 아끼지 않았다. 공융은 조조가 내린 금주령에 반박하는 글을 올린 것으로 유명하다. 그는 옛날 성현들은 결단력이 필요했던 중요한 순간에 술을 마시면서 일을 성사시켰던 사실을 상기시키고, 조조가 술은 패가망신의 근원이라고 한 데 대해 하夏·상商 왕조가 여자 때문에 나라가 망했어도 금혼령禁婚令을 내린 적이 없듯이 금주령이란 말이 안 된다는 반론을 폈다. 왕회王薈는 "정말 술은 사람을 이끌어 훌륭한 경지에 이르게 한다"고 칭송해 마지않았다.

완적과 왕융은 복상 중에 무례한 행위를 한 것으로[居喪無禮] 유명하다. 완적은 모친의 복상 중 당시 실질적인 최고 권력자인 진 문왕[司馬昭]의 연회에 참석하여 술과 고기를 거침없이 먹었다. 좌중에 있던 사예교위 하증何曾이 보다못해 풍속을 바로잡기 위해 그를 해외로 유배를 보내야 한다고 주장했다. 문왕은 완적에게는 병이 있으니 약간의 술과 고기를 먹는 것이 예『禮記』曲禮에 부합한다며 억지 논지를 펴면서 비호했다. 서진 무제[司馬炎]도 왕융이 모친상에 상례를 어기고 술을 마셨는데도 책망은커녕 슬픔으로 건강을 상할 정도로 참된 효를 행했다며 어의御醫를 보내고 약까지 하사했다고 한다. 그런 분위기에서 왕공王恭이 "명사란 반드시 특별한 재능이 필요한 것이 아니다. 단지 늘 일이 없고 통쾌하게 술을 마시며 이소離騷를 숙독하여 담론을 잘하기만 하면 곧 명사라 할 만하다"고 했던 것이다.

앞에서 필자는 죽림칠현이 명교에 부수된 허위와 위선을 파괴하고 인간 본연의 자연스러움을 되찾기 위해 술을 마셨다고 했다. 그러나 죽림칠현의 음주는 반드시 그 목적에만 국한된 것이 아니었다. 왕공이 왕침에게 어느 날 "완적과 한대의 문인인 사마상여司馬相如를 비교하면 어떠한가?"라고 물었다. 사실 완적과 사마상여는 모두 예교에 구속받지 않는 방달한 문사라는 면에서 비슷했고 각각 자연에 순응하는 '자유인'을 정형화한 『대인부』와 『대인선생전』을 지었던 것이다. 이에 왕침은 "완적은 가슴속에 응어리가 쌓여 있기 때문에 술로 씻어내려야 했다는 면에서 상여와 다르다"고 하였다. 위·진의 사대부들이 직면한 현실은 한대와 달리 불안한 정국과 그에 따른 생명의 위험이 있었다는 이야기다.

남송 학자 섭몽득葉夢得은 "위·진인에게 음주 풍습이 만연했던 것은 정치적으로 불안했던 당시 언제 화가 미칠지 모르는 불안감을 술에 의지하여 잊으려는 고뇌의 소산이며, 술로써 세상일과 멀어질 수 있기를 바랐을 뿐이며, 따라서 지나치게 마신 것도, 진짜 취한 것도 아니었다"『石林詩話』고 변호한 바 있다. 사실 술을 마시는 것은 자기 보호를 위한 방책[韜晦]이 되기도 하였다. 완적은 서진 문제가 자기와 혼인을 맺으려는 뜻이 있음을 알자, 60일간 술에 취해 있음으로써 그것을 피하려 했다. 오늘의 권력자가 내일은 반역자로 몰릴지 모르는 정국의 불안 속에서 그들은 하루하루를 힘겹게 살았던 것이다. 완적은 종회鍾會가 여러 차례 시사 문제를 물으며 그 대답을 가지고 꼬투리를 잡아 죄를 씌우려 하자, 술에 취함으로써 위기를 모면했다. 고영顧榮은 서진 말 '팔왕八王의 난' 시기에 고위직을 맡아 괜한 화를 부를 것을 염려하여 술을 마심으로써 피하였고 한직으로 물러난 이후에는 술을 삼갔다고 한다. 이부랑에 있던 산도가 다른 관직으로 전임하면서 그 후임으로 혜강을 추천하자, 혜강은 그 유명한 '절교서[與山巨源絶交書]'를 써보내면서 그 속에 자기가 관리가 될 수 없는 이유를 밝히고, "탁주 한 잔에 거문고 한 곡이면 그것으로 뜻하는 바 소원은 다 이루어졌다[濁酒一杯 彈琴一曲 志願畢]"고 썼다. 동진 초 권력자 왕돈王敦의 부하로 중용된 완유阮裕는 왕돈이 모반하려는 의도를 알아차리고는 고의로 종일 술을 마셔 결국 한직으로 물러났다가 면직됨으로써 생명을 보전할 수 있었다.

죽림칠현은 기존의 권위를 무시하고 인정의 자연스러움에 기초한 행동을 주장하였다. 예제禮制는 인성人性의 지정至情이 발로되는 데 방해가 된다는 것이다. 그들은 인정에 따라 행동하는 것이 인간 본래 나아가야 할 길이라고 생각했다. 이것이 바로 "명교를 넘어서 자연에 맡긴다[越名敎而任自然]"는 명제다. 거기에 노장과 신선 사상이 끼여들 여지가 생겼다. 노장 사상은 바로 '무명無名의 교'이기 때문이다. 위·진 시대에 유행한 철학, 즉 현학玄學의 이상은 자연주의를 표방하고, 우주 생성의 근원인 도道와 무無, 즉 본원적인 것의 추구였다. 우주의 근원인 도와 무란 그 실체를 느낄 수도 증명할 수도 없는 것이므로 오직 내면의 세계에서 파악하고 느낄 수밖에 없다. 음주 후의 사물이 불분명하게 보이는 몽롱한 상태에서 모든 경계가 모호해지면 사회의 규범이나 질서는 더 이상 존재하지 않게 되고 본성대로 행동하게 된다. 즉, 취한 상태가 만들어 주는 정신적 해탈로 인해 유형의 속세를 멀리하고 혼돈무형混沌無形의 실체에 접근할 수 있다고 생각한 것이다.

신선神仙의 추구란 불로장생을 위한 것이다. 사람이 양생養生의 도를 터득하여 성과 명을 다할 수 있다면 길게는 천여 년, 짧게는 수백 년을 살 수 있다는 믿음에서다. 양생술이란 "오래된 기를 내뿜고 새로운 기를 받아들이기 위한[吐古納新]" 호흡술과 "곡물을 끊고 기를 먹는다[辟穀食氣]"는 복식술服食術이 주된 내용인데, 이것은 결국 마약 복용으로 이들을 이끌었다. 한대 이전 사람들이 주로 산천에서 영약을 구하는 데 주력했다면, 이후에는 화학적 변화를 통하여 새로운 물질을 만들어 내려는 연단술練丹術로 전환한 것이 다른 점이다. 이들이 상복했던 약을 한식산寒食散 또는 오석산五石散이라 한다. 한식산은 단사丹砂·웅황雄黃·석영石英·석류황石硫黃·증청曾靑이고, 오석산은 자석영紫石英·백석영白石英·적석지赤石脂·종유鍾乳·석유황石硫黃 등으로 모두 광물성 약재다.

약물을 복용한 데는 신선 추구라는 목적 외에 당장 나타나는 효험도 있었다. 마약이라는 것이 대개 그렇듯 약물을 복용하면 신경이 안정되고 정신이 맑아지며, 기분이 좋아진다. 또 오래된 중병일지라도 단시일에 놀라운 치병의 효과가 있다. 남성의 경우엔 정력 증강제였다. 지나친 주색으로 피폐해진 몸의 원기를 회복시키는 데 사용되기도 했던 것이다. 요즈음 연예인을 중심으로 급속하게 퍼지고 있는 마약 복용도 이런 효과를 노린 것이리라.

어떤 좋은 약이라도 부작용이 없는 것이 적듯이, 그 부작용 또한 컸다고 한다. 한식산류의 원료는 거의 중금속이기 때문에 그에 따른 중독 현상은 필연적인 것이었다. 이들 약은 모두 열성熱性이어서 효능이 나타나면 열이 나고 갈증을 참을 수 없게 되므로 차가운 것을 먹고 마셔서 조절해야 한다. 이 때문에 마약을 한식산이라 했다. 그래서 대부분의 한식산류의 약은 술과 함께 복용하도록 처방되었다. 술은 한식산의 중독증을 완화하는 역할을 하기 때문이다. 그들이 폭음을 불사했던 데에는 마약 복용이라는 또 다른 이유가 있었던 것이다.

흔히 죽림칠현하면 헐렁한 옷을 아무렇게나 입고, 심하게는 옷을 벗어던지고 알몸을 드러내는 기행을 상기하게 된다. 술만 마시면 옷을 홀랑 벗고 나체가 되었던 유령은 그 행동을 꾸짖자 "나는 천지를 거처로 삼고 집을 속옷으로 삼고 있는데 당신들은 어찌 나의 속옷까지 들어왔소?"라 했다고 하지만, 이것은 기존 예법의 파괴라는 단순한 해석보다 그의 마약 복용과 연관이 있다는 지적이 더 합리적이다. 한식산을 먹으면 몸에서 열이 나고 이 열 때문에 더위를 참을 수 없어 옷을 벗어던질 수밖에 없고 몸이 부어오르는 부종浮腫으로 인해 의관을 제대로 정제할 수 없었던 것이다. 당시 옷을 벗고 알몸을 드러내거나 몸에 딱 붙지 않는 품이 넉넉한 옷이 유행한 것도 그 때문이었다. 아울러 마약 중독으로 인해 정신적 황폐화는 물론 악성 종양과 살이 썩는 외형적인 증상도 나타났다. 그러나 중독증을 치료할 별다른 방법이 없었다.

더 어처구니없는 것은 당시 이 약물의 복용을 금지했다는 기록이 없다는 점이다. 당시 사회는 그것을 통제할 기능을 이미 상실하고 있었다. 당대 최고의 지식인인 혜강은 산천을 돌며 마약의 원료를 채취하러 다녔고, 동진의 대서예가 왕희지도 관직에서 물러난 후 양생술을 익혔다. 그는 좋은 약석을 구하기 위해서라면 천리 길도 마다하지 않았고, 만년에는 약물 중독 고통으로 시달리다 죽었다. 왕희지의 아들들도 마찬가지였는데, 특히 넷째 아들 휘지徽之는 죽기 전에 등이 썩어서 갈라지는 한식산 중독 증세를 보였다고 기록되어 있다. 이렇게 명사들은 모두 술과 마약에 중독되어 있었다. 한식산은 그 약재가 매우 비싸 사회적으로 지위가 높고 부유한 사람이 아니면 먹을 수가 없었다. 요즈음 히로뽕 등의 복용자들과 마찬가지다. 한식산을 먹지 않으면 명사가 될 수 없었으니 일반 사람들이 모방하는 것은 두말할 필요가 없다. 한식산을 먹은 후에 나타나는 증상을 남들 앞에 일부러 드러내보임으로써 자기의 신분을 과시하려는 풍조까지 나타났다. 또 약을 복용한 후에는 가만히 있지 말고 밖에 나가서 산보를 해야 하는데, 이것을 '행산行散' 혹은 '행약行藥'이라 한다. 황실이나 사대부 사이에 행산하는 풍조가 유행하자 약을 복용할 수 없었던 일반인조차 약을 먹은 것처럼 행산하는 풍경이 유행하기도 했다.

위로는 정권을 주무르는 조정 대신이 마약을 복용하여 정신분열 증세를 나타내고, 아래로는 지위나 재력으로 볼 때 복용할 능력이 없는 일반인조차 억지로 약물을 복용하거나 복용한 것처럼 행세해야 하는 세상이 바로 이 위·진 남조 시대의 풍경이었던 것이다. 물론 북조의 북위에서도 한식산 복용이 있었고, 특히 태조 도무제道武帝는 말년 그를 돌보던 태의太醫가 죽자 발작 증세를 보여 대신들을 살해하기에 이르기도 했다. 그러나 북위 사회는 전반적으로 동진 남조에 비해 건전한 편이었다.

위·진 시대 죽림칠현으로 대표되는 사상가들이 지향했던 목표는 예교주의에서 방외주의方外主義로의 전환이다. '방方'이란 '예교 규범이 지배하는 세속'이란 의미이므로 그들은 '방'의 밖에서 살고자 했던 것이다. 즉, 형식주의에서 진정주의眞情主義로의 전환이다. 인간의 본성에 충실하자는 것이다. '인간성의 자연'을 되찾고 '인욕人慾의 해방'을 실현시키는 것이 위·진 시대의 중요한 풍조였다. 『세설신어』「태치편汰侈編」은 이 시대인들의 물질적인 탐욕을 주로 소개한 것이다. 석숭石崇과 왕개王愷는 서로 재산의 많음과 사치스런 생활을 경쟁적으로 과시하여 고가품으로 집을 단장하고, 더 많은 비첩婢妾, 더 기괴한 골동품 모으기 경쟁을 벌였다. 당시 물욕을 긍정하는 풍조는 노포魯褒가 지은 『전신론錢神論』이라는 글이 대변하고 있다. "돈이 있으면 날개가 없어도 날 수가 있고, 발이 없어도 달릴 수가 있다"는 것이니, 즉 돈이 신이라는 것이다. 요즈음 세상이 그렇게 변해 가는 것 같아 어째 꺼림칙하다.

중국 제일의 수전노守錢奴로 평가되는 왕융은 전국 각처에 장원과 제분 공장을 경영하여 부동산과 돈을 산더미처럼 쌓아 둔 재산가였지만, 그의 취미는 술 마시는 것 외에는 밤에 마누라와 함께 등불 아래에서 주판으로 그날의 벌이가 얼마나 되는가를 계산하는 데 탐닉하는 것이었다. 그런 갑부인데도 조카의 결혼에 홑옷 한 벌을 보냈다가 그것도 아까워 나중에 돌려 달라고 했으며, 오얏을 팔 때는 남들이 종자로 쓸까 봐 그 씨에 구멍을 뚫어 놓았다고 한다. 주찰周札은 호색으로 유명하지만 탐재가貪財家로도 이름을 날렸다. 왕돈이 이끄는 반란군이 쳐들어오는 위급한 상황인데도 가병家兵에게 무기를 지급하는 것마저 아까워하다, 결국 무기 없는 가병이 그를 제대로 호위할 수 없게 되어 자기가 죽게 되었다. 도간陶侃은 부화한 노장 사상을 싫어했지만 그 집에는 가동과 시녀가 수십 명이었고, 재산은 왕실보다 많았다고 한다.

인욕을 긍정하는 분위기에 어찌 색정色情이 따르지 않겠는가? 눈에 든 여자 노비를 보고는 상복을 입은 채 여마驢馬를 타고 추적한 완함, 옆집 여자를 건드리다 이가 부러졌다는 사곤謝鯤 등은 실소를 자아내기에 충분하다. 문제는 한두 사람의 엽기적 행동에 국한되지 않았다는 데 있다. 동진 초 승상 왕도王導와 함께 친구인 기첨紀瞻의 집에서 개최된 연회에 참석하였다가 노래 잘하고 예쁜 주인의 첩을 뭇사람 앞인데도 개의치 않고 허리춤을 내리고 정을 통하려 했던 주의周顗가 이 일로 인해 탄핵을 받았으나 그 책임을 묻지 않은 관인寬仁하기 짝이 없는 왕조가 바로 동진이었다. 처음에는 예교를 무시함으로써 인욕을 해방시키고자 했지만, 이 지경이 되면 그 한계를 너무 벗어난 것이다. 인본주의라는 미명 아래 자행된 퇴폐주의였다.

그들은 과연 진정 시대적 전환을 몸소 실천했던 것인가? 명교주의자로 자임하던 하증何曾은 사치와 호화스런 생활을 했고, 효자로 이름 높던 화교和嶠는 가산이 넘쳐났으니, 서진 초의 부현傅玄은 "이제 천하에 포폄하고 시비를 가릴 청의가 없어졌다"고 탄식했다고 한다. 이들이야 원래 형식주의라고 매도되는 유교측 인사라는 점에서 이해가 되지만, 진정주의를 표방하던 죽림칠현이나 그들의 행적을 조술하던 위·진 명사들은 과연 어떠했는가?

모친상에 돼지고기를 먹고 음주로 일부러 예법을 무시하려 했지만, 모친의 시신과 마지막으로 결별할 때에는 큰 소리로 울부짖으며 토혈吐血하고 혼절까지 했던 완적. 그것이 진정으로 인간을 찾은 모습일지 모르지만, 그것은 또 다른 위선임에 다름아니다. 혜강은 술을 그렇게 즐겼지만, 그가 후손들에게 남긴 가훈[家誡]에는 "가급적 술자리에서 도망쳐라. 부득이 술자리에 들더라도 말을 삼가 원한을 사지 말 것이며, 또 술을 권하지 말라. 술을 권하게 되면 자기도 받아먹지 않을 수 없을 것이니"라고 간곡하게 충고하고 있다. 왕융으로부터 청담의 영수 자리를 물려받아 서진 혜제 시대 16년간 사상계를 주도했던 왕연王衍은 오호五胡의 후조後趙 창업자 석륵石勒에게 사로잡힌 후, 서진이 패한 이유를 묻는 석륵에게 자기는 국가사에 관여한 것이 적다고 발뺌하면서, 이제 황제로 극진히 모실 것이니 목숨만은 살려 달라고 구걸했다. 그러나 그에게 주어진 것은 "그대의 이름은 사해를 덮었고, 몸은 중임을 맡았으면서도 어찌 정사에 관여한 것이 적다고 말할 수 있겠는가! 천하를 파괴한 것은 바로 그대의 죄일진대"라는 석륵의 추상 같은 꾸지람과 죽음이었다. 이것이 당시 국가의 장래를 걱정해 마지않던 최고 지식인 관료의 행태였던 것이다. 이 얼마나 위선적인 행동이라 하지 않을 수 있겠는가!

풍속이란 그 시대가 만들어 내는 것이지, 예닐곱 명의 인사가 만드는 것이 결코 아니다. 죽림칠현은 위·진 시대를 살았던 돌출된 몇 미치광이 지식인이 아니라 그 시대가 총체적으로 만들어 낸 인간 군상인 것이다. 이런 풍속이 결국 망국을 가져왔다. 물론 망국이 어느 몇 사람만의 잘못은 아닐 테지만, 그 단초가 죽림칠현에게서부터 열린 것은 부정할 수 없는 사실이다.

'영가의 난'으로 남도한 직후 경학자 우예虞預는 신주神州 중원을 오호족에게 내준 죄를 죽림칠현에게 돌리면서 다음과 같이 말했다.

"완적이 나체로 다니는 것은 평왕平王이 동천한 뒤 신유辛有가 이천伊川에 갔을 때 머리를 풀어헤치고 들에서 제사 지내는 것을 본 것과 같은 풍경이다. 신유가 '앞으로 백년이 지나지 않아 이곳은 융戎의 땅이 될 것이다. 그 예법부터가 먼저 없어졌기 때문'이라고 한탄했다(『左傳』僖公 22년조)고 한다. 그러므로 오랑캐(胡虜)가 중국에 두루 넘치게 된 상황은 쇠약한 주周나라 때보다도 더하다 생각한다"(『晉書』 권82).

경학자인 우예가 그런 질책을 하는 것은 당연하다 할 것이다. 그러나 왕연이 목숨을 구걸하다 실패한 후, 처형될 즈음에 주위 사람들

「낙신부도」 일부. 이 그림은 고궁박물원에 소장되어 있는 송대의 모본이다.
원본은 조식의 「낙신부洛神賦」를 바탕으로 고개지顧愷之가 그렸다. 조식이 낙신을 만나는 광경이 묘사되어 있다.

을 둘러보며 뇌까린 자책성 후회의 말은 죽림칠현이 당시 망국과 어

떤 관련이 있는가를 적나라하게 보여 준다.

"오호! 우리가 비록 고인과 같지는 못할지라도 지난날 부허浮虛를 조상祖尙하지 않

고, 천하를 광정하는 데 힘썼더라면 오늘 이 지경에는 이르지 않았을 것이다"(『晉書』

권43).

　또 동진의 도간陶侃이 "대우大禹는 성인인데도 촌음을 아꼈고, 일

반인도 분음을 아낀다. 어찌 빈둥빈둥 놀고 지내며, 술에 취해 있을 수

있었단 말인가. 그들은 살아서 세상에 무익하고 죽어서는 그 이름이

거명되지 않을 것이니 스스로를 버리는 일일진저"(『晉書』 권66)라 하였다.

또 동진의 군벌 환온桓溫은 북벌을 감행하여 서진의 도읍 낙양을 일시 수복한 후 평승루平乘樓에 올라 중원 땅을 바라다보며 "마침내 신주를 외적에 넘겨주어 백년간이나 구허丘墟로 만든 것에 대해서는 왕이보王夷甫：왕연 등 여러 고관들에게 그 책임을 묻지 않을 수 없다"『世說新語』輕詆編며 감회에 젖었다. 국사를 팽개치고 허무만을 숭상한 죽림칠현으로 대표되는 당시 지식인과 달관達官들에게 중국 고래 문명의 땅을 이민족에 넘겨준 책임을 돌리는 인식이 이처럼 일반적이었다. 이것이 이른바 "청담이 나라를 그르쳤다淸談誤國"는 논법이다.

이와 같이 청담이 나라를 그르치게 했다는 반성과 질책에도 불구하고 죽림칠현이 추구했던 사상과 행동은 강남 땅, 동진으로 옮겨와 조금도 위축되지 않고 오히려 성행하였다. 청담의 능력은 당시 귀족 사대부를 평가하는 기준이 되었으며, 그들의 기행은 여전히 세상 사람들에게 아득한 전설처럼 모방·유행되었다. 위·진 시대 남성들의 미용 풍습이 성행한 것으로 유명하지만 죽림칠현을 비롯한 귀공자들도 분으로 화장을 했고, 더욱더 어처구니없는 것은 당시 황실의 자제들도 마찬가지였다는 사실이다. 노장학의 거두 하안何晏이 그러했고, 조조의 아들로 「칠보시七步詩」의 작자로 유명한 조식曹植도 목욕 후에 항상 분을 바르는 것傅粉으로 유명했다『三國志』王粲傳 注引 魏略. 이런 풍조는 동진 남조로 이동, 유행하여 양梁나라 말기까지 지속되었음은 주지의 사실이다. 『안씨가훈顔氏家訓』에서 "양나라의 귀족 자제는 옷에다 향수를 뿌리고 면도를 하고 얼굴에 분을 바르고 입술에 연지를 한다"고 한 것은 바로 죽림칠현 유풍의 계승이다. 이런 풍조는 다시 북조의 북제北齊로 이동하였다. 북제를 망국으로 이끈 문선제는 옷을 벗어 알몸을 드러내고 분을 바르고 향수를 뿌렸다고 한다『北齊書』文宣帝紀. 죽림칠현이 예속의 굴레를 떨치고 '인간을 재발견'하겠다고 나섰지만, 그들의 행동은 근본을 잃고 말초적인 것으로 치달았고, 그것은 망국·

망천하亡天下의 원인을 제공했던 것이다.

　　최근 우리나라의 정치·사회적 문란상이 가히 극치에 달하고 있다. 고속도로변에는 폐가구 등 몰래 버린 쓰레기가 쌓여 있고, 국립공원마저 야생 동물을 잡기 위한 덫과 장비로 몸살을 앓고 있다. 사회의 모든 가치는 돈으로 환산되고 땀흘려 일하는 것보다 카지노다, 주식이다, 복권이다로 사회가 온통 한탕주의에 빠져 있다. 정치판을 제외하면 이제 나이 든 사람은 쓰잘 데도, 갈 곳도 없는 딱한 존재가 되어 버렸다. 사회에 대해 따끔하게 한마디 할 만한 원로도 있을 리 없다. 이렇다 보니 지하철에서 경로·장애자석을 차지하는 자는 거의가 젊은이들이다. 왜 이 모양, 이 꼴이 되어 버렸는가? 국제 경쟁력 타령만 하는 교육정책 당국자는 인간의 근본 다지기보다 일기一技만을 강조하니 세계 최고의 도덕 타락국이 될 날도 시간 문제다. '배고픈 것'은 참아도 '배 아픈 것'은 참지 못하는 비뚤어진 민주주의 신봉자들은 경쟁력이 있는 학과, 경쟁력이 있는 학교를 더 만들기는커녕 있던 것마저 끌어내리느라 정신이 없다. 국제 경쟁력을 강조하면서도 경쟁 과정 없이 학생을 선발하는 나라가 이 세상에 어디 있단 말인가? 경쟁 없이 선발된 중·고등학교 교실에 잠자는 학생이 반이 넘어도 정부는 오불관언이다. 최근 대학마저 하향 평준화 정책으로 치달은 결과 대학에도 우열반을 두지 않을 수 없는 형편이니 이제껏 그나마 경쟁력을 가졌던 대학도 그 존재마저 위협받고 있다. 진정한 평등이란 모든 사람들에게 능력에 맞게 평등하게 기회를 제공하는 것이다. 우수 대학 육성과 우열반 편성도 평등 실현의 한 방법이라 할 것이다. 역대 정권이 주도해 온 교육 개혁이란 것도 사립학교 교주들을 위한 요란한 잔칫상 차림에 불과하지 않았던가. 6개월간 지방 모 대학에 머물다 돌아간 중국 친구의 말이 자꾸만 귀를 때린다. "한국에서는 교육이 제일 개판"이라고. 그래서 모두들 한국을 떠나고 있다.

정치계에는 뻔뻔스런 위군자들로 넘쳐나고 있다. 삼척동자도 다 아는 천하 공지의 사실도 정치인들의 입을 통해 나오면 전혀 다른 이야기가 되어 버린다. 최고위층부터 아래까지 오리발들이 온통 판을 치니 영락없는 '거짓말 공화국'이다. O양과 B양 비디오를 본다면 죽림칠현도 똑바로 눈을 뜰 수 없을 터이니, 이제 한낱 '부끄럼'마저 상실한 사회가 되어 버렸다. 죽림칠현이 활개치던 시대보다 나은 것이 무엇이란 말인가?

　　자기 이익에 배반되는 일에는 눈곱만큼의 양보도 타협도 허락하지 않는 군상들이 모여 살고 있는 한국, 모두가 공멸을 향해 열심히 달려가고 있다. 1990년대 중국에 갔을 때는 항상 '우리나라 좋은 나라'임을 자랑했던 나였다. 그러나 2000년대 들어 중국에 갈 때면 너무 슬퍼진다. 그들의 거리는 날이 다르게 깨끗해지고 있는데 우리의 위대했던 종로 거리는 쓰레기터로 변한 지 오래다. 이것이 '2000년대 초 대한민국의 참담한 자화상'이기 때문이다.

인생은 환상, 끝내는
공空과 무無로 돌아가리니

● 도연명 관련도

도연명陶淵明과 도화원桃花源 — 구강九江 시상柴桑 기행

'문명文明의 겨울'을 살고 있는 '지적知的 유목민'인 우리들! 셋집과 아파트를 옮겨 다니는 일에 신물이 난 우리는 도시로부터의 탈출을 무던히도 시도해 보았다. 그러나 뇌리에 뿌리내리고 있는 대도시에 대한 노스탤지어가 깊은 나머지 서울을 떠나는 일이 그렇게도 어렵다. 전원 시인 도연명陶淵明. 그는 도시 생활에 지친 우리에게 항상 청량제가 되고 있다. 도연명의 시에는 무리 잃은 새, 갓 돌아온 제비, 외로이 서 있는 소나무, 동쪽 울타리의 국화, 강가의 뽕나무, 창 밑의 난초, 대청 앞의 버드나무 등이 단골로 나온다. 이것들은 '내가 살던 고향, 꽃피는 산골'의 상징물들이다.

지난 2000년 겨울, 나는 도연명이 평생을 보낸 그의 고향 시골 마을을 찾아 나섰다. 그의 무덤가 텃밭에는 겨울초가 무성했다. 그는 역시 영원한 전원 시인임을 확인할 수 있었다. 나는 다시 그가 현실에서 채 이루지 못한 꿈, 그의 유토피아의 현장 '도화원桃花源'을 찾아 나섰다. 최근 진짜 '도화원'이었다고 제시된 여산廬山 동쪽 기슭 '강왕곡康王谷' 계곡, 그곳 역시 도화원이 아니었다. 유토피아는 원래 '좋은 곳'인 동시에 '이 세상에 없는 것'이란 뜻을 가진다는 것을 이제야 깨달을 것 같았다. 긴 계곡에 점재點在한 집 담벼락에 쓰인 "애는 적게 낳고 (복사꽃)나무는 많이 심자[少生孩子 多種樹]"는 표어만이 먼 길 찾아온 손님의 눈에 크게 다가올 뿐이었다.

'오류선생五柳先生' 도연명! 집 앞에 다섯 그루의 버드나무를 심고, 술과 독서를 낙으로 삼았던 그에게 분명 현실도피적인 측면이 없는 것은 아니지만, 한편으로 수많은 민초들의 가슴을 쓰다듬어 주는 정 많은 시인인 것도 사실이다. 바라는 것은 모두 어긋나고 헛된 수고로 마음만 괴롭고 세상일로 피로한 우리들에겐 진실하게 살다 간 시인 도연명의 시詩와 부賦가 따뜻한 이웃 영감이 들려주는 정겨운 이야기처럼 들리기 때문이다.

난 세를 살았던 한 시인이 있었다. 그가 남긴 시는 잘난 사람들이 득실거리는 도시, 어울리지 않는 조직 생활에 지친 자에게 한 가닥 위안으로 다가오곤 했다. 그래서 그를 만나기 위해 나는 먼 길을 아랑곳하지 않았다. 그가 살았던 마을은 여전히 조촐했다.

동쪽 울타리가에서 국화를 따다 보면 採菊東籬下
멍하니 남산이 뵈네 悠然見南山 (「飮酒詩」에서)

　　남쪽 나라에 찾아온 겨울 역시 겨울임에는 틀림없었다. 국화는 한기에 그 빛을 잃고 있었지만 옛 시인의 생활을 여전히 상기시키고 있었다. 도연명의 후손인 듯한 농부 둘이 밭에서 김을 매고 있었다. 내 고향집 뒤편의 텃밭은 잡초만 무성할 터인데……. 시인은

벼슬에서 물러나 내 집 논밭으로 돌아가자. 전원이 장차 묵으려 하거니 어찌 돌아
가지 않을 것이냐 歸去來兮 田園將蕪胡不歸
이미 내가 어쩌다 벼슬살이를 하여 정신을 육체의 노예로 괴롭혔거늘 어찌 근심하
고 홀로 슬퍼만 해야 하겠는가 旣自以心爲形役 奚惆悵而獨悲
지난일은 공연히 탓해야 소용이 없음을 깨닫고 또한 앞으로 바른 길을 좇는 것이
옳다는 것을 알았노라 悟已往之不諫 知來者之可追
사실 내가 길을 잃고 헤매기는 하였으나
아직 그리 멀리 벗어난 것은 아니니 이제 바른 길을 찾았고 지난날의 벼슬살이가
잘못이었음을 알았노라. 實迷塗其未遠 覺今是而昨非

　　이렇게 「귀거래사歸去來辭」를 읊으면서 그는 고향 텃밭으로 돌아 갔다. 그는 꿈꾸는 시인이었고 그 꿈을 현실로 옮겼던 사람이었다. 그의 진실함과 용단에 나는 항상 찬탄을 금하지 못했다. 나는 그저 꿈만

초성楚城. 여산 주봉 한양봉 동편에 위치한 강왕곡에 세워진 초성은
초왕자楚王子 : 康王가 진나라 말의 전란을 피해 정착한 곳이라 한다.

꾸었지 한 번도 그것을 실천으로 옮긴 적이 없었기 때문이다. 『서구의
몰락』을 쓴 스펭글러는 현대인이란 입으로는 농촌을 이야기하지만 아
스팔트 위에서 아사할지라도 도시를 절대 떠나지 못할 것이라고 일찍
이 갈파하지 않았던가? 나 역시 서울을 종내 떠나지 못할 것이 뻔하
다. 그래서 도연명이 존경스러운 것이다. 41세에 그가 지은 것으로 추
정되는 「귀전원거歸田園居 · 其一」는 이렇게 시작되고 있다.

어려서부터 세속에 어울리지 못하고
성품이 본시 산을 사랑했거늘 少無適俗韻 性本愛丘山
잘못하여 (관직의) 더러운 그물 속에 빠져들어
후딱 삼십 년의 세월이 지났구나 誤落塵網中 一去三十年

떠돌이 새는 옛 수풀을 그리워하고

연못의 물고기는 옛 놀던 물을 생각하나니 羈鳥戀舊林 池魚思故淵

……(중략)……

너무나 오랫동안 새장 속에 갇히었다가

이제야 다시 자연으로 되돌아왔노라 久在樊籠裏 復得返自然.

　　그는 "더러운 그물" 벼슬살이가 체질에 도무지 맞지 않았던 것이다. 그의 벼슬살이 경력을 잠깐 살펴보자. 잘못 더러운 그물 속에 빠진 세월이 "30년"이라 자술했지만, '13년'의 잘못으로 보는 설도 있다. 나이 29세에 고향인 강주江州의 제주祭酒라는 지방 관원 자리에 나가 얼마 지내다가 사퇴하고, 그 후 강주의 주부主簿로 불렸으나 나가지 않았다. 35세에 경구京口 : 현재 江蘇省 鎭江에 주둔 중인 진군장군鎭軍將軍 유뢰지劉牢之의 참군參軍을 지내다가 다시 고향으로 돌아왔다. 37세에 당시 최고의 군벌 환현桓玄의 막부가 있는 형주荊州에서 일하기도 했다. 그 후 모친의 사망으로 고향에 돌아와 은거하다 40세에 다시 건위장군建威將軍 유경선劉敬宣의 참군을 지냈다. 참군을 그만둔 후 고향집에서 100리 떨어진 팽택현彭澤縣 현령으로 다시 나갔다가 80일 만에 자진 사퇴하고 고향으로 돌아와 그 후부터 몸소 농사를 지으며 전원 생활로 여생을 보냈다. 그 후 저작랑著作郎이라는 중앙직에 징소徵召되었으나 나가지 않았다. 그가 관직과 인연을 맺고 살았던 기간은 총 12년, 실제로는 4년쯤 지방 말직에 있었을 뿐이다. 따라서 실제 13년이 그가 생각할 때는 30년이나 될 정도로 지겹도록 긴 세월이었던 모양이다.

　　국가주석 강택민江澤民의 이름은 몰라도 지방 말직밖에 못 지낸 가난한 시인 도연명365~427을 모르는 중국 사람은 드물 것이다. 인간의 가치는 돈과 권력으로 측량될 수 없는 법이다. 셰익스피어 연구로 밥을 먹는 학자가 수백 명이라지만, 도연명으로 대학에서 자리잡고 있는 사람도 적지 않다. 그가 어떤 사람이기에, 그의 글이 어떤 것이기에 사람들의 마음을 그렇게 휘어잡고 있는 것일까? 전원 생활을 노래한 시인이야 도연명 외에도 수없이 많겠지만, 무엇이 그를 "전원 시인의 개조[田園詩人之開祖]", "고금 은일 시인의 우두머리[古今隱逸詩人之宗]", "대자연 시인[自然之詩豪]", "평민문학의 대표[平民文學之代表]", 혹은 "미증유의 농민 시인[未曾有農民詩人]" 등의 화려한 평가를 받게 한 것일까?

그야말로 20세기가 저물어 가는 2000년 12월 말, 나는 그가 거의 평생을 보낸 전원 마을을 찾아 나섰다. 도연명은 동진東晉 말에서 유송劉宋 초기에 살았던 사람이다. 당시 지명으로 강주 심양군尋陽郡 시상현柴桑縣 사람이다. 현재 강서성 구강시九江市 구강현과 성자星子현 일대가 그의 활동 무대였던 셈이다. 어디를 방문해도 부닥치는 현상이지만 "제사보다 젯밥"에 관심있는 중국 사람들 때문에 그의 근거지를 찾는 일 역시 어지럽기만 했다. 그의 출생과 성장지는 현재의 성자현 시상리柴桑里:栗里 도가촌陶家村이었다. 그러나 그의 무덤이 있는 곳은 구강현의 현청이 있는 사하沙河다. '도연명기념관'의 유치를 두고 출생과 성장지인 성자현과 묘지가 있는 구강현 사이에 오랫동안 싸움질을 벌이다 결국 경제력이 강한 구강현이 승리하여 묘지 옆에 기념관이 들어서게 된 것이다. 남북으로 광활하게 펼쳐진 파양호鄱陽湖 서편의 명산 여산廬山을 둘러싸고 있는 이 일대에는 도연명에 얽힌 사적들이 수없이 많다. 여산 기슭에 산재한 사원들, 여산이 만들어 낸 수많은 골짜기마다 도연명과 연관된 유적들이 없는 곳이 없을 정도였다. 이런 후대인의 호들갑에 과연 도연명은 어떤 반응을 보일까? 그는 죽음에 임하여 자기의 제문[自祭文]을 이렇게 지었다.

도아무개는 임시로 몸담았던 객사에서 물러나

영원한 본택으로 되돌아가고자 한다. 陶子將辭 逆旅之館 永歸於本宅

역대 화가들이 묘사한 도연명의 모습. 출전은 왼쪽부터
『역대명현상歷代名賢像』, 『삼재도회三才圖會』, 「명·하담지何湛之」의 「정절선생전靖節先生傳」이다.

……(중략)……

흙으로 돌아간 나는 결국 흙이 되어 없어져 아무 것도 없는 공으로 화하고 또 사람들 기억 속에서도 멀어져 아득하게 되고 말 것이다. 廓兮已滅 慨焉已遐

내 무덤에 봉토를 만들지 않을 것이며 비석도 세우지 않은 채로 세월과 더불어 쓰러지게 하리라. 不封不樹 日月遂過

그러나 그의 바람과 달리 세상은 도연명으로 한몫 챙기기 위해 떠들썩하고, 그의 묘 앞에는 봉토에다 비석은 물론 패방牌坊까지 높게 세워져 있다. 남의 눈에 띄지 않고 조용히 사는 것이 은자일진대, 도연명은 자기를 두고 이렇게 요란스럽게 구는 세상에 대해 어떤 생각을 갖고 있을까?

그에 대한 역사적 기록은 『진서晉書』 권94 「은일전隱逸傳」과 『송서宋書』 권93 「은일전」에 나와 있다. 그를 문인들의 열전인 「문원전文苑傳」에 넣지 않고 「은일전」에 넣은 것은 도연명이란 인물의 특징이 문학자로서가 아니라 은자隱者에 있다는 것을 의미한다. 그는 평생 150

수 전후126수 설도 있다의 많지 않은 시를 남겼다. 도연명이 만들어 낸 글들이 문학적으로 훌륭한 것은 말할 것도 없고, 그것들 하나하나는 진정한 은자가 남긴 고뇌의 산물이었다.

역사에는 수많은 은자가 등장한다. 남조 양나라 종영 鍾嶸이 지은 『시품詩品』에서 도연명을 "고금 은일 시인의 우두머리"라 부른 것은 그의 은일이 단순한 생활 형태에 그치지 않고 그 생활에 진정으로 열락悅樂하면서 그 은일을 '정신 형태'로 끌어올렸기 때문이다. 그리하여 모든 사람으로 하여금 참은일의 의미를 되새기게 하기 때문이다.

그의 인생은 「귀거래사」와 「귀전원거」를 쓰고 고향으로 돌아와 은거한 41세를 기점으로 전·후기로 양분할 수 있다. 그가 벼슬살이에 얽매여 산 전기는 은자로서 산 후기를 준비하기 위한 기간이었던 셈이다. 그는 여러 차례 벼슬살이가 본성에 맞지 않는다고 하였다. 그러나 벼슬이 본성에 맞지 않는다고 하여 은자가 되는 것은 아니다. 진정한 은자는 본성보다 그가 처한 상황과 경험이 만들어 내는 것이다. 그는 41세까지 속세의 벼슬살이로 몸살을 앓았다. 유뢰지의 참군이 되어 절강浙江 일대에서 반란을 일으킨 손은孫恩을 토벌하는 군에도 종군했다. 그 당시의 심정을

이 길을 누가 가게 했던 말인가? 此行誰使然

아마도 굶주림에 몰리어 간 듯 以爲飢所驅

허나 조금 노력하면 배를 채울 수 있고 傾身營一飽

약간의 물질이면 살고도 남을 것을 少許便有餘

이 행군 길이 명예로운 계책이 아니기에 恐此非名計

이내 걸음 멈추고 전원으로 돌아왔노라 息駕歸閑居 「飮酒」其十

전에는 줄곧 굶주림에 시달렸기에 疇昔古長飢

쟁기 버리고 벼슬자리에 나섰노라 投耒去學仕 「飮酒」제19수.

이라 했다. 그가 벼슬살이에 나갔던 것은 지독한 가난 때문이었다. 그의 연보를 보면 '걸식乞食'이라는 시기가 나온다. 그의 마지막 관직, 팽택현의 현령이 된 것은 '가빈家貧'한 탓이었다. 농사를 지으나 자급자족할 정도가 되지 못하여 어린것들이 실내에 차 있는데도 독에는 저장된 곡식이 없었다. 그에게는 아들 다섯이 있었다. 장남은 일찍 상처한 전처 소생이고 나머지는 다 후처 적씨翟氏의 몸에서 태어났다. 딸린 식구를 어떻게 하면 먹여 살릴까 궁리하는데 친구들이 관리가 되는 것밖에 없다고 권하니 급한 마음에 그런 뜻을 내게 된 것이다. 그러나 그것마저 쉽게 구해지지 않았다. 그러던 차에 가숙家叔이 그의 빈곤함을 이해하여 연줄을 댄 결과 작은 현의 현령으로 나아가게 된 것이다. 마지못해 시작한 생애 마지막 관직 생활도 중추仲秋부터 겨울에 이르기까지 고작 80여 일. 며칠 지나다 보니 집으로 돌아가고픈 마음이 간절해졌다. 춥고 배고픈 것이 아무리 심해도 자기 뜻에 맞지 않는 일을 하는 것은 이래저래 머리를 앓게 하였기 때문이다. 동진 안제安帝 원년405 도연명의 나이 41세 때의 일이다. 그의 열전을 보면 당시의 상황을 다음과 같이 전하고 있다.

군郡에서 독우督郵를 파견하여 (팽택)현에 이르게 하였다. 아랫사람이 "빨리 속대束帶하고 와서 뵈오라"고 일렀다. 잠(潛: 도연명)이 탄식하여 말하기를 내 5두의 미[五斗米] 때문에 허리를 굽혀 향리의 소인 앞에 나아갈 수는 없다[吾不能爲五斗米折腰向鄕里小人] 하고 즉일로 인수印綬를 풀어 놓고 (팽택령)직을 하직하면서 귀거래歸去來를 지어 불렀다.

그러나 「귀거래사」의 서序에는 그가 팽택령을 그만둔 이유를 다르게 표현하고 있다. 즉 "마침 정씨程氏에게 출가했던 누이가 무창武昌에서 죽으니 나의 마음은 오직 장례식에 참석해야겠다는 생각뿐이었다. 결국 스스로 벼슬을 버리고 말았다"고 되어 있다.

이상의 두 가지 전거로 인해 학계에서는 그가 팽택령을 그만둔 진정한 이유가 어디 있느냐를 두고 쟁론이 벌어졌다. 여동생의 죽음과 그의 복상을 위한 것이냐, 아니면 "5두의 미 때문에 허리를 꺾을 수 없다"는 세인에게 익숙한 고사 그대로이냐의 문제였다. 또 "5두의 미"가 당시 현령의 봉록이냐 다른 의미냐는 문제로 집약되었다. 이것은 도연명의 사람됨의 문제와 연결된 것이므로 역대 쟁론이 가열되어 왔던 것이다.

송대 사람 한자창韓子蒼은 도연명이 관직을 그만둔 이유가 소리小吏인 독우에게 허리를 굽히기 싫어서라고 하는 데 대해 의문을 제기했다. 즉, "몸소 농사를 짓고 걸식까지 하는데도 항차 부끄럽게 생각하지 않았는데 독우에게 허리 굽히는 것을 부끄럽게 생각하는 것은 이치에 맞지 않다〔躬耕乞食 且猶不恥 而恥于督郵 必不然矣〕"는 것이다. 인민 중국이 성립한 후인 1952년에 전개된, 소위 '사상 개조' 시기에 도연명의 행동이 다시 도마에 올랐다. 즉 "도연명은 청고淸高하다 할 수 없다. 그는 더 많은 돈을 요구했기 때문이다. 현령이 받은 5두의 미의 봉록을 그는 너무 낮게 보았던 것이다. 즉 고관高官 후록厚祿을 주었다면 그는 그 직을 그만두지 않고 허리를 굽혔을 것이다"는 주장이다. 이 주장을 받아들인다면 도연명은 천고의 후한무치한 인물이 된다. 그러나 1천 수백 년 동안 수많은 사람들의 심금을 울린 도연명을 그렇게 폄하하는 것은 편견임에 분명하다. 사실 도연명은 전원으로 돌아온 후 동진 의희義熙 말 저작좌랑著作左郎으로 불렸으나 가지 않았던 것이다. 저작좌랑은 대관은 아니나 중앙의 청직淸職이고, 승진이 매우 빨라 문벌의 자제들이 선호하는 직책이다. 또 유송 초에 권신權臣인 왕홍王弘과 단도제檀道濟가 불렀으나 그 부름에도 응하지 않았다. 따라서 관직이란 본래 그의 체질에 맞지 않았는데다 마침 누이의 죽음이 계기가 된 것

강왕곡. 강왕곡康王谷 입구 패방을 들어서면 문표를 사는 곳 옆에 '세상 밖의 도원〔世外桃源〕'이라는 석각이 서 있다.

이라고 보는 것이 합당할 것이다.

　　사실 위진남북조 시대 대다수 문인들의 행동을 분석해 보면 허위적인 측면이 강하다는 것은 자주 지적된 바 있다. 즉 겉으로는 청고한 것처럼 보이지만 속으로는 챙길 것은 다 챙겼다는 것이다. 예컨대 문학비평가로서 『문심조룡文心雕龍』을 지은 양나라의 유협劉勰은 위·진 이후의 문인을 비평하면서 "벼슬살이에 뜻이 깊으면서도 경박하게 전원을 동경하는 노래를 읊는다든지 현세의 권좌에 눈이 어두워 있으면

서도 인외人外의 세계를 동경하는 노래를 짓고 있다[志深軒冕 而汎詠皐壤 心纏幾務 而虛述人外]"『文心雕龍』情采編고 통박하였다. 금나라의 원호문元好問도 서진의 문인 반악潘岳을 "마음에서 그리고 소리내는 것이 모두 진실을 잃었으니, 문장이란 차라리 남에게 보이기 위한 것이 아니겠는가? 고상한 정취로 천고에 이름난 『한거부』를 보면 반악이 권력자 가밀賈謐에 빌붙어 길에다 절을 했다는 사실을 어찌 믿겠는가?[心劃心聲總失眞 文章寧復見爲人? 高情千古『閑居賦』 爭信安仁拜路塵]"라고 비판한 것은 그 좋은 예라 할 수 있다.

반면 도연명에 대해서 송나라의 소식蘇軾은 "도연명은 벼슬을 하고자 하면 하였으되 벼슬 구하는 것을 혐오스럽게 여기지 않았고, 은거하고자 하면 은거하였으되 벼슬 버리는 것을 고상하게 여기지 않았다[陶淵明欲仕則仕 不以求之爲嫌 欲隱則隱 不以去之爲高]"고 하였고, 주희朱熹도 "진·송대 사람들은 비록 입으로는 청고를 숭상하였지만 개개인의 경우 벼슬을 구하였으니 여기서는 한편으로 청담을 하고 저기서는 또 한편으로 권세와 재화를 불러들였다. 도연명은 실로 그런 것을 구하지 않을 수 있었으니 진·송 시대 사람들보다 뛰어난 까닭이다[晉宋人物 雖口尙淸高 然個個要官職 這邊一面淸談 那邊一面招勸納貨 陶淵明眞個是能不要 此所以高于晉宋人物]"라고 하였다. 이런 대가들이 도연명을 이렇게 평가한 것으로 보아 퇴관 은일을 진심으로 믿어 주는 것이 옳을 듯하다.

'5두의 미'가 당시 동진 남조 시대 현령의 봉록이었다는 것은 그동안 무비판적으로 받아들여졌다. 예컨대 당대의 시인 맹호연孟浩然도 그의 시 「京灃贈張維」에서 "다섯 말 봉록을 구하려고 한다면 일곱 말이라 한들 감당흡족하다할 수 있으랴[欲徇五斗祿 其如七不堪?]"라고 했다. 그러나 최근 학계에서는 5두의 미가 당시 현령의 봉록과 무관하다는 주장이 제기되었다. 즉, 사료에 나타난 전후 시대의 관료 봉록을 따져 보면 5두의 미는 너무 적다는 계산이 나온다는 것이다. 따라서 그는 "내 한

개인이 매월 5두의 미면 배를 채울 수 있는데 다시 더해야 무슨 소용이 있는가? 내가 전원 생활로 돌아가면 비록 노동이 괴롭기는 하지만 먹는 데는 크게 모자람이 없으니 하필 현령이 되어 군에서 파견된 소리를 영접하는 등 본성에 맞지 않는 일을 할 것인가?"라는 식으로 도연명이 이야기한 것이라는 주장이다. 여하튼 도연명은

본래 벼슬살이는 나의 소망이 아니었고 代耕本非望
본업은 오직 밭갈이와 누에치기였노라 所業在田桑 「雜詩」 其八

며 농사 짓기 위해 고향으로 돌아왔다. 그렇다고 농사일이 주린 배를 채워 줄 것이라는 확신은 갖지 못하고 있었다.

입고 먹는 것은 마땅히 내 손으로 마련해야 하니 衣食當須紀
애써 농사지으면 반드시 보답이 있으리니 力耕不吾欺 「移居」 其二

라는 막연한 기대를 갖고 있었을 뿐이다. 더군다나 몰락한 관료 가문 출신이라 그동안 농사일에 익숙하지 않았던 그에게 전원 생활이란 결코 쉬운 일이 아니었다.

농사일이 어찌 고생스럽지 않으리오? 田家豈不苦
허나 그 어려움 마다해선 안 되노라 弗獲辭此難
온몸이 몹시 피곤하고 고달파도 四體誠乃疲
우리야 환란 없기만 바랄 뿐이다 庶無異患干 「庚戌歲九月中於西田種早稻」.

　　그러면 그는 왜 누구나 맡기를 좋아하는 관직을 그만두어야겠다고 생각했을까? 진정 무엇이 그를 그 어려운 은자의 길로 들어서게 만

들었을까? 무엇이 그로 하여금 관직 생활이 그토록 견디기 힘든 일로 여겨지게 하였을까? 그 점에 접근하려면 우리는 그의 가문의 배경과 당시 정치계와 관료계가 어떠했는가, 그리고 그가 가졌던 사상이 어떤 것이었던가를 검토할 필요가 있다.

사실 그는 농사일보다 대대로 관료를 배출한 강남 토착 호족豪族 가문 출신이다. 증조부가 대사마大司馬의 관직과 장사군공長沙郡公의 작위를 받은 도간陶侃이었고, 조부는 무창태수武昌太守를 지낸 도무陶茂, 아버지는 현령을 지낸 도일陶逸이었다. 도간은 동진 성립 시기에 크게 활약한 인물이다. 그러나 그의 가문은 다른 동진 건국 공신과 달리 점차 몰락의 길로 접어들고 있었다. 그것은 동진의 귀족제가 배태한 결과였다. 오호족의 중원 진출로 서진 왕조에서 활약했던 이른바 사족들 가운데 10에 7~8할이 강남으로 피난을 와서 세운 왕조가 동진이었다. 동진 건국기에는 북방에서 온 이들 사족이 강남의 토착 호족들의 협조를 얻지 않으면 안 되었기 때문에 강남인들을 그런 대로 우대했다. 그러나 정권이 안정되어 감에 따라 동진 역시 망국적인 지역주의가 팽배하게 되었다. 남인南人 도씨 가문이 점차 중앙 관료계에서 멀어지게 된 것은 이 때문이었다.

이미 몰락하여 하급 관료 가문으로 변한데다, 전장田莊 등 약간의 가산은 있었다고 하나 자급이 불가능할 정도로 빈곤에 빠졌다. 그렇지만 도연명은 스스로 문벌로 자부하며 북방 출신 문벌 사족에게 결코 자존심을 버리지 않고 대했을 뿐만 아니라 서족庶族 한문寒門에게는 낮추어보는 표정을 은연중 감추지 못했다. 만년에 가난과 병고가 겹쳤을 때 집집을 돌며 걸식을 하기도 했지만 그의 '뼈대 의식'은 여전하여 사람을 가려 가며 시혜를 받았다. 그의 술 벗 안연지顏延之가 시안始安태수로 부임할 때 심양을 지나가며 2만 전을 선물로 보내자 그는 흔쾌히 받아 모두 술값으로 미리 내고 다 탕진해 버렸지만, 새로운 권력자로 부상한 유유劉裕 집단의 인물이었던 강주자사 단도제가 곡식과 고기를 보냈을 때는 받기를 거부하고 "손을 휘저어 물리쳤다"고 한다. 이런 그를 두고 동진에 대한 충성의 표시라는 견해도 있다.

그러나 그의 가문을 점차 몰락으로 끌고 간 동진 왕조에 충성을 다했다는 지적은 너무 단순한 해석이다. 그가 살았던 시기는 정말 세상이 어떻게 변할지 모르는 시절이었다. 그는 처자식을 위해 미관말직도 마다하지 않았지만, 사실 그것마저 위험하기 짝이 없는 일이었다. 36세庚子年 : 400 때 유뢰지의 참군을 그만둔 도연명은 이듬해 이번에는 유뢰지와 대립하고 있던 환현桓玄 밑에서 벼슬살이를 하지 않으면 안 되었다. 어제는 유씨 아래, 오늘은 환씨 아래로 전전하는 자신의 신세를 처량하게 생각했던 것은 당연하다. 당시의 심정을 그는

본래 나는 영척甯戚처럼 출세할 소질이 없고 商歌非吾事

짝지어 농사짓는 일에 맞거늘 依依在耦耕「辛丑歲七月赴假還江陵夜行塗中」

이라 읊고 있다. 벼슬살이가 본성에 맞지 않는다는 것은 이를 두고 하는 말이다. 춘추 시대 위衛나라 영척이 제齊나라 환공桓公 앞에서 상가商歌 : 商調의 노래로 격렬한 감정이 흐른다를 잘 불러서 등용되었던 일을 상기하면서 그는 영척처럼 출세할 소질이나 이런 격변기를 잘 견뎌 낼 자신이 없다고 생각한 것이다.

경작이 고통스럽다고 해서 말직이라도 앉아서 편안하기를 원한다면 언젠가 다가올 '이환異患'의 괴로움을 면할 수 없을 것으로 본 것이다. 난세에 관리가 되었다가는 성명性命을 잃기 십상이다. 도연명은 한때 동진조를 일으킨 훈귀勳貴를 증조부로 두었다. 동진의 운명이 다해 가고 있던 당시에는, 정치 노선의 선택이 조금만 신중하지 못해도 곧 살해될 위험성이 잠재해 있었다. 동진 왕조에 충성하기 위해서든

강왕곡 패방. 여산 강왕곡 입구에 버티고 있다. 그 뒤로 아득하게 보이는 곳이 여산의 주봉 한양봉이다.
그 아래 소위 '도화원'이라 주장되는 곳이 있다.

자신의 성명을 보전하기 위해서든 그는 차라리 관록을 피해 은거하며
자신의 노동으로 살아가는 소농 생활이 맞다고 생각한 것이다. 그의
행동을 규율한 것은 이것만이 아니었다. 그가 신봉한 사상의 문제도
개재되었다.

사실 도연명의 사상은 당시 그가 처한 시대 사조만큼이나 복잡하
다. 따라서 그의 사상을 이렇다 저렇다 쉽게 재단할 수는 없다. 위·진
시대를 풍미했던 현학玄學은 본래 유가와 도가 사상이 결합되어 생긴
것이지만 여기에 불교가 침투·합류했다. 도연명도 어려서 유가의 경
전을 학습하고 한때는 공자의 말처럼 "아침에 인의와 더불어 태어났
으니 저녁에 죽은들 또 무엇을 바라겠는가?"라고 말한 적이 있다. 그
가 도를 근심하고 빈곤을 근심하지 않은 것이 유가의 입장에 선 것이

라면, 노동을 숭상하고 모든 사람은 자신의 노동으로 먹어야 한다는 주장은 도가류 은자의 입장에 선 것이다. 만약 그의 뇌리에 두 가지 사상이 병존하여 투쟁을 벌였다면, 그 결과는 도가의 승리였을 것이라는 지적이 있다.

본론에 들어가기 전에 딴소리만 늘어놓다 보니 지면을 너무 소비했다는 느낌이 든다. 사실 내가 도연명에 관심을 가졌던 것은 이런 은자풍에 혹했다기보다 학부생 시절 우연히 읽은 「도화원기방증桃花源記旁證」이라는 논문 때문이었다. 도연명의 시 몇 줄과 『도화원기』桃花源詩敍라고도 함』를 읽게 된 계기를 부여한 이 논문은 1936년 진인각陳寅恪이라는 중국 학자가 쓴 것이다. 그는 인민 중국이 성립한 후 소위 '반동 학자'로 지목되어 갖은 곤욕을 치르다가 문화대혁명이 한창 진행 중이던 1969년에 죽었다. 그는 구미 각국에 유학하여 구사하는 외국어가 14개나 되는 유능한 학자였지만 그의 논문에는 외국 냄새가 전혀 풍기지 않는 것으로 유명하다. 장개석이 대만으로 그를 모셔가기 위해 비행기 한 대를 끝까지 남경 공항에 대기시켰을 정도로 애착을 가졌던 진인각! 그의 굴곡진 생애는 1995년 출판되어 최고의 베스트셀러가 된 『진인각의 최후 20년陳寅恪的最後貳十年』이라는 책에 의해 재조명되었고, 그의 논문은 죽은 후 더욱더 정채를 발하고 있다. 격동기를 살았던 그가 왜 도연명의 『도화원기』에 관심을 갖게 되었는가가 어렴풋이 느껴지기는 하지만, 여하튼 그의 논문은 『도화원기』를 하나의 문학 작품에서 일약 그 시대를 이해하는 중요한 사료로 변모시켰다. 그럼 먼저 『도화원기』를 음미해 보기로 하자.

(동)진나라 (효무제) 태원(太元, 376~396) 연간에 무릉武陵 사람으로 고기잡이를 업으로 삼고 있는 사람이 있었다. 하루는 물길을 따라 갔다가 얼마나 멀리 왔는지도 모를 무렵 홀연히 복숭아꽃[桃花] 숲이 눈앞에 나타났다.

양쪽 강을 끼고 수백 보의 거리에 온통 복숭아나무뿐이고 다른 잡목은 하나도 없었다. 또한 향기로운 풀들이 싱싱하고 아름답게 자랐고, 복숭아 꽃잎이 바람에 날려 펄펄 떨어지고 있었다.

어부는 이상하게 여기고 계속 앞으로 나아가 그 복숭아나무 숲 끝에 무엇이 있는지 알고자 했다.

숲은 강 상류에서 끝났는데, 그곳에 산이 있었으며 산에는 작은 동굴이 있고 그 속으로 희미하게 빛이 보였다. 어부는 즉시 배에서 내려 동굴 속으로 따라 들어갔다. 동굴은 처음에는 몹시 좁아 간신히 사람이 통과할 수 있었으나 수십 보를 더 나아가자 갑자기 탁 트이고 넓어졌다.

토지는 평평하고 넓었으며 집들이 정연하게 들어서 있었고 기름진 논밭과 아름다운 연못, 뽕나무와 대나무 숲이 우거져 있었다. 사방으로 길이 트였고 닭과 개 우는 소리가 들려 왔다. 이 마을에서 왔다갔다하며 농사를 짓는 남녀의 옷차림은 다른 고장 사람들과 똑같았으며, 노인이나 어린아이나 다들 즐거운 듯 안락하게 보였다. 어부를 보자 어디서 왔느냐고 물었다. 어부가 자세히 대답하자, 그들은 집으로 데리고 가서 술을 내고 닭을 잡아서 대접을 하였다. 마을 사람들도 어부가 왔다는 말을 듣고 모두 와서 저마다 물었다.

집주인이 말했다. "우리 선조가 진秦나라 때의 난을 피해 처자와 사람을 이끌고 이 절경으로 와 다시 나가지 않았으므로 결국 바깥 세상 사람들과 단절되었습니다〔先世避秦時亂 率妻子邑人來此境 不復出焉〕." 그리고 지금이 어느 때냐고 묻는 것을 보니 그들이 한나라가 있었다는 것은 물론 그 뒤로 위나라·진晉나라가 있었다는 사실도 모른다고 하였다〔不知有漢 無論魏晉〕. 어부가 지난 역사를 하나하나 자세히 이야기해 주자 모두들 놀라며 감탄했다.

다른 사람들도 저마다 어부를 자기 집으로 초대해 술과 밥을 대접하였다. 어부는 며칠을 묵은 후 작별하고 떠났다. 그 마을 사람이 말했다. "바깥 세상 사람들에게는 말하지 마십시오."

어부는 마을을 벗어나 배를 얻어 타고 돌아오는 길에 여러 군데 표식을 했다. 읍에 이르자 태수를 찾아 그대로 보고했다.

태수는 사람을 파견하여 어부가 표식한 곳을 찾아가게 했으나 결국 길을 잃고 도화원으로 통하는 길을 찾지 못했다.

남양南陽의 유자기劉子驥는 고결한 은사였다. 그 소리를 듣고 기꺼이 몸소 나섰다. 그러나 목적을 달성하지 못하고 병들어 죽었다. 그 후로는 다시 뱃길을 찾는 사람이 아무도 없었다.

이상이 소위 『도화원기』의 내용이다. 이 짧은 글이 나온 이후 천 수백 년간 사람들은 즐겨 입에 올리면서 인간 세상에 좀체 모습을 드러내지 않는 '세외도원世外桃源'을 찾는 데 힘을 쏟았다. 이것은 도연명, 아니 난세를 힘겹게 살아가야 했던 위·진인들이 꿈꾼 유토피아였다. 도원경의 사람들은 인간적인 꾀나 농간은 물론 모든 인간적 지혜의 산물과도 동떨어져 살아가고 있다. 이런 소박한 사람들의 생활을 흠모해 만들어 낸 일종의 픽션인 것이다. 그러나 픽션 혹은 유토피아라 하더라도 그것을 출현시킨 시대의 산물임에 틀림없다. 그래서 『도화원기』는 작자의 '뜻을 실은 문장[寓意之文]'인 동시에 '사실을 기록한 문장[紀實之文]'이라는 두 측면에서 고찰될 수 있다. 작자가 이 작품에서 나타내고자 하는 뜻은 그렇게 어렵지 않다.

당시 동란과 문벌 독점이라는 사회체제 속에서 파산하거나 몰락한 일부 사족들은 사회의 저층 민중 속으로 접근해 갈 수밖에 없었다. 빈부귀천이 극도로 현격한 현실에서 그들이 평균을 추구하는 사상을 갖게 된 것은 당연했다. 현실 생활 속에서는 그 평균을 좀처럼 실현할 수 없었기 때문에 이상국 속에서 찾으려고 한 것이다. 도연명이 최악의 정권으로 진秦나라를 지목한 것은 한나라 이래의 이른바 '과진론過秦論', 즉 허물을 진나라에 돌리려는 입장을 계승한 것이지만, 그 점에서는 그가 살았던 위·진 시대 사람들의 생각도 다를 바 없었다. 정전

井田을 폐지하고 천맥阡陌을 개설하여 토지의 사유와 매매를 특징으로 하는 지주 경제 제도를 확립한 것이 진 왕조였다. 자연의 순리대로 자급자족하던 아름다운 생활은 파괴되고 토지 겸병과 농민의 유망流亡을 야기한 책임이 진나라에 있다는 것이다. "천기를 어지럽힌" 진에서 피난온 도화원의 주민들이 "서로 농사짓기를 권하며 해가 지면 쉬는" 생활을 영위한다는 것은 원시 사회의 공동경작제[共耕制]를 유지하고 있음을 말해 준다. 도화원에서는 농업 생산 위주로 생활하고 토지는 공유하며 노동은 집체적으로 이루어지고, 또 노동의 성과도 모든 사람들이 공동으로 향유한다. "봄 누에를 쳐서 긴 실을 거두고 가을에 곡식이 익어도 왕세王稅가 없다"는 구절은 "군주가 없었던 옛날이 지금보다 낫다"는 같은 시대의 사상가 포경언鮑敬言의 『무군론無君論』과 같은 입장이다.

한편 그곳에서는 오직 자연과 더불어 살고 순박한 인정 속에 서로가 기쁜 마음으로 안락을 누리고 있다. 정치도 전쟁도 역사의 변질도 없는 신비로운 경지다. 귀천존비의 차이도 없고, 마을 사람들이 모두 잘 아는 규모가 크지 않은 소세계다. 이 도화원의 사회는 노자가 묘사한 "작은 나라에 적은 백성[小國寡民]"과 매우 비슷하다. 도연명은 현실의 사회와 도화원의 근본적 차이는 '순박'과 '경박'의 차이[淳薄異源]라고 규정한다.

이상이 도연명이 『도화원기』에서 표방하고자 하는 뜻이라면, 기존 학계에서 주로 논쟁이 집중되었던 부분은 『도화원기』가 실제 당시 어떤 지역민을 모델로 하여 서술된 것이냐는 문제였다. 진인각의 주장을 요약하면 첫째, 기존 학계에서 믿어 왔던 것처럼 도화원이 현재의 호북성 장가계張家界 근방의 무릉武陵 지역이 아니라 지금의 섬서성 동관潼關 근방 홍농弘農 혹은 상락上洛:洛水 上流에 있었다는 것이다. 둘째, 도화원에 살던 사람들의 조상은 진[嬴秦:진시황의 진]나라 때 피난온

장가계 풍광. 많은 학자들이 도연명의 『도화원기』의 배경이 되었다고 믿고 있는 무릉만武陵蠻의 근거지 장가계張家界의 풍경.

사람들이 아니라 오호십육국의 전진前秦 사람들이라는 것이다. 즉, 당시 전진 왕 부생苻生의 가혹한 정치와 부견苻堅이 일으킨 비수淝水의 전쟁으로 인해 피난해 온 사람들이었다고 본다. 셋째, 남조 유송劉宋을 창업한 유유劉裕가 동진 의희義熙 13년417 북벌하여 관중에 들어갈 때 종군했던 대연지戴延之 등이 당시 백성들이 자위自衛를 위해 집단적으로 깊은 산 속을 찾아[避難入山] 새로운 촌락 공동체를 세운, 소위 오보塢堡 : 塢壁 이야기를 소재로 하여 지었다는 것이다. 그리고 "진나라가 있었다는 사실도 모른다고 하였다[不知有漢 無論魏晉]"고 한 것은 은사 유자기劉子驥 : 驎之가 형산衡山에 들어가 약초를 캤다는 당시에 유행한 고사를 끌어다 합쳐서 만드는 과정에서 나온 것일 뿐, 실제 영진嬴秦과는 상관이 없다는 것이다.

진인각의 이 논문은 나에게 하나의 충격이었다. 문학 작품을 이렇게 역사 해석에 이용한다는 것은 이전에 상상도 못했던 일로, 그의 정치한 논증과 해박한 지식에 탄복하였기 때문이다. 그 후 나는 그의 글에 몰입해 들어갔다. 31개월간의 사병 생활 동안 나는 대만에서 발간된 포켓판 진인각의 『수당제도연원략논고隋唐制度淵源略論稿』와 『수당정치사술론고隋唐政治史述論稿』 두 책을 읽고 또 읽었다. 나의 전공은 그때 이미 결정되었다. 그런데 그의 논문에도 상당한 허점이 있다는 사실을 알려 준 논문을 발견하게 되었으니 바로 또 다른 석학인 당장유唐長孺의 논문이었다.

무한武漢대학 교수인 당장유는 진인각의 설을 정면으로 반박하고 나섰다. 그에 의하면 도화원의 고사는 본래 동진-유송 교체 시기 남방 형상荊湘 지방의 민간에 유행하는 전설로서 도연명이 그것에 근거하여 이상화시켜 완성한 문학 작품이라는 것이다. 이 전설을 듣고 기록한 것은 도연명만이 아니었다. 같은 시대 사람인 유경숙劉敬叔이 지은 『이원異苑』이라는 책에도 이와 유사한 이야기가 나온다. 즉, 유송 원가

천하제일천. 『다경茶經』을 쓴 당나라 육우陸羽가 천하 20대 명천 가운데 '천하 제일천'이라 말한 이곳 근방에는
봄철만 되면 복숭아꽃이 다투어 핀다고 한다.

여산 풍경. 강서성 구강시 남쪽에 위치한 여산은 동쪽으로 파양호를 끼고 있는 명산으로,
기묘하고 수려하기가 천하의 산들 가운데 으뜸이라는 평가를 받고 있다.

元嘉, 424~452 초에 무릉의 만인[蠻人]이 사슴을 쫓다가 바위 구멍[石穴]으로 들어가 신세계를 발견한 이야기가 그것이다. 도연명이나 유경숙이 모두 당시 이 고사[蠻人入石穴事]를 듣고 서술을 남겼지만, 도연명은 자기의 이상을 가탁하고 예술적인 가공을 가했던 것인 데 비해, 유경숙은 첨가한 것이 없다는 차이일 뿐이라는 것이 당장유의 진인각에 대한 반박이다. 사실 도가서[道家書]인 『운급칠첨[雲笈七籤]』의 「신선감우전[神仙感遇傳]」과 『태평어람[太平御覽]』에 인용된 「무릉기[武陵記]」 등에서도 이와 비슷한 이야기가 나온다. 뿐만 아니라 도연명은 강릉[江陵 : 荊州]에 가서 한 시기를 보냈고, 유경숙도 의희 7년[411] 강릉 남방 남평국[南平國]의 낭중령[郎中令]을 지냈으며 유자기가 살았던 양기[陽岐]도 무릉과 가까운 곳이기 때문에 무릉 지방의 전설을 잘 알고 있었을 것이다. 따라서 당장유의 주장도 매우 설득력이 있어 보인다.

진인각이 도화원 주민들이 병란을 피해 온 자들이라고 한 데 비해, 당장유는 『도화원시[桃花源詩]』에서 "진나라 임금이 하늘의 기강을 어지럽히자 현자들이 세상에서 몸을 숨겼다[嬴氏亂天紀 賢者避其世]"고 되어 있고, 다시 "봄에 누에 쳐서 비단실 거두고 가을 추수 뒤에도 세금을 안 바치더라[春蠶收長絲 秋熟靡王稅]"고 되어 있는 것으로 보아 도화원과 병란은 관계가 없으니 이들은 난리를 피해 온 사람이 아니라 세금과 부역, 즉 가혹한 정치[暴政]를 피해 온 자들이라고 주장했다. 따라서 피병[避兵 : 진인각]과 피부역[避賦役 : 당장유]은 구별해야 한다는 것이다. 또 피병 집단일 경우에는 필시 이들 구성원 사이에 사[士]와 서[庶] 간의 계급 모순이 발생할 것이지만, 피부역 집단의 경우는 그런 것이 나타날 리가 없다. 따라서 그들이 피병 집단이었다면 도화원과 같은 상하 구별이 없는 사회를 영위할 수 없는 것이다. 또 봉건 통치 계급은 전쟁이 끝나면 곧 다시 고향으로 돌아가 착취자로 변할 것인데 굳이 산에서 오랫동안 빈민과 공동 생활을 할 이유가 없다는 것이다. 진인각이 주장하는 오보인의 경우 보호자-피보호자 관계가 단시일 동안은 지속될 수 있겠지만 곧 이 집단 내에 계급분열이 일어나게 마련이라는 것이다. 그런데 『도화원기』에는 이런 상호박탈적 생활 모습이 없다. "비록 아비와 아들은 있으나 군주와 신하가 없는[雖有父子 無君臣]" 사회 질서와 당시 피병 집단의, 소위 오보인의 생활과는 거리가 있다는 것이다.

당장유는 다시 도연명의 고향과 피부역 인민들의 동태를 결합시켰다. 도연명 집안은 손오孫吳 시대에 파양호 근방으로 이주했는데, 그 시기 파양-남성南城 일대에는 종부宗部가 크게 세력을 떨치고 있었다. 삼국 시기 강남 지대에서 보이는 종부 혹은 산월山越은 대부분 무거운 부역과 세금을 피해 산속으로 들어온 농민들이 그 주된 구성원이었다. 즉, 인적이 드문 산림천택山林川澤이나 관청으로부터 멀리 떨어진 심원 지구深遠之區로의 도망은 당시 왕조에 대한 인민의 보편적인 투쟁 형식이었다. 동진 시기에 들어서도 피부역 입산자가 계속 출현하고 있던 차에 도연명이 무릉 지역 만족特히 苗族의 전설을 듣고 그곳의 상황과 결합시켜 『도화원기』를 지은 것이라는 게 당장유의 결론이다. 최근 한국 여행객들이 가장 많이 찾고 있는 경승지 중의 하나인 장가계가 도연명의 『도화원기』의 배경지라는 것이다.

나는 한동안 당장유의 주장이 정설인 것으로 믿고 있었다. 그런데 최근 구강사범전문대학九江師範專門大學에서 중국사를 가르치는 어느 학자의 논문을 읽고는 이제 글만 읽을 것이 아니라 현지를 찾아보아야겠다는 생각을 굳혔다. 이 논문에 의하면 『도화원기』가 실제 배경으로 삼은 곳은 여산廬山 동남 기슭에 있는 '강왕곡康王谷'이라는 것이다. 이 논문의 주장을 간략하게 소개하면 이렇다. 『도화원기』에 "무릉인"이라고 한 것은 도연명이 스스로를 지칭한 것인데, 그의 원 조상이 무릉 혜족인傒族人이기 때문에 자기 조적祖籍을 나타낸 것일 뿐이다. 그는 시상에서 나고 자라고 죽었기 때문에 63년의 생애 중 무릉에 한

번도 가보지 못했을 뿐더러 진인각이 말하는 홍농이나 상락에도 당연히 가보지 못했을 것이다. 강왕곡은 원래 '초왕곡楚王谷'이었는데 당지 사람들에게는 '도화원'으로 알려져 왔다. 봄이 되면 복숭아꽃이 만발하여 그 꽃잎이 계곡을 따라 흘러내리는 등, 풍경 자체가 『도화원기』의 묘사와 흡사한 곳이다. 더 중요한 것은 강왕에 대한 기록宋代에 나온 『南康軍圖經 紀游集』이다. 그는 초회왕楚懷王의 아들로서 진나라가 초나라를 멸망시키려 할 때 난을 피해 여산 동남 골짜기로 들어섰다. 진나라 장수 왕전王翦이 그를 추격해 왔다. 그때 갑자기 엄청난 풍우風雨가 휘몰아치니 왕전의 병마가 더 이상 나아가지를 못했다. 마침내 진군을 따돌린 강왕은, 이후 이 산골에 은거하게 되었는데, 이렇게 해서 이 골짜기에 초왕촌이 생기게 되었다. 그 후 진군을 피하기 위해 초왕을 강왕으로 고쳤다. 그가 죽고 나니 주민들이 그곳에 묘당과 소상塑像을 세우고 그를 '강왕보살'이라 불렀다. 또 남조 양梁나라 시대543에 초왕이 은거했던 이 강왕곡에 '강왕관康王觀'이 세워졌다는 기록이 있다. 도연명도 초왕의 이런 사적을 잘 알고 있었을 것이기 때문에 이곳을 배경으로 『도화원기』라는 작품을 쓴 것이다. 이상의 여러 정황은 피진避秦피란, 피폭정避暴政을 서술한 『도화원기』의 내용과 부합한다는 것이다.

중국인 친구 L씨와 같이 구강을 방문한 다음날 우리는 도연명기념관을 돌아본 뒤 바로 성자현 강왕곡 도화원을 찾았다. 한겨울이라 도화를 물론 볼 수 없었다. 여산 최고봉인 한양봉漢陽峰 동쪽에 자리잡은 강왕곡 입구에는 『도화원』이라는 패방이 그 위용을 자랑하고 있다. 그곳으로부터 긴 계곡이 좁게 이어져 있다. 문표門票 입장권를 파는 곳에는 '세외도원世外桃源'이라 새긴 거석이 우람하다. 계곡이 끝나 가는 지점에 초성楚城, 즉 강왕성이 좁은 계곡을 막고 있다. 최근 수축된 것이다. 그 왼쪽으로 강왕궁康王宮과 초인촌楚人村 터가 있다. 오른쪽으로는 당나라 시대의 다성茶聖 육우陸羽가 천하 20대 명천名泉 가운데 으뜸이라고 했던 '곡염천曲簾泉'이 있다. "천하제일천天下第一泉"이라는 글자가 폭포수 옆 천 길 암벽 위에 새겨져 있다. 봄철이 되면 이곳에 수많은 복숭아꽃이 흐드러지게 피어 선경仙景이라는 느낌을 갖게 한다고 안내판에 쓰여 있다. 그러나 이곳이 진나라를 피해 피난처를 구한 초민의 전설을 뺀다면 도화원이라는 느낌을 가질 수는 없었다. 계곡을 따라 간혹 보이는 작은 마을에서는 담벼락에 붙어 있는 "애는 적게 낳고 나무는 많이 심자[少生孩子 多種樹]"라는 표어가 눈길을 끈다. 아마도 돈만 들어가는 애들 낳기보다 복숭아나무를 더 많이 심어 이곳을 근사한 도화원으로 만들어 돈을 벌어 보자는 의미로 느껴졌다.

'유토피아'라는 말은 원래 '좋은 곳'과 '이 세상에 없는 것'이란 두 가지 뜻에서 유래했다고 한다. 원시 사회의 인류가 진정 자유롭고 평등하게 생활했다고 생각되지는 않지만, 인류가 문명 단계에 진입한 이후 억압과 불평등이 조직적으로 제도화된 것만은 부정할 수 없는 사실이다. 이런 불평등과 억압 구조가 소수에 의한 권력과 재부의 독점을 보장하기 위한 제도적 장치인 것도 분명하다. 이 과정에서 다수의 대중이 착취와 억압이 없는 자유롭고 평등한 이상 사회를 꿈꾸는 것은 당연하다. 현실 속에서 출로를 찾을 수 없기 때문에 현실을 초탈하여 환상의 세계에서나마 위로를 얻으려는 사상이 나온 것은 당연한 일이다. 꿈속의 영화榮華는 일종의 정신적 아편이다. 그러나 사후에 '천당'으로 돌아간다거나 영혼이 '극락세계'로 올라간다는 식보다 돈이 들지 않는다. 십일조나 공양도 주머니를 비우는 일임에 틀림없기 때문이다. 그래서 그러한지 지금까지 우리 앞에 제시된 유토피아는 적지 않았다. 어떤 유토피아에 매력을 느끼고 그 주민이 되느냐는 각 개인의 문제다. 타인의 이상에 종속되고 싶지 않다면 그 스스로 유토피아를 구상해 볼 수도 있을 것이다.

우리 동양인들은 사실 오랫동안 도연명이 이상화한 유토피아에

도연명 기념관. 구강시 구강현 마회령진 면양산에 위치한 도연명기념관에는 그의 묘와 기념관, 귀래정, 채전 등이
조성되어 있다. 기념관 입구에는 '진나라 때 유일한 사람[晉代一人]'이라는 문구가 걸려 있다.

몰입해 있었다. 그것은 이미 상실한 '천당', 혹은 '낙원'에 대한 아쉬움
때문일 것이다. 그러나 도연명을 좀더 이해하기 위해서는 그의 또 하
나의 명작 『오류선생전五柳先生傳』을 검토해야 할 것이다. 『도화원기』
가 그의 사회 이상을 가탁한 것이라면, 『오류선생전』은 곧 그 사회의
전형적인 인간상을 정성을 다하여 그려 낸 것이기 때문이다.

선생이 어떤 출신인지, 또 그의 성이나 이름이 무엇인지 잘 알 수가 없다[不詳其姓
字]. 그의 집 주위에 다섯 그루의 버드나무가 있었으므로 그렇게 지어 불렀다.
선생의 성품은 한적하고 평화롭고 말이 적었으며 명예나 이득을 추구하지 않았다.
책읽기를 좋아했으나 지나치게 따지거나 집착하지 않았으며, 자기 마음에 일치하
는 글을 대하면 즐거워서 끼니를 잊고 탐독하였다.
태어날 때부터 술을 좋아했으나 집이 가난하여 언제나 마실 수가 없었다. 그런 사

정을 안 친구가 혹 술상을 마련하고 그를 청하였다. 그럴 때면 가서 서슴지 않고 훌쩍 마셨으며 마시면 반드시 취하고자 했다. 그러나 취한 후에는 물러났다. 절대로 뜨거나 묵거나 하는 데 미련하게 굴지 않았다.

선생의 좁은 집은 텅 비어 쓸쓸했으며, 또 바람이나 햇빛도 제대로 막고 가릴 수가 없을 만큼 허술했다. 선생은 짧고 거친 베옷을 더덕더덕 기워 입고 있었으며, 밥그릇이나 표주박조차 자주 비어 먹을 것 마실 것이 없었으나 그래도 마음은 편하게 지냈다.

노상 시나 글을 지어 스스로 즐겼다. 오직 자기의 뜻을 표현했을 뿐 득실 같은 것에 관심을 두지 않았다. 선생은 그러한 태도로 살다가 스스로의 생을 마쳤다.

(논지의) 찬贊에 이르기를 검루黔婁의 처가 "빈천도 근심하지 않고 부귀에도 안달하지 않는다"고 한 말은 바로 이런 분을 두고 한 것이리라. 선생은 술에 도연히 취하여 시를 짓는 것으로써 마음을 즐기고 살았으니 (태고 때의 무위자연에 살았던) 무회씨無懷氏나 갈천씨葛天氏의 백성이라 하겠노라.

'도화원'이라는 유토피아에 살았던 오류선생의 모습이다. 그가 살았던 위·진 시대는 문벌사족의 황금 시대로 상하의 신분 등급이 엄격한 시대였으며, 노동 인민은 극도로 잔혹한 착취와 압박을 받았다. "그의 성이나 이름이 무엇인지도 잘 알 수가 없다[不詳其姓字]"는 것은 당시 구품관인법九品官人法 : 九品中正法 아래 그 차별 의식이 강한 세족 문벌 관념에 대한 강력한 공격이다. 도연명은 쌀 다섯 말 때문에 허리를 굽히려 하지 않았고, 청류淸流 상품上品의 문벌사족에게도 거만하게 대했다. 현실을 부정하고 동경하던 도화원을 찾았으나 쉽게 찾을 수가 없고 잔혹한 사회 현실을 의연히 직면하지 않을 수 없었다. 그렇다고 이 모순투성이 사회를 개변할 수 있는 힘이 그에게 있는 것도 아니었다. 심각한 모순에 빠져 있던 이 시기에 도연명은 『도화원기』나 『오류선생전』에서 당시 현실을 송두리째 부정해 버리고 소위 '나비의

도연명 무덤. 도연명의 묘는 원래 이곳에 없었으나, 마회령 면양산 왼쪽 앞에 있던 것을 1982년 이곳으로 옮겨 온 것이다.

꿈을 꾼 것이다. 도연명은 "빈천도 근심하지 않고 부귀에도 안달하지 않으며" 영리에 탐하지 않고 득실에 초연하여 편안한 마음으로 대할 수 있는 경지에 도달하였다고 스스로 말했다.

도연명에 대한 평가는 분분하다. 대륙에서는 한때 도연명이 반현실주의 낭만주의적 시인이냐, 아니면 현실주의적 시인이냐는 논쟁이 일기도 했다. 이상 사회에 대한 꿈은 어떤 면에서 현실도피적인 측면이 없는 것은 아니다. 사관귀은辭官歸隱은 소극적 현실 도피의 표현이라는 주장이다. 즉, 그는 문벌 제도에 불만을 가졌으나 그에 반항할 용기를 갖지 못하고 오로지 자기 몸만 챙기는[獨善其身] 길로 나아갔다는 평가가 그 하나다. 현실에 대해 어떤 반항도 한 것이 아니기 때문에 도연명의 퇴은退隱은 통치 계급에 어떤 손실도 주지 않았으며, 인민에게 유해했을 뿐 무익했다고 보는 것이다. 한편 도연명이 벼슬에 대한 의지를 끊고 자기의 지식을 봉건 통치자에게 제공하지 않았을 뿐만 아니라 자기의 지식을 이용하여 작품 속에서 역사 인물에 대한 찬미를 통해 은사의 고상한 정조를 묘사함으로써 당시의 현실을 비판하고 봉건 통치자를 반대했으니 이런 행위는 인민에게 해를 주지 않았고 오히려 상당한 장점이 있었다고 보는 것이 또 다른 평가다.

우리는 옛사람에게 너무 많이, 그리고 너무 완벽한 것을 요구하는 버릇이 있다. 도연명은 자연을 열애하여 소요자재逍遙自在의 생활을 추구한 시인이지, 이록利祿이나 영달을 추구하는 '권력욕의 화신(官述)'은 아니었다. 그의 행동이 때로는 혁명의 추동력으로 작용하기도 하였고, 한편으로 수많은 민초들에게 청량감을 주는 것도 사실이지만, 그는 혁명을 추동할 수 있는 이념을 제시하거나 다른 사람의 모범이 되기 위해 행동한 것은 아니다.

치세治世는 훌륭한 정치가를 배출하지만, 난세는 빼어난 시인을 낳는 법이다. 하기야 치세에 무슨 시인이 필요하랴! 시만큼 가슴속 깊은 곳을 저미게 하는 문학 작품이 어디 있겠는가? 난세란 모든 사람들에게 술을 권하고 시를 짓게 하는 것이다. 그는 술을 끔찍이도 좋아했다. 그가 이 세상에 남긴 150수의 시 가운데 '음주시飮酒詩'만도 20편이나 된다. 뿐만 아니라 그의 시 곳곳이 술로 채워져 있다. 술과 시의 합작이라 할 만하다. 은자의 가슴속에는 반도叛徒의 열화가 타오르고 있다고 하지만, 도연명은 그러한 가슴속의 열화를 술로써 가라앉히려고 애썼던 것이다. 그는 시에서 취경을 다루기도 하였고 술을 통한 고뇌의 망각을 추구하고 있기도 하다. 자신의 죽음을 노래한 「만가挽歌」에서까지 "다만 한스러운 건 세상에 살아 있을 적에 술 마시는 게 흡족하지 못했던 것(但恨在世時 飮酒不得足)"이라며 술을 맘껏 마시지 못한 것을 투덜거렸을 정도였다.

그러나 그의 음주 태도는 죽림칠현에서 볼 수 있는 목숨을 내건 무절제한 폭음과 달리, 취하면 그만두는 정도로 온건하였다. 술을 마시면서도 즐길 뿐 그 한계를 넘어서지 않는 절도가 있었다. 한가해진 시간에 텃밭에서 난 채소를 안주 삼아 술을 들면서 주목왕周穆王의 천상 여행을 묘사한 『목천자전穆天子傳』과 그림이 곁들여진 『산해경山海經』을 읽었다.

도연명은 한창 젊은 나이에 출사와 퇴관의 갈등과 모순 속에서 다섯 번이나 들락날락하다가 마침내 결정적인 은퇴를 하고 죽을 때까지 자연을 벗하고 살았다. 추위에 떨고 굶주림에 시달리고 또 손수 논밭을 갈아 먹으면서도 그는 자신의 도를 지킬 수가 있었기 때문에 언제나 유연히 남산을 바라볼 수 있었다. 술 마시기도 취하면 그만두었듯이, 그는 행동하되 항상 금도襟度를 지킬 수 있었기 때문이다.

사람이 백년을 산다면 그 반은 낮이고 반은 밤이다. 낮에는 노예가 되어 고통스럽더라도 밤에는 군주가 된다면 그 인생은 훌륭하고 행복한 것이다. 세상 잡사에 마음쓰고 가산을 늘릴 생각 때문에 우리의 몸과 마음이 모두 이렇게 피곤한 것이다.

인생은 마치 환상의 조화와 같은 것,
끝내는 '공'과 '무'로 돌아가리니 人生似幻化 終當歸空無(「歸田園居」 其四에서)

모름지기 천지조화에 따라 죽음의 나라로 돌아가자!
천명을 감수하고 즐길 뿐,
그 무엇을 의심하고 망설일 것이냐 聊乘化以歸盡 樂夫天命復奚疑(「歸去來辭」에서)

도연명이 평생을 두고 고뇌한 끝에 우리에게 주는 진솔한 인생 철학의 정수다. 나무관세음보살[南無觀世音菩薩]!

소흥紹興에는 여전히
겨울비가 내리고 있을까?

● 난정서 관련도

왕희지王羲之와 난정서蘭亭序의 배경

"하늘에 극락이 있다면, 지상에는 소주蘇州와 항주杭州가 있다"고들 하지만 소흥紹興에 가면 소주와 항주가 별것 아니라는 것을 금방 알게 될 것이다. 화려한 것만이 사람을 감동시키는 것은 결코 아니다. 그대 정다운 고향을 잃었다면 소흥은 그토록 잊지 못하던 고향으로 금방 다가올 것이다. 소흥은 겨울에 찾아야 제격이다. 노신魯迅이 고향 소흥을 찾을 때가 그랬듯이. 특히 겨울비가 내리는 날이면 더욱 분위기가 있을 것이다. 그리고 운하길 옆 작은 주막에서 소흥주紹興酒 한잔을 기울이다 보면 그대가 앓고 있는 심신의 아픔이 그런대로 누그러질 것이다.

소흥이 소흥으로 태어나게 된 것은 위진남북조 시대였다. 왕희지王羲之라는 천하 명필에 의해 「난정서蘭亭序」가 쓰여진 곳이 바로 이곳 소흥의 난정이었다. 「난정서」를 만들어 낸 남조의 문화가 그랬듯이 이곳 소흥의 거리마다 인문 정신이 진하게 배어 있다. 거리만 그런 것이 아니라 이곳 사람들도 그러하다. 그리하여 소흥은 고향 마을 이웃의 정다움과 넉넉함으로 그대들을 맞을 것이다.

이곳에 가면 들를 곳이 너무 많다. 그러나 오래 머물지는 말라. 혹시나 그대 소흥주에 취해 소흥을 더럽힐지 모르기 때문이다. 그러나 송대 시인 육유陸游의 애틋한 사랑 이야기를 담고 있는 심원沈園과 노신의 고거故居, 그리고 삼미서옥三味書屋을 빠뜨려서는 안 된다.

그런 후에 교외에 고즈넉이 자리한 난정을 찾으라. 이때 「난정서」를 반드시 가져가야 한다. 325자로 된 원문을 읽으면 좋겠지만, 문자 속이 기특하지 못하다고 생각이 들면 여기에 번역된 것을 지참하는 것도 하나의 방법이 될 것이다. 이 「난정서」만큼 남조 사대부들의 사상을 잘 드러내는 문장도 드물다. 산수에 대한 사랑, 각자 스스로 하고 싶은 대로 몸을 맡김으로써 인생에서 즐거움을 찾으려는 정신, 영원한 것에 대한 사모, 유한한 인생의 덧없는 유전流轉에 대한 슬픔이 통절하게 표현되어 있으니 말이다.

19 97년 1월 중순 1년간의 중국 생활을 마감할 즈음, 항주·소흥·무석無錫 지역의 여행을 계획했다. "하늘에 극락이 있다면 지상에는 소주와 항주가 있다〔上有天堂 地有蘇杭〕"는 말처럼 항주는 소주와 함께 중국에서 제일 가는 경승지다. 소주는 1991년 첫 번째 중국 방문 때 이미 가본 적이 있다. 중국에 1년간 장기 체류하면서도 항주에 가보지 못했다면 뭘 하고 지냈느냐는 핀잔을 들을 것 같은 생각이 들었기 때문에 그 지방에로의 여행을 계획한 것은 결코 아니었다. 사실 다른 사람들과 달리 나는 항주보다는 소흥에 더 관심이 있었다. 그래서 소흥 가는 길에 항주를 보겠다는 생각을 했을 뿐이다.

'동양의 베니스'라 불리는 소흥은 항주에서 동남으로 60km 떨어진 인구 10여만 명의 소도시다. 이곳은 『아Q정전阿Q正傳』으로 유명한 작가 노신魯迅, 1881~1936의 고향이기도 하다. 노신은 자전적 소설인 『고향』 첫머리에서

나는 혹독한 추위를 무릅쓰고 2000여 리나 떨어진 먼 곳에서 20여 년 동안이나 오지 못했던 고향에 돌아왔다. 계절은 한겨울, 고향이 가까워 옴에 따라 날씨마저 잔뜩 찌푸렸고 차가운 바람이 선실에 불어닥쳐 윙윙 소리를 냈다. …… 아! 이것이 20년 동안 내가 한시라도 잊을 수 없었던 고향이란 말인가?

라 쓰고 있다. 일부러 그런 것은 아니지만 나의 소흥 방문도 노신의 귀향처럼 계절도 날씨도 그러했다. 20여 년 전 나는 학계의 입문작인 석사학위 논문의 주제로 남북조 말기를 살았던 한 사대부의 생애와 사상을 다루었다. 그때부터 이곳 소흥옛 지명은 會稽이라는 곳을 알게 되었고, 이후 지금까지 소흥은 꼭 찾아보았으면 하고 열망하던 나의 학문상의 고향이었다. 노신이 귀향 길로 이용했던 운하에서 바라본 하늘이 찌푸렸던 것처럼 차창 밖으로 보이는 하늘도 음산하고 차가운

소흥시 풍경. 시내 면적의 약 10%가 운하와 작은 시내여서 '동양의 베니스'라 불리는 소흥. 춘추 시대 월나라의 도읍이었다.
중국 18대 명주의 하나로 꼽히는 소흥주 산지로도 유명하다.

바람 역시 불고 있었다. 내가 소흥에 도착한 날처럼 노신이 고향에 도착한 날에도 아마 겨울비가 내리고 있었을 것이다.

노신이 그러했던 것처럼 나도 북경에서 소흥으로 직행할 수는 없었다. 밤늦게 항주에 도착한 나는 우선 소흥행 열차 시간부터 알아보았다. 새벽 6시발이었다. 숙박비와 안전을 고려하여 항주대학현 浙江大學 초대소에서 일박하는데, 초라한 대학 초대소인지라 모닝 콜 서비스도 없단다. 평소 소심하기로는 누구에게도 빠지지 않는 나인지라 몇 차례나 자다 깨어 시간을 확인했는지 모른다. 새벽부터 겨울비가 창문을 때리고 있었다. 강남 지역에서는 겨울에도 난방을 해주지 않기 때문에 요와 이불이 오히려 내 덕을 보려 하니 나도 내 온기를 빼앗길까 봐 잔뜩 웅크리고 잤다. 그랬더니 팔다리 등 온몸이 말이 아니다. 북경에서부터 침대차를 타고 오긴 했으나 28시간의 긴 여행에 거뜬할 체력도 못 되고 그럴 나이도 이미 넘었다. 게다가 겨울 여행이라 우산도 준비하지 않았는데다 새벽에 우산 파는 곳을 찾을 수도 없으니 초대소에서 큰길까지 걸어가는데 옷이 흠뻑 젖어 버려 추위를 넘어 뼛속까지 마구 시려온다. 어제 저녁 숙소로 들어오면서 항주역행 버스 번호를 확인해 두었지만, 버스를 탈 마음은 달아난 지 이미 오래다.

겨울, 그것도 비 오는 묘시卯時는 여전히 칠흑 같은 밤이다. 통상 그러하듯이 열차는 40분 연착이다. 그것도 내몽고 포두包頭발 영파寧波행 직쾌直快 열차였으니 그 정도로 연착한 것만 해도 양호하다고 해야 할까. 종점에 가까워서인지 앉을 좌석이 남아 있는 것이 다행이었다. 군이 의도한 것은 아니지만 운 좋게도 젊은 여성과 나란히 자리하게 되었다. 그녀가 나에게 관심을 갖는다. 분명 외국인임을 눈치챈 때문이리라. 혼자 떠도는 외로운 여행길에 이런 '하이커이還可以 : 그런 대로 쓸 만한'한 여인이 먼저 말을 거는 데야 마다할 내가 아니었다. 짧은 커트 머리를 한 것 외에는 나로서는 전혀 흠잡을 데가 없어 보였다. 그

여성도 소홍행이란다. 이야기를 하다 보니 공교롭게도 내 친구가 근무하고 있는 북경의 N대학 역사학과 석사 과정 학생이다. 방학을 맞아 고향 소홍으로 가는 길이란다. 아귀가 착착 맞아들어간다. 소매만 스쳐도 인연이라 했거늘 이 정도면 진짜 인연(?)이라 아니할 수 없다. 그녀는 이런 경좌硬座:딱딱한 의자를 타고 북경에서 이곳까지 앉아 이틀 밤을 보내면서 온 여인답지 않게 싱싱하다. 역시 젊음보다 더 아름다운 것은 없다. 여행 일정을 이야기했더니 소홍역 대합실에서 한 시간 정도만 기다려 주면, 집에 잠시 들렀다가 여행 안내를 맡아 주겠단다. 내가 묵고 있는 사회과학원 전가루專家樓며, 나를 초청한 역사연구소, 그리고 그녀가 공부하고 있는 북경 N대학 역사학과 등에 관한 대화를 통하여 아무리 따져 보아도 그녀가 꽃뱀은 결코 아니라는 판단이 섰다. 게다가 역사에 대해 폭넓은 지식을 가진 그녀는 도유導游:여행 가이드치고는 최고급임에 틀림없었다. 나는 간혹이긴 하지만 이렇게 여복이 굴러들어오곤 하는 사람이다. 성이 L이라고 했다. 내가 소홍을 찾아가는 가장 큰 목적은 왕희지의 난정에 가기 위한 것이라고 했지만, 그녀는 나를 곧바로 그곳으로 안내하지는 않았다.

그녀가 먼저 안내한 곳은 노신의 고거故居와 그 맞은편에 위치한, 노신이 12세에서 17세까지 공부했던 삼미서옥三味書屋이었다. 그녀는 왕희지를 이해하려면 소홍의 도시 분위기를 먼저 알지 않으면 안 된다는 생각을 가지고 있는 듯했다. 나는 소홍에서의 모든 일정을 그녀에게 맡기기로 했다. 삼미가 무슨 뜻이냐에 대해서는 반드시 통일된 견해가 있는 것은 아니지만, 삼국 시대 동우董遇가 풀이한, 즉 "공부함에 있어 반드시 세 가지 자투리 시간을 이용하라[爲學當以三餘]"는 데서 유래한 것 같다. 삼미란 즉 '삼여'의 뜻이다. 삼여란 "계절에 있어 한 해의 마지막인 겨울과 하루에 있어서 마지막인 밤과 맑은 날이 아닌 구름 끼고 비가 내릴 때[冬者歲之餘, 夜者日之餘 陰雨者晴之餘]"를 말하거니와

삼미서옥. 노신이 12세부터 17세까지 공부한 삼미서옥의 실내 풍경. 노신의 낙서도 남아 있다.

이런 모든 토막 시간마저 아껴 공부에 힘쓰라는 뜻이니 공부를 직업
으로 삼은 우리 모두가 새겨들어야 할 말 같다. 송나라 문인 소식蘇軾
은 동우의 이 삼여설에 근거하여 위와 같은 자투리 시간에 독서하는
즐거움을 가리켜 "이 세상에서 살아가는 맛은 삼여에 있는 것[此生有味
在三餘]"이라고 하였다던가. 사실 공부란 무한한 인내와 참기 어려운 고
통이 요구되는 일이어서, 건수만 생기면 놀 궁리를 찾는 것이 보통 사
람의 속성임은 예나 지금이나 다를 바 없을 것이다. 공부는 대부분의
사람들이 하지 못할 환경과 상황이라 여길 때 해야 남들을 이길 수 있
다는, 평범하지만 실행하기 쉽지 않은 진리를 이 삼미서옥은 나에게
말해 주고 있었다.

　　소흥은 역시 북경·상해 등 번화한 도시에서 느낄 수 없는 그런

왕희지상. 동진 남조 최고의 명문 낭야 왕씨가 배출한 최고의 서법가 모습.

아늑한 분위기를 갖고 있었다. 도시 전체가 예술적이라는 느낌을 받
았다. 쉽게 돈을 벌 수 있는 의사의 길을 버리고 고달픈 문학을 택한
노신처럼 온 시가지가 인문 정신으로 채워져 있었다. 명대의 사상가
왕양명王陽明과 초대 북경대학 교장을 지낸 채원배蔡元培, 청나라 말의
여류 혁명가 추근秋瑾 등이 이곳 소흥이 배출한 인물들이다. 이들이 남
긴 흔적들이 시내 곳곳에 화려하지는 않지만 정성스럽게 보존되고 있
었다. 이 소흥 땅에 인문 정신을 배게 한 것은 이들보다 훨씬 이전 이
곳에 살았던 송대 시인 육유陸游:陸放翁, 1125~1210였다. L양은 나를 심
원沈園으로 안내했다. 육유의 아련한 사랑이 깃들인 심원을 이곳 소흥
사람들은 끔찍이도 소중하게 간직하고 있었다. 시인의 담백한 자취가
군더더기 없이 정리되어 있었다. 육유는 그의 문학에 심취해 있던 이

종 여동생 당완唐琬과 결혼했는데, 금슬이 매우 좋았다. 그러나 당완이 시어머니의 미움을 받아 두 사람은 어머니의 명에 따라 어쩔 수 없이 이혼하고는 모두 재혼했다. 10여 년이 지난 어느 날 봄, 심원에 놀러 갔다가 우연히 해후하게 된 두 사람은 모두 감격해 물끄러미 멀리서 바라보고만 있었다. 자고로 사랑에는 여자 쪽이 더 용감하고 행동적이라던가. 이루지 못할 사랑을 정사情死로 마감하려 할 때에도 먼저 제의하는 쪽이 여자라는 글을 읽은 적이 있다. 육유는 말없이 마음만 상해하고 있는데 당완이 술과 안주를 육유에게 보내 왔다. 이에 육유는 솟구쳐 오르는 옛 사랑의 기억들을 억누르지 못하고는 붓을 들어 벽에다 지금껏 인구에 회자되는 「차두봉釵頭鳳」이라는 사詞를 지어 써내려 갔다.

그대는 부드러운 섬섬옥수로 紅酥手

나에게 황등주를 부어 주었지 黃縢酒

성안에 넘친 봄빛 실버들로 늘어질 때 滿城春色宮墻柳

동풍이 사나워 인연이 깨졌으니 東風惡 歡情薄

그리움과 한에 사무친 가슴 一懷愁緒

외로운 나날로 몇 해를 보냈던고 幾年離索

아아, 돌이킬 수 없는 잘못이여 錯 錯 錯

봄은 예나 다름이 없건만 春如舊

사람은 보람 없이 여위어만 가니 人空瘦

연지 물은 손수건 눈물에 젖는구나 泪痕紅 鮫綃透

복숭아꽃 스러져 화원마저 쓸쓸하니 桃花落 閑池閣

사랑의 맹세 변함이 없어도 山盟雖在

정을 담은 편지 그 누가 전해 주랴 錦書難託

서법박물관

비 원

어비정

묵화정
묵지

우군사

소난정

유상곡수

북
↑

아 지

아지정

난정안내도.

아아, 어쩔 수 없는 내 신세야 莫 莫 莫

　　당완이 다시 사를 지어 화답한 것은 물론이다.

세상 물정 야박하고 世情薄

세상 인심 안 좋군요 人情惡

비 뿌리는 황혼에 꽃이 쉽게 떨어지듯이 雨送黃昏花易落

새벽 바람 불어와도 曉風干

내 마음 젖고 싶었으나 淚痕殘 欲箋心事

난간에 기대어 혼잣말을 할 뿐이네 獨語斜闌

아아, 어렵고도 어려워라! 難 難 難

사람은 각각이 되어 버렸고 人成各

지금은 어제가 아니네 今非昨

병든 마음 그네 끈처럼 길구나 病魂長似秋千索

뿔피리 소리 차갑고 야밤의 빗장 비스듬히 걸려 있는데 角聲寒 夜闌珊

사람들이 물어 볼까 두려워 怕人尋問

눈물 삼키고 즐거운 척하였네 咽淚裝歡

아아, 모두가 거짓이로다! 瞞 瞞 瞞

　　그날의 만남은 그들에겐 결코 우연으로 끝날 일이 아니었다. 특히 당완에게는 커다란 충격이었다. 그녀는 그리움에 애태우다가 얼마 있지 않아 앓다가 죽었다. 전통 시대 남자들은 사랑 외에도 할 일이 많아서인지 육유는 그녀와는 달리 96세까지 장수하였다. 그러나 육유는 만년에 이 심원에 들러 그녀를 그리워하는 수많은 글을 지었다고 한다. "3일 동안 시를 짓지 않으면 답답함을 감당하지 못한다[無詩三日却堪憂]"

던 육유는 중국 문인 중 가장 많은 시를 남긴 사람으로 유명하며, 지금 남아 있는 시만도 9200여 수나 된다고 한다. 그의 시 가운데 당완에 관한 시가 얼마나 되는지 나는 잘 알지 못한다. 심원을 둘러보면서 부럽게 느낀 것은 그들의 지고한 사랑 때문만은 아니었다. 그의 시가 연애 시였든, 우국충정을 표현한 시였든 간에 그것들을 짓는 것만으로 밥을 먹는 데는 지장이 없었다는 사실이었다. 그가 지은 시가 지금까지 그토록 많이 남아 있다는 사실은 그가 살았던 시대는 물론이고, 우리에게 장사에만 신경을 쓰는 것같이 보이는 중국 사람들이 견지하고 있는 인문 정신 덕분이리라. 나는 그곳에서 『육유연보陸游年譜』 한 권을 사서 배낭에 넣었다. 그가 이 세상에서 보낸 일생 속에 당완과의 사랑이 가지는 비중과 의미가 어떤 것인가를 살펴보기 위해서.

이곳 소흥은 원래 '와신상담臥薪嘗膽'이라는 고사로 유명한 월왕越王 구천句踐의 땅이었다. 질시와 반목, 처절한 복수만이 난무하던 "원수를 갚고 치욕을 씻는 고을報仇雪恥之鄕"이었던 이 땅에 처음으로 인문 정신을 불러일으킨 자는 육유가 아니었다. 그보다 훨씬 이전 이곳을 배경으로 살았던 남조의 귀족 사대부들이 뿌려 놓은 것이었다. 서성書聖 왕희지307~365, 혹은 303~361가 이곳에서 살았고, 산수 시인 사령운謝靈運의 전원이 이곳에 자리하고 있었다. 왕희지·사령운 같은 문인들이 지금으로부터 1600여 년 전에 이미 이곳 소흥 땅에 인문 정신을 심었던 것이다.

왕희지의 예술을 탄생시킨 난정은 현재 소흥 시내 서남 12.5km에 있는 난저산蘭渚山 아래 자리하고 있다. 월왕 구천이 이 일대에 난을 심었다고 전해져 난정이라는 이름이 생겼다고 한다. 동진東晉 목제穆帝 영화永和 9년353 3월 초3일 월주越州 회계군會稽郡 산음현山陰縣 서남 20리에 위치한 명승지 난정에는 우군장군右軍將軍 회계내사會稽內史 왕희지의 주재 하에 그의 아들 현지玄之·환지渙之·휘지徽之·헌지獻之

유상곡수. 남경 오의항의 왕사고거 마당에 만들어진 유상곡수의 모형도.

등과 당시의 명사였던 손통孫統·손작孫綽·사안謝安·지둔支遁 등 42
인일설에는 43인이 모여 수계사修禊事 : 흐르는 물에 몸을 맑혀 상서롭지 못한 것
을 없애는 행사를 행하고 있었다. 마치 경주의 포석정鮑石亭과 같이 곡수
曲水를 만들어 술잔에 술을 가득 채우고 흘러가게 하여 술잔이 도달하
면 그 앞에 앉은 자가 곧 술을 마시고 즉석에서 시를 짓는 모임이었다.
시를 짓지 못하면 벌주 석 잔[三觴]을 마셔야 했다. 이 모임을 통하여
26명이 지은 주옥 같은 37수의 시가 모아졌다. 이 모임의 주재자였던
왕희지는 이 시들을 모아서 편집하고 이 모임을 통하여 만난 여러 명
사들과 나눈 대화에서 느낀 감상을 적어 앞에 붙였으니 이것이 유명
한 「난정서」다.

　　나는 몇 년 전 서안 S대학에 근무하는 오랜 중국인 친구 Z씨로부

터 서안 비림碑林에 세워져 있는 난정서의 모본紙本은 故宮博物院 소장으로 神龍本이라 한다 탁본을 한 장 얻어 표구하여 내 연구실 책상 옆에 걸어 두고 간혹 그 의미를 새겨 보곤 한다. 그 전문을 전재해 보자.

영화 9년(354) 계축 늦은 봄 초승에 회계 산음의 난정에 모여 제사禊事의 모꼬지를 행하였다. 여러 어진 분들이 다 왔고 젊은이와 어른이 다 한자리에 모였다. 이곳은 산이 높고 고개가 험하며 무성한 수풀과 긴 대가 들어찬 죽림이 있는데, 또 맑은 냇물과 거센 잦은 여울물이 좌우를 비추며 띠처럼 둘러져 있다. 그 물을 끌어대어 술잔을 흘리는 구곡九曲의 유수流水를 만들었는데, 우리들은 차례대로 죽 벌려 앉았으니 비록 사絲 · 죽竹으로 만든 관현 악기의 성대함은 없으나 한 잔의 술을 마시고 한 수의 시를 지어 읊으니 이 또한 마음속의 깊숙한 정서를 펼치기에 충분하였다. 이날은 하늘이 활짝 개고 대기는 맑아서 온화한 봄바람이 화창하게 불었다. 하늘을 우러러 우주가 무한히 큼을 보고, 아래를 굽어 지상 만물의 무성한 자태를 살펴볼 수가 있었다. 사방으로 눈을 돌려 바라보고 마음 가는 대로 생각을 달려 보니 그로써 보고 듣는 즐거움을 한껏 누릴 만하였다. 실로 즐거운 일이었다.

대저 사람이 서로 더불어 하늘을 우러러보고 땅을 내려다보며 세상을 살아감에, 어떤 사람은 평소 가슴속에 축적했던 식견을 풀어내며 친구와 한 방에 마주 앉아 서로 얘기를 하는 경우도 있고, 어떤 사람은 마음에 의탁하는 바를 따라 육체의 속박을 초월해서 마음을 자유롭게 하는 생활을 하는 경우도 있다. 비록 나아감과 멈춤이 제각기 다르고 고요히 지내고 시끄럽게 지냄이 같지 않으나 사람은 저마다의 경우를 즐기어 잠시 자기 마음에 흡족한 때를 당해서는 쾌연히 스스로 만족해서 바야흐로 노년이 닥쳐오는 것도 모르고 지낸다. 그러나 그 마음 가는 데가 어느덧 물리게 되고 감정도 세사를 따라 바뀌게 되는 날에는 거기 따라서 감개함이 없지 않을 것이다. 지난날에 즐기던 바가 고개를 숙였다 드는 동안에 묵은 자취가 되어 버리면 더더욱 감정이 복받쳐 오르지 않을 수 없을 것이다. 하물며 장수하거나 단명하거나 간에 마침내 그 생명도 다할 날이 있음에야 더욱 그렇지 않을 수 없는 것이다.

躁不同　當其欣於所遇　暫得於
己　快然自得　曾不知老之將至
及其所之既倦　情隨事遷　感慨
係之矣　向之所欣　俛仰之間　以
爲陳迹　尤不能不以之興懷　況
脩短隨化　終期於盡　古人云死
生亦大矣　豈不痛哉
每攬昔人興感之由　若合一契
未嘗不臨文嗟悼　不能喻之於懷
固知一死生爲虛誕　齊彭殤爲妄
作　後之視今　亦猶今之視昔　悲
夫　故列敍時人　錄其所述　雖世
殊事異　所以興懷　其致一也　後
之賢者　亦將有感於斯文

永和九年歲在癸丑暮春之初會于會稽山陰之蘭亭修禊事也群賢畢至少長咸集此地有崇山峻嶺茂林脩竹又有清流激湍暎帶左右引以為流觴曲水列坐其次雖無絲竹管弦之盛一觴一詠亦足以暢敘幽情是日也天朗氣清惠風和暢仰觀宇宙之大俯察品類之盛所以遊目騁懷足以極視聽之娛信可樂也夫人之相與俯仰一世或取諸懷抱悟言一室之內

永和九年歲在癸丑暮春之初 會
于會稽山陰之蘭亭 修禊事也
群賢畢至 少長咸集 此地有崇
山峻嶺 茂林脩竹 又有清流激
湍 映帶左右 引以為流觴曲水
列坐其次 雖無絲竹管絃之盛
一觴一詠 亦足以暢敘幽情 是
日也 天朗氣清 惠風和暢 仰觀
宇宙之大 俯察品類之盛 所以
遊目騁懷 足以極視聽之娛 信
可樂也
夫人之相與俯仰一世 或取諸懷
抱 悟言一室之內 或因寄所託
放浪形骸之外 雖趣舍萬殊 靜

고인은 말하였다. 살고 죽는 것 또한 인생의 중대한 일이라고. 그런 것을 생각하면 어찌 애통하지 않을 수 있겠는가.

나는 옛사람이 감동을 일으킨 까닭을 살펴볼 적마다 그것이 한 문서를 맞추는 듯이 나의 생각함과 동일하니 지금까지 그 문장을 읽으면서 슬퍼하고 한탄하지 않은 때가 없었다. 그리고 그것을 슬퍼하지 않도록 마음을 깨치지 못하였다. 죽음과 삶이 동일하다는 (莊子의) 말이 진실이 아닌 허황된 주장이라는 것과 칠백 세나 살았던 팽조彭祖와 갓난아이 때 요절한 자의 나이가 (영원에 비하면) 하등 차별이 없다고 하는 것은 망령된 주장임을 진실로 알 수 있다. 뒷사람이 지금의 우리를 보면서 느끼는 감정은 지금의 우리가 옛사람의 일을 보면서 느끼는 것이나 매양 한가지일 것이다. 참으로 슬픈 일이다. 그런 까닭에 여기 모인 사람들의 이름을 순서대로 열기하고 그 사람들이 지은 글을 한 군데 모아 보았다. 비록 나중에 세상이 달라지고 세사가 달라진다 하더라도 사람의 감회를 일으키는 소이는 일치할 것이니 뒤에 이 글을 보는 사람 또한 장차 이것에서 느끼는 바가 있으리라.

325자로 된 이 「난정서」는 남조 사대부들의 사상을 잘 드러내는 문장으로 알려져 있다. 산수에 대한 사랑, 각자 스스로 하고 싶은 대로 몸을 맡겨 인생에서 즐거움을 찾으려는 정신, 영원한 것에 대한 사모, 유한한 인생의 덧없는 유전流轉에 대한 슬픔이 통절하게 표현되어 있기 때문이다. 그 문장보다 이 「난정서」의 필체는 고금 최고의 서법가인 왕희지의 득의得意의 작품으로 더 알려져 있다. 특히 그 가운데 나오는 20자의 '之'자는 각각 다른 풍채를 가지고 있어서 사람들로 하여금 경탄을 금할 수 없도록 한다. 후세 사람들 가운데 왕희지 필체를 좋아하지 않은 사람이 없었지만, 그 필체에 흠뻑 빠진 사람으로 동진 말 찬탈자인 환현桓玄과 명군 당 태종을 들 수 있다. 환현은 왕희지와 그의 아들 헌지, 즉 이왕二王의 일품逸品을 항상 옆에 두고 감상하면서 즐겼다고 한다. 그러나 그의 동진 왕조 찬탈이 '백일천하'로 끝나자 수도

(상) 난정비정. 높이 6.8m, 너비 2.6m, 두께 0.4m, 무게 3600여 근이나 되는 이 거대한 비석 앞면에는 청 강희제가 모사한 「난정서」 전문이 각자되어 있고 뒷면에는 건륭제가 쓴 「난정즉사蘭亭卽事」 한 수가 각자되어 있다. '어비정'이라고도 한다.

(하) 소난정. 난정비정(어비정) 오른쪽에 강희제가 쓴 '蘭亭'이라는 비석이 있다. 문화대혁명 때 비가 세 동강 난 것을 다시 세웠으나 '蘭'자의 끝과 '후'자 머리 부분이 일부 보이지 않는다.

건강建康을 떠나 배를 타고 그의 근거지였던 형주荊州로 돌아가던 중 추격을 당하자, 그것들을 누구에게도 내줄 수 없다고 생각하여 장강 물속에 던져 버렸다고 한다. 그는 비록 무인이었지만 문학을 이해하고 예술을 사랑하는 면에서는 누구에게도 뒤지지 않았다.

당 태종은 수나라 말기 반란의 와중에서 주저하는 아버지에게 혁명의 기치를 들도록 강권한 무인적 기질의 정치가이기도 하지만, 황제가 된 후에는 누구보다 문인을 좋아하고 문을 숭배하였던 인문주의자였다. 그는 곁에 문인 십팔학사十八學士를 두어 우대하고, 중국 최고의 고전인 오경五經:易·書·詩·禮·春秋에 대한 주석의 결정판이라고 할 『오경정의五經正義』를 편찬시킨 것으로도 유명하다. 뿐만 아니라 선인의 서적을 수집하고 정리하는 사업에도 열심이었던 그는 정관貞觀 6년632 정월 8일에는 전대부터 전해 내려오던 위나라의 종요鍾繇와 동진의 왕희지 등의 진적眞蹟을 정리하도록 명하여 1510권의 거책을 출판케 했다. 왕희지의 작품은 남조의 잦은 왕조 변혁과 전쟁으로 인해 하나씩 없어져 갔기 때문이다. 태종은 날이 갈수록 이렇게 왕희지의 글에 더욱 빠져들어 스스로 그것을 모사하는 데 열을 올렸다고 한다. 그러나 왕희지의 글씨 가운데 일품 중의 일품으로 알려진 「난정서」를 접할 수가 없었다. 정관 13년639, 당 태종은 칙명을 내려 천하에 흩어져 있는 왕희지가 남긴 글씨들을 찾아 올리도록 명령하였다. 그 결과 왕희지의 자손으로부터 봉정된 40지紙를 비롯하여 1290지 13질帙 128권卷이 새로 제실帝室의 소유가 되었다. 당 태종의 그런 노력에도 불구하고 「난정서」를 얻을 수는 없었다. 태종은 백방으로 손을 써 찾고 있던 중, 월주 영흔사永欣寺 변재선사辯才禪師가 수장하고 있다는 정보를 얻었다.

변재는 왕희지의 7대손인 불승 지영智永의 제자였기 때문에 이 정보가 틀림없다고 확신한 태종의 그것을 얻으려는 집념은 매우 끈질

겼다. 칙사를 영흔사에 보내는 대신, 변재를 궁중의 불교 사원인 내도
량內道場으로 불렀다. 자기가 무슨 이유로 장안에까지 오게 되었는지
알지 못한 채 며칠을 보낸 변재는 어느 날 태종과 대좌하게 되었다. 자
연스럽게 화제가 「난정서」에 이르게 되었다. 그는 "선사를 모시고 있
을 때 그것을 본 적은 있지만, 입적하시고부터 난세가 거듭되어 그 행

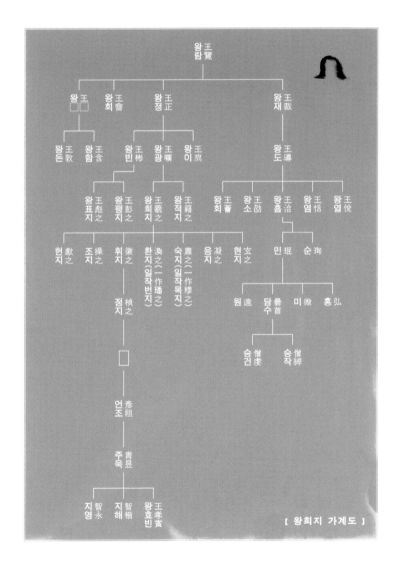

【 왕희지 가계도 】

당 태종상. 「난정서」 진적을 사랑한 나머지
그의 무덤에 배장품으로 묻게 했다.
후세에 육유는 "명주종이 소릉에 묻혀〔繭紙藏昭陵〕
천년 동안 다시 볼 수 없도다〔千載不復見〕"라고
탄식해 마지않았다.

방을 알지 못하게 되었습니다. 소승도 현재 그 행방을 전혀 몰라 안타까워하고 있습니다"라고 시치미를 뗐다. 그러나 유도신문에 말려든 변재는 평상의 표정을 유지하지 못하고 말았다. 태종은 심증은 갔으나 확증을 찾지 못한 것이다. 아무리 황제라고 해도 모른다는 데는 달리 도리가 없었다. 할 수 없이 소흥으로 그를 돌려보낼 수밖에 없었다. 대신 밀사를 파견하여 철저하게 감시하도록 명했다. 그러나 별다른 성과를 거두지 못하자, 가까이 있는 신하들에게 이것을 얻을 방도를 의논시켰다. 방현령房玄齡이 나섰다. 그는 양나라 원제元帝의 증손으로 감찰어사로 있는 소익蕭翼이 재사才士이므로 그를 시켜서 탐문하는 것이 좋겠다고 건의했다.

사실 「난정서」는 왕희지 사후 자자손손으로 전해져 오다가 마지막으로 지영에게 귀속되었다. 집안의 전통을 받았음인지 지영 역시 명필이었다. 불문佛門에 몸을 맡긴 그는 산음현 서남 31리 난저산 아래, 조상의 묘소 가까이에 있는 영흔사에 기거했다. 불승인 지영에게 자손이 있을 리 없던 터라, 100세의 고령으로 입적하자 「난정서」는 자연히 그의 제자 변재에게 맡겨졌다. 변재 역시 지영의 글씨를 모사模寫하면 진필처럼 보이는 재주가 있는 재사였다. 변재는 스승으로부터 물려받은 「난정서」를 보관하기 위해 온갖 신경을 썼다. 만일의 도난 사태가 일어나는 것을 미연에 막기 위해 생각 끝에 몰래 사방 일장一丈의 대들보에 구멍을 파서 비밀 은닉 장소로 삼았던 것이다. 영흔사로 가서 노승 변재를 만난 소익은 바둑과 거문고·투호投壺·악삭握槊 등의 잡기를 통해 그와 금방 친해졌다.

그 후 영흔사를 자주 방문하게 된 소익은 어느 날 태종으로부터 빌린, 양나라 원제가 그리고 쓴 「직공도職貢圖」를 지니고 영흔사를 찾아가 변재에게 보이면서 자연스럽게 서화에 관한 이야기로 화제를 옮겼다. 변재와 소익 사이에 「난정서」에 관해 이야기가 미치자, 소익은 양나라 이후 전란으로 「난정서」가 남아 있을 리 없다고 짐짓 결론지었다. 그러자 변재가 참지 못하고 모르는 소리 말라며 핀잔을 주었다. 두 사람의 논쟁 끝에 변재는 결국 진품을 소익에게 내보이고야 말았다. 그렇다고 소익이 그것을 쉽게 탈취해 갈 수는 없었다. 결국 변재가 불사佛事로 절을 비운 틈을 타 그것을 탈취하고는 곧 영안역永安驛으로 내달아 자기가 칙명을 받은 어사임을 밝히고는 그 지역 도독都督의 도움을 얻어 장안으로 그것을 급히 이송하였다. 태종이 기뻐한 것은 말할 필요도 없다. 소익을 추천한 방현령은 이 일로 금채錦綵 1000단段을 받았고, 소익은 원외랑員外郞으로 승진한 것은 물론 수많은 하사품과 장원과 저택까지 받았다. 한편 변재는 태종을 속인 죄가 있었지만, 80을 넘긴 고령임을 고려하여 죄를 묻지 않았다. 태종은 그에게 비단 3000단과 쌀 3000석을 지급하라는 어명을 월주자사에게 내리는 특별 조처까지 취하였다. 변재는 그것을 3층 보탑寶塔 건립비로 돌리고는 스승으로부터 물려받은 일품逸品을 잃은 억울함에 식음을 전폐하다가 1년 만에 세상을 떠났다고 한다.

태종은 「난정서」의 진적을 얻고는 모각하여 황자나 근신들에게
주었다. 정관 23년649 함풍전含風殿에서 임종을 앞둔 태종이 황태자
이치李治：후에高宗를 불렀다. "나는 너에게 이 세상 모든 것을 다 주고
가지만 하나만은 물려주고 싶지 않다. 효성이 지극한 너이니 내 뜻을
결코 거스르지는 않으리라 믿는다"고 운을 땐 태종은 "내가 바라는 것
은 「난정서」하나뿐이다. 황천으로 가는 길에 가지고 가고 싶다"고 단
호하게 말했다. 천상천하 유아독존의 천자의 지위도, 수많은 재보도
모두 황태자에게 내주었으나 그에게 상속할 수 없다고 생각한 것은
「난정서」의 진적 하나였던 것이다. 태종은 그것을 영원히 소유하고자
했던 것이다. 이리하여 「난정서」는 배장품陪葬品으로 그의 무덤 소릉昭
陵에 묻혔다. 이로써 "천하제일행서天下第一行書"라던 「난정서」는 영원히
땅속에 묻혀 뒷사람이 더 이상 볼 수 없게 되었다. 후세에 전해지는 것
은 역대 서법가들이 모사한 작품일 뿐이다.

L양과 내가 시외버스를 타고 난정 정류장에 도달했을 때도 겨울
비는 여전히 쉬지 않고 내리고 있었다. 오후 4시가 조금 넘었다. 집에
들러 준비해 온 우산은 차양이 컸지만 하나뿐이었다. L양의 마음 씀씀
이가 용의주도한 것인지, 아니면 우산을 하나밖에 가져오지 못할 사정
이 있어서인지 나는 확실히는 모른다. 우산이야 몇 푼 안 주어도 살 수
있는 것이지만 나는 반드시 사야겠다는 생각을 하지 않았다. 내가 들
겠다는 우산을 그녀가 굳이 들었다. 난정으로 가는 구부러진 길 옆의
죽림 앞에서 난을 팔고 있던 아주머니 서너 명이 사기를 권한다. 난을
한 뭉치 사서 L양에게 건넸다. 도유비導游費：안내비인 셈이다. 그녀는
"쉐쉐[謝謝]"를 연발하며 자신의 가방 속에 난을 조심스레 넣으면서 잘
키우겠다는 말을 덧붙였다. 왕희지가 명사들과 함께 유상곡수流觴曲水
의 연회를 열었던 원래의 난정 터는 아니지만, 옛 정취를 살리려고
노력한 흔적이 뚜렷했다. 대나무 숲 사이로 난 작은 오솔길을 뚫고 들

아지. 난정 경내에 있는 아지는 거위가 헤엄치는 동작을 보고 왕희지가 서법을 익혔다는 곳이다.
왕희지가 거위를 기르기 위해 이곳에 못을 팠다고 한다. '아지鵝池' 가운데 '鵝' 자는 왕희지가,
'池'자는 그 아들 헌지가 썼다고 전해지고 있다.

어가니 제일 먼저 우리를 맞이하는 것이 아지鵝池와 아지정鵝池亭이다.

왕희지와 거위[鵝]는 특별한 관계가 있었다고 한다. 어느 날 왕희지가 일엽편주를 타고 수향水鄕 소흥의 경치를 감상하고 있는데, 우거진 대나무 숲 사이로 한 무리의 하얀 거위가 노닐고 있었다. 그 노는 자태를 보고는 거위를 갖고 싶은 생각이 간절해져 거위 주인에게 흥정을 걸었다. 그러자 주인은 "이 거위는 팔 수 없습니다. 만약 우군[右軍將軍 : 왕희지] 대인大人께서 진정 가지고 싶다면 『도덕경』을 써 가지고 오십시오"라고 했다. 왕희지는 그 제의에 동의하고 자신의 글씨와 거위를 바꾸었다. 왕희지가 그렇게 거위를 좋아하게 된 것은 그의 서법 수련 과정과 관련이 있다는 설이 유력하다. 붓을 잡을 때는 식지食指를 거위 머리 모양으로 약간 굽어지게 쳐들고, 붓을 움직일 때 거위가 발

문진. L양이 나에게
소홍 방문 기념으로 준
'삼미서옥'의 문진:

바닥으로 물을 저어 가듯 움직이는 것이 정신을 붓끝에 집중시킬 수 있다는 것이다. 이것이 바로 왕희지가 거위 동작에서 배운 서법이다.

이 아지는 왕희지가 거위를 기르면서 그 서법을 연구하던 곳이었다. 아지 옆에 있는 아정에는 '아지鵝池'라는 커다란 두 글자가 가로로 쓰인 석비가 서 있다. 전설에 의하면 왕희지가 거위를 기르기 위해 못을 파고 그 옆에 돌을 세워 아지鵝池라는 글씨를 쓰기 시작했다고 한다. '아鵝' 자를 썼을 즈음에 마침 황제의 성지聖旨가 하달되었다는 소식을 듣게 되었다. 붓을 놓고 성지를 받으러 가니, 그의 아들 헌지가 붓을 들어 이어서 '지池' 자를 썼다는 것이다. 즉 "한 비석에 두 글자를 부자가 구슬을 이은 것처럼 썼다〔一碑二字 父子合璧〕"는 아름다운 고사를 알리는 유물이다. 실제로 왕희지 부자의 글씨일 리는 없지만, 삼각의 정자가 그 비석을 비바람으로부터 보호해 주고 있었다.

아지 너머에는 난정의 백미라고 할 유상곡수가 있다. 난정은 역대 서법가들이 찾아오는 성지〔朝聖之地〕다. 매년 3월 초3일에는 세계 각처에서 수많은 서법가들이 이곳 유상곡수에 모여들어 왕희지의 옛 자취를 본받아 수계상영修禊觴詠의 난정서회蘭亭書會를 연다고 한다. 그러나 비 오는 이곳에는 우리 둘을 빼고는 아무도 찾는 사람이 없다. 그 뒤로 우군사右軍祠·소난정小蘭亭·묵화정墨華亭·어비정御碑亭 등의 건물들이 겨울 빗속에 고즈넉하게 자리하고 있다.

일찍이 붓과 제대로 노닐어 보지 못한 내가 서성의 이 성지를 3월 초3일에 찾는 것은 외람되기 짝이 없는 일일 것이다. 그러나 비 오는 겨울, 아무도 찾지 않는 이 시간, 오십에 접어든 초로의 나이에 외롭게 떠도는 한 외국인의 안내를 기꺼이 자청한 젊고 아리

따운 여성과 같이 호젓하기 이를 데 없는 강남 정원 난정을 한우산 밑에 유유히 거니는 즐거움을 독자여, 상상해 보라. 왕희지는 인생의 유한함을 통절히 설파했지만 겨울, 비 그리고 어둠이 짙어 가는, 영락없는 삼미三昧·삼여三餘의 시간이 아니던가. 이곳 소흥이 배출한 명사 노신이 그렇게 강조하지 않았나. 삼미의 시간을 아껴 쓰라고……

그날 저녁 늦게 항주행 열차에 몸을 실었다. L양은 언제 준비했는지 나를 배웅하면서 '삼미서옥三昧書屋'이라 쓰여진 문진文鎭 하나를 건넨다. "삼미의 의미를 두고두고 잘 새겨 보라"며……. 우리는 아쉬운 듯 그렇게 헤어졌다. 소흥에 다녀온 지 벌써 몇 년. 이 겨울에도 소흥에는 겨울비가 여전히 내리고 있을까?

장강長江이 젖먹여

키운 강남의 보석 남경

● 남경 위치도

서안西安·낙양洛陽 등과 함께 '육대고도六大古都', 혹은 '십조도회十朝都會'로 불리는 남경南京! 남경의 가장 화려했던 시절은 뭐니 뭐니 해도 육조六朝 시대였다. 222년 손권孫權이 이곳에 석두성石頭城을 쌓고 도읍을 정한 이후 370년간 오·동진·송·제·양·진 등 여섯 왕조가 이곳을 배경으로 숨 가쁘게 명멸했다. 한 사람의 생사도 예사롭지 않을진대 왕조의 흥망 과정은 더욱 많은 사연을 남기게 마련이다. 서책書冊에 남아 있는 수많은 사실 기록에도 불구하고 현재 남경에는 '육조의 낭만'을 이야기해 주는 유적물은 그렇게 많지 않다. 육조는 귀족 정치가 꽃핀 시대였다. 육조의 귀족만큼 낭만을 즐긴 지배층도 중국 역사상 드물 것이다. 귀족에게는 그에 걸맞은 장식이 필요하다. 그 장식이 너무 요란하다 보면 허식이 되고, 그것이 지나치면 나라가 멍드는 법이다. 바로 육조가 그런 시대였다.

중국을 남북으로 나눌 때, 항상 남중국의 중심이었던 남경! 남경이 남중국의 중심에 선 것은 4세기 초에 일어난 '영가永嘉의 난亂'과 그에 의해 촉발된 한족漢族의 남도南渡라는 사건 이후였다. 이 피난 행렬이 남중국 개발을 촉진시켰다. 피난민의 수도였지만 남경은 항상 화려했다. 모든 물자는 이곳으로 모여들었다. 장강을 타고 사람과 물자를 싣고 온 선박도, 곡창 강남 지방으로부터 날라 온 미곡도 모두 이곳에 모였다. 남경 남부를 관통하는 진회하秦淮河가에 있는 오의항烏衣巷의 '왕사고거王謝古居'는 이런 풍요를 먹고 살았던 육조 귀족의 집단 거주지였다. 역대 수많은 시인 묵객들이 찾았던 이곳은 육조의 낭만을 잊은 채 이제 밤뱃놀이꾼으로 부산할 뿐이었다. 남경의 한 시절의 역사가 화려했던 만큼 나에게는 더 큰 비애로 다가왔다. 그래서 육조의 수도 건강建康의 '잃어버린 것에 대하여, 낭만에 대하여'를 여기에 쓰고자 하는 것이다.

장강長江:揚子江을 오르내리는 여객선의 종점 남경! 중경重慶이나 무한武漢 등 상류에서 출발한 여객선은 승객을 남경 마두碼頭: 선착장에 모두 내려놓고는 더 이상 동쪽 하류를 향해 뱃고동을 울리지 않는다. 북중국에 황하가 있다면 남중국에는 장강이 있다. 남중국의 '젖줄' 장강은 남경이라는 도시를 이렇게 젖 먹여 키워 왔다. 나는 한때 "밤늦은 항구에서 그야말로 연락선 선상에서, 슬픈 뱃고동 소리를 들으며 첫사랑 그 소녀 같던 남경이 늙어 가고 있는"최백호의 '낭만에 대하여'에서 모습을 하염없이 바라본 적이 있다. 남경은 나처럼 이렇게 속절없이 늙어 가고 있지만, 한때는 내 첫사랑 그 소녀처럼 나를 비롯한 뭇사람들의 시선을 끈 적이 있었다. 그 아리따운 소녀 시기가 바로 오吳·동진東晉·송宋·제齊·양梁·진陳의 여섯 왕조가 이어졌던 이른바 '육조' 시대였다. 근대 이전 서구에 의해 여러 항구들이 강제로 개항되기 전까지만 해도 아쉬움은 있지만, 그래도 남경은 남중국의 중심이었다. 남중국의 모든 길은 이곳 남경으로 통하고 있었기 때문이다. 그러나 지금 남경은 '다시 못 올 낭만'을 감춘 채 시들어 가고 있다. 여기서 이미 황혼기에 접어든 남경에 대하여 새삼 쓰고자 하는 것은 남경의 잃어버린 것만을 들추어내기 위해서가 아니다. 이 남경이라는 도시의 궤적을 통하여 중국사, 특히 위진남북조가 진행되어 온 맥을 짚어 보고 싶기 때문이다.

중국을 남북으로 가르는 경계는 회수淮水:淮河~진령산맥秦嶺山脈으로 연결되는 동서선이다. 근대에 들어 중국의 남북간 차이는 상당히 옅어졌지만, 근대 이전에 남북 중국은 매우 다른 성격을 가진 지역이었다. 그것은 아마 각각의 지세·기후·물산이 다르기 때문일 것이다. 따라서 두 지역은 종족·풍속·학술 등 여러 방면에서 현저한 차이를 보인다. 그 차이성 내지 구별의 문제는 역사학 분야만이 아니라, 지리학·인류학·경제학 등 여러 학문 분야에서 흥미로운 연구거리가 될

남경의 장강대교. 남경은 '만리장강萬里長江'과 3600여 개 지류를 합쳐 만들어진 7만여km의
거대한 '황금수도黃金水道'의 종점인 동시에 장강이 젖 먹여 키운 보석이다.
그래서 이곳을 예로부터 '금삼각金三角'이라 불렀다.

수 있을 것이다. 지금은 모두 중국이라는 국명 하에 속하는 땅이지만,
진秦으로 통일되기 이전만 해도 각기 다른 나라였다. 사실 선진先秦 시
대의 초楚·오吳·월越은 동방의 조선朝鮮과 마찬가지로 다른 나라였
던 것이다. 당시의 중국은 현재의 북중국, 즉 중원中原만이었다. 엄격
하게 말해서 한대漢代까지도 중국에는 남북 문제가 없었다고 해도 과
언이 아니다. 한대에 "관동[山東]에 재상이 나고, 관서[山西]에 장군이
난다[山東出相 山西出將]"는 말이 있지만 산[華山]과 관[函谷關]이 동서를 구
분하고 있었을 뿐이다. 한대 이전 남중국은 만이蠻夷의 땅 그 자체였
다. 남북의 구분이 있었다면 문명과 야만의 차이일 뿐이다. 북중국이
굳이 스스로를 문명이라 자칭하지 않아도, 초·오·월 등의 여러 왕들
은 스스로 만이임을 자인했다.

이런 문명과 야만의 구별에 일대 변국變局을 가져온 사건이 바로 4세기 초에 일어난 '영가의 난'과 그것이 유발시킨 서진西晉 왕실의 남도南渡였다. 흉노匈奴·갈羯·선비鮮卑·저氐·강羌 등 소위 오호五胡라 칭해지는 새외塞外 유목 민족이 문명의 땅 북중국을 점령하자, 한족이 세운 서진은 장안과 낙양의 옛 도읍에서 쫓겨나 장강 남안의 요새 건강, 즉 현재의 남경으로 도읍을 옮기지 않을 수 없었다. '영가의 난' 후 300년간 비문명의 새외 종족은 고래의 한족의 근거지인 동시에 문명의 중추였던 북중국을 유린(?)해 버렸다. 이를 일컬어 '오호난화五胡亂華'라 한다. 이로써 중국에는 '동서' 대신 '남북'이 중국을 양분한다는 인식이 생기게 된 것이다. 북중국의 정치적 중심은 장안, 낙양, 개봉開封 그리고 북경으로 옮겨졌다. 중국 수도 동진東進 운동의 궤적이다. 그러나 남중국의 중심에는 항상 남경이 자리하고 있었다.

'영가의 난'이 중국 역사에 끼친 영향은 실로 다대하다. 만약 이 시대와 같은 호족胡族의 중원 침입이 없었다고 가정한다면, 오늘날의 중국은 북중국으로 한정되어 있을지도 모를 일이기 때문이다. 그도 그럴 것이 이 사건 이전 중국의 남북 사이에는 지리·자연·인문상에서 너무나 큰 차이가 있었다. 그러나 호족의 침입은 중원 지역에서 한족을 남방으로 밀어냈고, 밀려난 한족은 남방에서 다시 새로운 '중국'을 건설했다. 이로써 남중국이 명실공히 중국의 강역으로 들어와 자리잡게 된 것이다. '영가의 난'은 단순한 하나의 반란이 아니라 한인 남진南進의 추동력이 되었던 것이다. 현재 남중국 객가客家 집단의 원류도 바로 이 시대로 소급된다.

'영가의 난' 이후 중국은 북도 남도 크게 변했다. 북방 고래의 문명의 땅인 중원은 그 주인이 바뀌어 소위 '좌임左衽의 이류夷類'가 차지하게 되었고, 남방 강남은 고래의 야만의 땅에 속했지만 그 주인은 '의관衣冠의 화족華族'으로 바뀌었다. 남조와 북조 사회를 두루 다 거친 안지추顔之推는 당시 남북을 비교하여 다음과 같이 설명하고 있다.

남조의 경상卿相은 한인 갑성甲姓으로 그 풍상風尙이 북조의 이족 고관보다 훨씬 우수하지만, 북토의 민간은 한인들이 다수를 차지하기 때문에 남방 오월의 민중보다 훨씬 뛰어나다. 그러나 남방은 오월 문화에 감염되었고, 북방도 이로夷虜 문화가 끼여들었으니 모두 다 깊은 폐해를 받았다[冠冕君子南方爲優 閭里小人北方爲愈…… 而南染吳越 北雜夷虜 皆有深弊]『顔氏家訓』音辭篇.

안지추의 이 말은 언어 문제에 국한해서 설명한 것이지만, 변한 것은 언어나 음운만이 아니었다. 정치·사회·경제·문화·민족 구성 등 모든 면이 크게 변했다. '영가의 난' 후 미처 피난하지 못하고 호족의 지배 하에 남겨졌던 한족은 갖은 모욕과 학대를 받았다. 북중국의 가장 큰 문제는 호한胡漢 간의 갈등이었다. 새외 유목 민족 출신 지배자들은 한족을 "개와 다름없는 한인[漢狗]" 혹은 "1전밖에 안 되는 놈들〔一錢漢〕"이라고 불렀다. 요즈음도 사용하는 '파렴치한破廉恥漢'·'무뢰한無賴漢'의 '한'이라는 말이 여기서부터 시작되었다. 중원의 주인으로 등장한 호족들도 변하기는 마찬가지였다. 중원이 목지牧地가 아니므로 그들의 생활도 구래의 유목 생활을 그대로 지속할 수는 없었다. 이런 정황 하에서 어차피 중원에서 같이 살아가야 했던 호족과 한족은 점차 서로간에 노정된 갈등을 줄이고 대신 공존의 길을 모색해야 한다는 생각을 굳혔다.

남중국도 많이 달라졌다. 종래 야만의 땅이라 매도했던 곳에 피난살이를 시작한 한족 교민僑民들은 동진·송·제·양·진 등 왕조를 이어가면서 지속적으로 한족 출신 천자를 세웠고, 그들이 정치를 주도해 나갔다. 이들이 소위 교민 그룹이다. 피난의 땅 강남에는 한족과는 다른 족속들이 이미 살고 있었다. 만蠻이라 불리는 이민족도 있었지

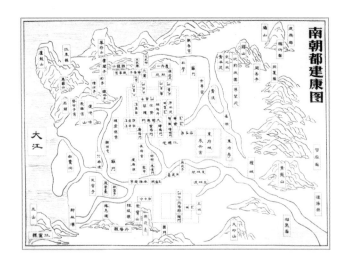

남조의 수도 건강도. 건강(남경)은 장강으로 흘러들어가는 진회하 하류 쪽을 제외하고
사방이 모두 산으로 둘러싸여 자연적 요새를 이루고 있음을 알 수 있다.

만, 오래전 그곳으로 이주해 온 한족도 있었다. 이들 토착 세력을 구민
舊民이라 일컫는데, 이 두 그룹 사이에서도 갈등이 표출되었다. 교민과
구민 간의, 즉 '교구僑舊' 갈등이다. 이들의 반목도 북방의 호한 갈등
정도는 아닐지라도 그것을 해결하는 데 상당한 시간이 걸렸다. 북방
과 마찬가지로 시간이 흐름에 따라 갈등 구조는 점차 약화되어 갔다.
특히 남방에는 우수한 중원의 문명이 상당히 이식되었다. 그리하여
당대의 시인 장적張籍은 「영가행永嘉行」에서 "북인이 호족을 피해 남방
에 오게 되자 남인들은 이제 진나라 말을 하기에 이르렀다北人避胡多在
南 南人至今能晉語"고 한 것이다.

　　시간은 사람들에게 지역적 자존심을 강화시켜 주었다. 내부 갈등
은 점차 불식되었지만, 대신 남북간의 대립이 심화되었다. 그 결과 남

조와 북조 사이에는 정윤正閏, 즉 정통과 이단[閏統]의 문제가 야기되었다. 즉 남조는 북조를 배척하여 '변발한 오랑캐[索[頭]虜]'라 하였고, 북조는 남조를 '섬오랑캐[島夷]'라 부름으로써 서로를 오랑캐라 폄하하고 스스로 중국의 정통 왕조라고 주장하기에 이르렀다. 이런 논쟁 자체가 이제 남북 중국은 분열 상태를 인정하면서도 언젠가 통일되어야 할 불가분의 실체로 인식하기에 이르렀음을 의미한다.

그러나 중국의 남북은 진실로 하나가 되기에는 자연적 환경의 차이가 너무 컸다. 자연환경은 문화와 심리 구조에 심각한 영향을 미치게 마련이다. 서진의 남도 후, 약 300년간 남북은 문학·학술 등에서 현저한 차이를 보이며 독자의 길을 걸었다. 남북 분열의 시대인 위진 남북조 시대가 종식되고 수·당의 전국 통일 후 남북의 문화가 융합될 때, 소위 남파南派와 북파北派의 차이가 크게 부각되었다. 다시 송·원·명·청으로 이어지는 통일 왕조 하에서도 남북의 구별과 차이는 쉽게 극복되지 않았다. 예컨대 남·북인 사이에는 개성·사유·사상·문학·심미 등에서 적지 않은 차이가 노정되었다. 이런 것들을 문화라는 말로 총칭할 때, 남북간의 문화 차이는 소위 '당송팔대가唐宋八大家' 가운데 한유韓愈와 구양수歐陽修의 문풍文風 차이에서 그 척도를 찾곤 한다. 이른바 주기主氣와 주정主情이 그 차이라는 것이다.

문풍만이 아니다. 대외 인식에서도 매우 큰 차이를 보였다. 북중국인들은 역사적으로 볼 때 이민족을 그다지 배척하지 않는 편이라고 한다. 원대의 경우, 소위 '북인화북인'들이 침략자인 몽고인에 대해 크게 반대하지 않았고, 원나라 멸망시에도 원나라 조정에 대해 눈에 띄게 이반된 행동을 보이지 않았다. 또 청대를 보아도 북인은 강남인과 달리 만주 정부가 발령한 치발령薙髮令에 비교적 순종하는 편이었고, 청조 멸망 때에도 최후까지 직예直隸·하남·산동 등의 성들은 독립 선언에 주저했던 것이다. 북중국인들이 원래부터 그랬던 것은 물론 아니었다. 한대 이전에는 연·조燕·趙:하북과 산서 지역에 '감개비가지사感慨悲歌之士'가 많았다는 것이나, 유주幽州·병주幷州 지역에 '용협자勇俠者'가 많았다는 것을 감안하면 이후의 북인에게 매우 많은 변화가 나타났다는 것을 의미한다. 즉, 오호 시대를 거치면서 크게 달라진 것이다. 금金나라 세종이 "연인북방인은 자고로 충직자가 적다. 요나라 군대가 오면 요에 복종하고, 송나라 사람이 오면 송에 복종하고 본조[金]가 이르니 역시 본조에 복종했다[燕人自古忠直者鮮 遼兵至則從遼 宋人至則從宋 本朝至則從本朝]"『金史』권8 世宗紀고 한 것은 당시 화북인들의 성향 변화를 적나라하게 지적한 것이다. 그 원인이 어디에 있는가? 그것은 바로 오호 시대 이후 중원인, 즉 북인의 대외 인식 변화에서 그 근원을 찾을 수 있다. 이 대외 인식의 변화 이면에는 당연히 종족적 혼합이라는 북중국이 겪은 저간의 역사적 전개가 개재되어 있다. 원나라 초기 사람으로『자치통감』의 음주자音注者로 유명한 호삼성胡三省이 "오호! 수나라 이후 이름을 드날린 자는 대북[선비] 자손이 10에 6~7을 차지하였으니 이제 씨족들을 구별해서 과연 무슨 이득이 있겠는가?[嗚呼自隋以後 名稱揚于時者 代北(鮮卑)之子孫 十居六七矣 氏族之辨 果何益哉]"『資治通鑑』晉紀 30 太元 21年條고 통탄하지 않았던가? 이처럼 북중국은 호한 간에 민족적 혼합이 이루어졌다. 이 지역에 오랑캐[胡]도 한족[漢]도 아닌 새로운 중원인[중국인]이 탄생한 것이다. 이후 그들의 종족 명칭을 '한漢'이라고 불렀을 따름이다.

　　오호 남북조 300년간 역사가 북중국에 준 영향은 이렇게 다대했지만, 이후 당·송·명·청 시대에 걸쳐 북방 호족의 침입이 꾸준히 지속되었다는 점도 소홀히 보아서는 안 된다. 오호 시대 이후 1600년간 역사를 보면 북중국은 북송 160년, 명 280년, 수·당 330년실제로 호족 왕조로서 그 영향이 강한 시기이지만을 뺀 800여 년 간을 이적의 치하에 있었다. 반면 남중국에 대한 북적의 지배 기간은 원과 청의 지배 기간인

남경성과 진회하. 1993년에 촬영한 남경성과 진회하의 모습이다.

350여 년이 고작이다. 북중국이 이처럼 호한 혼혈, 호한 잡거의 지대
로 변한 것이다. 이런 사정은 북중국을 남중국과는 상당히 다른 사회
로 만들었다.

  반면 이상과 같이 이민족이 지배한 시기가 짧았고, 또 역대 한인
의 피난의 땅이었던 남중국은 달랐다. 이른바 양이보종攘夷保種의 기풍
이 강하게 유지되었다. 남송 이후 남방의 학자들은 그 논설에서 이민
족에 대한 적개심을 강하게 표출했다. 주자학朱子學의 개조 주희朱熹도
사실상 복건福建 사람이었고, 남송 시대 화이의 구별을 바르게 하는 것
을 제1의 강령으로 삼았던 호안국胡安國도 복건 사람이었다. 뿐만 아니
라 명나라 말~ 청나라 초의 대유大儒로 명나라의 광복을 위해 노력했
던 고염무顧炎武 · 황종희黃宗羲 · 왕부지王夫之 등 '삼유로三遺老'도 모두

朱雀橋邊今幾年烏衣舊巷
尚依然豪華已逐前朝否
譽空由後世傳落日迎輝明
故地殘霞拖影拂遙天烏知
畫棟雕梁燕巢遍邦居年
舍邊
右烏衣夕照

오의항과 주작교. 당대 시인 유우석의 시를 근거로 하여
명대인이 그린 「오의석조烏衣夕照」라는 제명이 붙은 그림이다.

이른바 남인이었다. 이런 배경에서 중국을 정복한 이민족 왕조를 몰아내려는 반란도 거의 대부분 남방에서 일어났다. 원나라 말의 반란이나 청나라 말의 반란 등이 그 좋은 예다.

여기서 내가 특히 강조하고자 하는 것은 오호의 중원 침입, 이른바 '영가의 난'을 계기로 중국의 남북 구별만 열린 것이 아니라, 그와 동시에 문명과 야만이라는 고래의 등식이 완전 와해되고 오히려 역전되는 단초가 열렸다는 점이다. 물론 이런 역전이 뚜렷하게 나타난 것은 당과 송대에 이르러서였다. 소위 '당송변혁唐宋變革'은 남북 우열의 대환위기大換位期라 할 수 있다. 그 역전을 가져오게 한 직접적 원인이 바로 오호족의 중원 침입에 있다고 할 것이며, 동진 이후 북송 말기까지의 약 800년간은 중국 문화 중추의 이동이라는 대전환을 준비하는 과도기였던 것이다.

사실 당나라 이전 시기에는 모든 면에서 북이 남보다 흥성하였다. 그러나 송나라 이후에는 남이 북보다 흥성하였다. 이것을 인구·경제·문화 차원에서 검토해 보자. 중국에서 최초로 인구 통계가 나타난 것은 전한 말AD 2의 일인데, 당시 북과 남의 인구 차이는 8.9 : 1.1이었다. 한대의 수도 장안을 제외한 천하 5대 상업 도시는 낙양·한단邯鄲·임치臨淄·완宛·성도成都 등이었지만 남중국의 도시는 하나도 그 속에 들지 못했다. 그러나 서진의 남도 이후 건강建康이 점차 변화해졌다. 당의 위만魏萬이 "금릉 남경 백만 호 육대 왕조의 왕도[金陵百萬戶 六代帝王都]"『全唐詩』권9「金陵酬李翰林謫仙子」라 했던 시구처럼 건강의 인구는 이제 장안·낙양과 어깨를 나란히 하게 되었다.

당 현종 천보 원년742의 통계에 의하면 북중국은 493만 호인 데 비해, 남중국은 257만 호라고 하니, 그 비는 6.5 : 3.5였다. 그러던 것이 북송 신종神宗 원풍元豐 3년1080에는 459만 호와 830만 호로 3.5 : 6.5로 역전된다. 이에 따라 대도시의 분포도 완전히 달라졌다. 수·당 이

남경 교외의 진회하. 육조 시대 진회하는 수도 건강성과 동남 곡창 지대를 연결하는 교통의 대동맥이었다.

래 남중국의 도시가 크게 부상하기 시작하더니 양주揚州∶江都가 제일 의 도시로 등장한 것이다. "양주가 천하 제일이고 익주가 그 다음이다 〔揚一益二〕"라는 말처럼 번화와 부유함에서 남중국의 양주가 천하 제일 도시로 등장한 것이다. 당나라 시인 장호張祜가 "사람이 태어나 단지 양주에서 살다가 죽은 것이 합당한 일〔人生只合揚州死〕"『全唐詩』권20「縱游淮 南」이라고 하였으니, 이제 장안과 낙양은 그 번화함에서 양주와 대항할 수 없게 되었다. 그래서 신라의 최치원도, 일본의 승려 원인圓仁도 양 주를 거쳐 장안으로 갔던 것이다. 양주가 쇠하자, 남송 시대부터 소주 와 항주가 천하 대도회가 되었다. 원대가 되면 북중국의 수도 지역의 일부인 진정로眞定路∶石家莊의 인구수는 평강로平江路∶蘇州의 10분의 1 에 불과하게 되었다. 인구가 많으면 미인도 많은 법. 중국 최고의 미인

오의항 옆을 흐르는 진회하. 현재는 뱃놀이 장소로 젊은이들을 끌어모으고 있다.

을 배출하는 도시도 한대의 한단, 당대의 양주에서 점차 소주와 항주로 그 위치가 바뀌게 되었다. 소위 '미인의 남방 이동설'이다.

경제력 면에서도 마찬가지다. 『서경書經』「우공편禹貢編」을 보면 천하의 토지를 상상上上에서 하하下下까지 9등급으로 나누고 있는데, 중원 지역의 토지가 상등급인 데 비해 남중국의 것은 모두 하등에 속했다. 그러나 진의 남도 이후 남방의 경제 개발은 이 지역을 상급지로 탈바꿈시켰다. 이로써 당대 중기 이후 미곡의 본산지는 남중국이 되고, 북중국은 남중국으로부터 보급받지 않으면 그 인구를 제대로 먹일 수 없게 되었다. 수·당·송 시대 수도가 장안·낙양·개봉에 두어졌지만, 당시 운하는 남방의 미곡을 수도로 수송할 목적으로 개착되고 운용되었다. 그래서 운하를 '양도糧道'라 한 것이다. 명나라 태조 주원장朱元璋이 원의 대도大都:北京를 점령하고도 남경으로 철수해 버린 이유 중 하나도 원나라 말 남인의 반란으로 강남과 대도를 연결하는 양도인 운하가 끊어져 버렸기 때문이다. 이와 같이 강남 지역의 경제력이 중국 전체에서 차지하는 비중은 막강한 것이 되었다. 그래서 "강소와 절강 지역에 풍년이 들면 천하가 풍족해진다〔江浙熟 天下足〕" 혹은 "소주와 호주에 풍년이 들면 천하가 풍족해진다〔蘇湖熟 天下足〕"는 말이 나온 것이다.

국가의 재부財富 집중과 그에 따른 세수稅收도 이 강남 지역에 주로 의존하게 되었다. 당나라 중기 이후 천하의 재부와 세원稅源에 대해 재무 관료였던 제오기第五琦가 "부세가 나오는 바 강회 지역을 저수지로 삼았다〔賦所出 以江淮爲淵〕"『新唐書』 149 第五琦傳고 했거나, 권덕여權德輿가 "천하에 큰 계책을 세우려면 먼저 동남 지역을 바라봐야 한다〔天下大計 仰於東南〕"『新唐書』 권165 權德輿傳고 한 것이라든지, 또 한유韓愈가 "현재 천하의 부세는 강남이 10에 9를 차지한다〔當今賦出天下 江南居十九〕"『新唐書』 권52 食貨志고 하였던 것 등은 결코 과장된 말이 아니었다. 여기서 말하는 '강회'나 '동남'·'강남'·'강동' 등은 거의 동일한 지역을 가리키고 있으며 그 중심에는 남경이 항상 자리하고 있었다. 당대의 행정구역으로 보면, 절서浙西·절동浙東·선흡宣歙:안휘성 남부·회남·강서·악악鄂岳:호북성 남부·복건·호남 등 8도가 그것이다. 이들 지역으로부터 거두어들인 세수에 의존하여 국가가 운용되고 있었다고 해도 과언이 아니었던 것이다.

이제 누가 뭐래도 중국 경제의 선진 지대는 남중국이 되었다. 전한 시대 "회남은 게으른 백성과 빈한한 시골〔淮南窳民貧鄕〕" 賈誼의『新書』에 불과하였고, 후한 시대에도 역시 "강남은 낮고 척박한 지역〔江南卑薄之域〕"『後漢書』 권53 徐穉傳이었다. 그러던 이 지역이 당대 이후 당당히 전 중국의 경제적 최선진 지역이 된 것이다. 이와 같이 호구·물산 등 경

현무호. 건강성 북부에 위치한 현무호는 육조 시기 장강과 직접 통하였으며,
당시 수군 훈련 기지로서 북방의 장안·낙양의 용병처用兵處인 금원禁苑 기능을 수행했다.

제력뿐만 아니라 문화에서도 남북의 성쇠와 우열에서 이와 같은 변국
이 도래한 원인이 어디에 있었던가? 이에 대해 청나라 말의 유사배劉
師培는 두 가지 측면에서 분석하고 있다. 첫째 오호 남북조 시대 북적北
狄: 북방 유목 민족의 침입과 한족의 남하이고, 둘째 남북 중국 간에 수리
水利 편의의 차였다. 그가 말하는 수리란 한대까지만 해도 황하는 운송
과 용수에서 상당한 역할을 했지만, 이후 장강과 달리 그 궤결潰決로
인해 제대로 역할을 다하지 못한 것을 뜻한다. 유사배는 수리도 중요
하지만 그것은 어디까지나 부차적인 원인이고, 주된 원인은 북적의
침입과 한인의 남하였다고 결론짓고 있다.

　다음으로 학술·문화 중심의 변화다. 사실 돈이 있는 곳에 문화가
있는 것이지, 나물 먹고 물만 마시고 이빨 쑤시는 곳에 문화가 제대로

꽃필 수는 없는 법이다. "대저 제로山東 지방에 문학이 꽃핀 것은 자고
이래로 하늘의 뜻이다〔夫齊魯之閑於文學 自古以來其天性也〕"『史記』권122 儒林傳
라고 한 사마천司馬遷의 말을 빌리지 않더라도, 중국 고대에는 추鄒 : 맹
자의 고향와 노魯 : 공자의 고향 지역이 학술 문화의 최고 중심지였다. 그
러나 강남으로 피난할 때 진 왕실은 민초의 대부분을 북방에 남겨 두
었지만 일류 문화인은 거의 대동하였다. 그 영향으로 서도가 왕희지·
왕헌지 부자, 화가 고개지顧愷之, 시인 도잠陶潛 : 陶淵明 등 당시 최고의
문화인은 거의 남방에서 나왔다. 남방의 인물이 북방의 그것에 필적
하게 된 것, 혹은 그것을 능가하게 된 것은 진의 남도 이후 새로이 나
타난 것으로 가히 '파천황破天荒'의 상황이라 말할 수 있는 일이다.

물론 이 당시의 남중국이란 장강 연안의 일부 지역에 불과했다.
이후 당대에서도 남중국은 강소·안휘·절강·강서·호북 방면에 한정
되어 있었다. 현재 남중국의 남부, 즉 호남·강서·남변 및 복건·광동
방면은 그 문화 면에서 미미한 상태를 벗어나지 못했다. 특히 광동 방
면, 즉 영남嶺南 지방은 당대 이전 정치범들의 유배지였다. 한유의 유
배지였던 조주潮州 : 廣東省 潮安縣, 유종원柳宗元이 좌천된 영주永州 : 호남
성 남부나 유주柳州 : 광서성 동부는 당시 번한잡거蕃漢雜居의 지대였다. 영
남 지역의 관리는 특별 임용법에 의거해 그 지역 토착인을 등용하였
으니, 이것을 '남선南選'이라 했다. 오대 남한南漢의 군주인 유공劉龑이
"원래 관중 사람인 그가 만이의 군주〔蠻夷之主〕"가 된 것을 부끄러워한
것은 당·오대의 영남 지방이 명실공히 만이 지구였다는 것을 의미한
다. 그러나 송대에 들면 복건의 개발로 그곳이 송학의 중심으로 떠오
르게 된다. 원대에는 "지금의 교주와 광주는 옛날의 추로〔今之交廣 古之鄒
魯〕"라는 지적이 나올 정도로 변했다.

과거는 중국인의 등용문이다. 등과자等科者의 많고 적음이 바로
문화 우열의 척도다. 명·청 시대의 과거 합격자수는 남북이 7 : 1이라

는 통계가 있다. 특히 강소·절강에 인재가 많아 청 건륭제乾隆帝는 "강소와 절강이 인문의 연총이다[江浙爲人文淵藪]"라고 평하기까지 했다. 위진남북조 이전 시기 북중국에 있던 중국 문화의 중추가 위진남북조 시대 이후 끊임없이 남진을 계속한 결과였다. 경제력도 떨어지지만, 오대에서 원에 이르는 기간에 거란·여진·몽고족이 지배한 북중국에서는 학문보다 무력이 오히려 존중되었다. 시종 한족의 지배 밑에서 학술 문예가 보존·발전된 남중국과는 달랐다.

　　그러나 인구·경제·학술 등 문화면에서 북중국이 남중국에 뒤졌다고 해서 모든 주도권을 다 내준 것은 아니었다. 언제나 정치의 중심은 북중국에 있었다. 적어도 모든 면에서 남방에 뒤진 시기에 들어서도 정치의 주도권만은 빼앗기지 않았다. 현재 북경이 수도인 것도 어느 면에서는 이런 전통의 계승이다. 그것이 중국사 전개의 하나의 특징으로 굳어져 버린 것이다. 정치·군사의 중심과 경제의 중심의 분리라는 특징은 위진남북조 시대 이후 점차 그 모습을 나타내기 시작했다. 통일 왕조를 그 대상으로 할 때, 양자가 통합되었던 시기는 명 태조 때 남경에 수도를 둔 짧은 시기 정도에 불과하다. 이후 다시 분리되었던 것이다. 왜 수도가 북방에 두어졌느냐는 여기서 쉽게 규정할 수 없는 복잡한 문제이지만, 그것이 중국사에서 북방 민족이 가져다 준 변수라는 것만은 분명하다.

　　이렇게 남과 북이 일면 하나의 중국을 향하면서도 그 성격적인 차이를 노정하며 그 지위의 우열이 반전되는 과정이 중국 역사의 큰 흐름이라 할 수 있다. 이 흐름의 전환점에 바로 '영가의 난'과 그로 인한 진의 남도라는 사건이 있었던 것이다. 따라서 중국의 남북 관계의 기본틀은 이미 위진남북조 시대에 형성된 것이라 해도 좋다. 이 점에 대해 장황章潢이 "진한 이전에는 서북이 장년이었던 반면, 동남은 어린애였다. 위진 이래 장년은 이빨이 점차 빠지게 되고 어린애는 장성해 갔

5. 절강통곤이 쩍먹어 키운 강남의 모서 남경 _

다. 송조에 이르러서는 장년은 이미 늙었고 어린애는 이미 장년이 되었다"『圖書篇』 권34 '統論南北形勢'고 한 것은 이를 두고 한 말이다.

사실 나는 이 글에서 육조 시대의 건강, 즉 남경을 중점적으로 소개하려고 했지만, 중국의 남북 문제에 너무 많은 지면을 할애한 것 같다. 이 문제는 중국사를 이해하는 데 매우 중요하지만, 그간 별로 주의를 기울이지 않았던 부분이다. 이제 남경으로 시간 여행을 떠나야 할 시간이다. 그곳으로 가는 방법은 비행기 혹은 기차·자동차 어느 것이든 좋다. 나는 지금까지 남경을 다섯 번 방문했다. 무엇을 타고 가든 그곳에 가려면 북경이나 상해를 거쳐야만 했다. 남경은 이렇게 '주도'에서 밀려나 있다. 모든 면에서 북경에 견줄 수도 없고, 남중국을 대표할 도시로서의 지위도 이미 상실했다. 남중국에 위치한 해변 도시, 상해나 하문廈門·광주·홍콩 등 어느 도시 하나 만만한 것이 없다. 그러나 남경은 역시 기다릴 뿐이다. 천도의 순환을 지켜보면서…….

북경 사람들은 굳이 남경을 의식하지 않겠지만, 요즈음도 남경 사람들은 북경에 대해 묘한 대립 감정을 감추지 못하고 있다. 사실 '남경'이라는 지명이 이 지역에 붙여진 것은 명나라 초기의 일이다. 그러나 당시 남경에 대칭되는 북경은 지금의 북경이 아니라 개봉이었다. 그런데도 남경의 상대는 역시 북경이다. 그 이유는 중국 통일 왕조의 수도로서 남경이 최초로 누렸던 영광을 북경이 빼앗아가 버렸기 때문일지 모른다. 명 태조 주원장의 아들 성조成祖 영락제永樂帝는 조카 건문제建文帝에게서 제위를 빼앗고는 그의 본거지인 현재의 북경으로 수도를 옮겼다. 그 짧은 기간은 남경에게는 너무도 달콤한 꿈이었다. 기간이 짧았기 때문에 오히려 그 미련은 더욱 컸다. 역사의 변화는 간혹 남경을 들뜨게 했다. 1853년 태평천국太平天國의 농민 정권이 남경[天京]을 도읍으로 정한 11년, 1911년 신해혁명辛亥革命 직후 12월 29일 손문孫文은 남경에서 총통으로 선임되어 중화민국이 성립되었으며, 1927년 4월 18일 장개석이 남경에서 국민정부를 건립하여 남경은 중화민국의 수도가 되기도 했다.

남경은 금릉金陵·말릉秣陵·건업建業·건강建康·강녕江寧·천경·남경 등의 명칭으로 바뀌었다. 남경은 무엇보다 전략적 요새다. 장강이 파양호 근방에서 북동으로 꺾어져 흐르다가 다시 동쪽으로 휘어지는 지점에 위치해 있다. 양자강 동남쪽에 위치한 남경은 장강과 접한 북쪽을 제외하고는 동쪽의 자금산紫金山:鍾山, 466m, 남쪽의 우화대雨花臺, 서쪽의 청량산淸凉山 등 3면이 산으로 되어 있는 천연의 요새다. 그래서 일찍이 이곳에 왕기王氣가 서려 있다는 설이 있었다. 남경은 원래 춘추 시대 오吳나라 영토였지만, 월왕 구천이 오를 멸망시킨 후 월성越城을 쌓음으로써 성이 만들어진 지 2470여 년의 세월이 지났다. 월나라를 멸망시킨 초楚나라는 이 땅에 왕기가 있다 하여 황금을 묻어 그 기운을 누르려 했다. 그래서 '금릉'이라는 이름이 붙여진 것이다. 진시황이 말 여물 썰듯이 왕기의 맥을 끊기 위해 구릉을 절단했기 때문에 '말릉'이라는 이름도 나타났다. 역대 시인 묵객들이 수없이 읊은 명승 진회하秦淮河도 진시황이 이곳 왕기의 맥을 끊은 사실에서 생긴 명칭이다. 중국 역사상 남경이 최초로 왕조의 수도가 된 것은 삼국 시대 오나라 손권 때였다. 그는 "제왕의 대업을 건립한다建立帝王大業"는 뜻으로 말릉 대신 '건업'이라 칭했다. 이후 서진 민제愍帝:司馬鄴의 이름자를 피하기 위해避諱 건업을 다시 '강락평안康樂平安'이란 뜻인 '건강'으로 고쳤다.

남경이 남중국의 대표적 도시로서 가장 화려한 족적을 남긴 시기는 뭐니 뭐니 해도 육조 시대였다. '남경의 낭만'을 육조 시대에서 찾아야 하는 이유도 바로 여기에 있다. 잘 알다시피 육조 370년간, 길게는 100년東晉, 짧게는 22년齊의 여섯 왕조가 남경에 수도를 정했다. 왕조가 바뀌면 마음을 새롭게 다져잡기 위해서도 수도를 옮기는 것이

상례인데, 몇 번이나 기회가 있었어도 천도를 결행하지 않았던 것은 남북 대치 상황에서 이곳이 군사적·경제적으로 얼마나 중요한 지역이었는지 말해 준다. 장강은 중국 대부분의 강과 마찬가지로 동으로 흐르지, 서로 흐르지는 않는다. 물길을 거슬러 역류하는 것은 예나 지금이나 어려운 일이다. 장강은 상류에서 모아 온 모든 인적·물적 자원을 남경에 풀어놓기는 쉽지만, 남경 지역에서 모은 자원을 상류로 이동해 가기는 어렵다. 그래서 이 지역 사람들이 부르는 민요에 "차라리 건업의 물을 마실지언정 무창의 물고기를 먹지 않을 것이며[寧飮建業水 不食武昌魚] 차라리 건업에서 죽을지라도 무창의 거소에 머물지 않을 것이다[寧還建業死 不止武昌居]"라는 구절이 나온 것이다. 이런 장강의 흐름이 가져다 준 조건이 남경을 남중국의 대표 도시로 만든 이유다. 육조 시대 몇 차례 천도 논의가 있었지만 결국 남경을 떠날 수 없었던 원인이 바로 여기에 있다. 한마디로 남경은 길고 긴 장강이 젖 먹여 키워 온 강남의 보석인 것이다. 또 당시 남경이 위치한 삼오三吳 지역은 남중국에서 가장 부유하고 백성이 많은[富庶] 지역이어서 거의 모든 세금이 이곳에서 나왔다. 그래서 사마광이 "진씨 도강 이래 삼오가 가장 부서 지역이어서 조공과 부세, 그리고 대상인들이 모두 그곳에서 나왔다[自晉氏渡江 三吳最爲富庶 貢賦商旅 皆出其地]"[『資治通鑑』권163 梁紀 19]고 한 것이다.

남경은 수나라가 진陳나라를 멸망시키고 통일할 때까지 그곳에서 일어났던 왕조와 그 멸망을 여섯 번이나 지켜보았다. 유목 민족이 세운 북방의 북조 왕조와 달리, 육조의 어느 왕조이든지 용맹스러운 것은 찾을 수 없고 나약한 인상만이 짙게 드리워져 있다. 젊은 날의 낭만이라고 해서 반드시 굳세고 활기차고 그래서 모든 것이 성공적인 것으로 이어지는 것이 아니듯 말이다.

육조 시대는 흔히 정치적으로 귀족제가 가장 꽃핀 시대라고 한

육조 도성 유지. 남경 계명사鷄鳴寺 뒤편에 남아 있는 육조 건강성 성장의 일부로. 위의 벽돌 부분은 명대의 성장이고
아랫부분은 육조 시대의 것으로 추정된다.

다. 이것은 '영가의 난' 후 동진 왕조의 성립 과정에서 이미 결정된 것이었다. 290년 서진 무제武帝가 죽자 황실과 종실 제왕들이 권력 투쟁을 벌여 서로 살해하니 이를 '팔왕[汝南王 亮, 楚王 瑋, 趙王 倫, 齊王 冏, 長沙王 乂, 成都王 穎, 河間王 顒, 東海王 越]의 난'이라 한다. 16년 동안이나 끌었던 이 난리는 결국 오호족에게 중원을 넘겨주는 결과를 가져왔고, 장강 유역이 비교적 안정된 지역이라 생각한 중원 지구의 사족士族: 귀족과 민중들은 도강하여 피난하였다. 307년 사마의司馬懿의 증손으로 건업에 주진하고 있던 낭야왕琅邪王 예睿는 강남 지구의 최고 통치자인 '안동장군安東將軍'에 임명되었다. 이곳으로 투신하는 사족이 날로 많아지자 그가 사마씨의 후계자로 부상했다. 서진이 망하자 사마예는 이 피난민들에 의해 추대되어 황제가 되니 이로써 동진이 성립된 것이다317. 아직 황제가 되기에는 너무 이름이 없던 사마예가 강남 지역에 다리를 쭉 뻗고 정권을 재창출하고 서진의 조명을 다시 이을 수 있었던 것은 산동 낭야군 임기현臨沂縣의 대족 왕도王導, 276~319와 그의 종형 왕돈王敦이라는 걸출한 인물의 계책과 지지, 그리고 강남 호족豪族의 포섭이 성공한 데 따른 것이었다.

　　동진 초 실권은 승상 왕도와 대장군 왕돈 등의 수중에 있었다. 그래서 사람들 사이에서는 "왕씨와 사마씨가 천하를 같이 다스린다[王與馬 共天下]"는 말이 유행하게 되었다. 특정한 정치 관행이 세워져 굳어지면 쉽게 고쳐지지 않는 것이어서 남조의 마지막 왕조였던 진陳나라 때까지 이 귀족제는 의연히 존속되었다. 물론 이런 귀족제가 성립된 데는 동진 이전 삼국 시대부터 실시된 구품관인제九品官人制의 영향이 컸다. 이 제도가 성립된 근본적인 원인은 후한 말 이후부터 시작된 향촌地方 사대부 호족 세력이 성장한 결과였다. 이 제도는 향촌의 여론[鄕論]을 듣고 향촌에서 올라오는 인물평[鄕品]에 의거하여 관품官品: 官等을 정하는 것이다. 이 제도의 출현으로 종래 황제가 독점적으로 행

(상) 계명사. 옛 동태사東泰寺 자리에 세워진 계명사는 남경 시내에서 가장 높은 곳에 위치하여 전 시가지를
한눈에 조감할 수 있다. 양나라 무제가 스스로 몸을 팔았던 절로 유명하다.
(하) 양 무제상. 남조 최고의 숭불 군주 양 무제의 치세 50년은 강남에 아무 일도 일어나지 않았던 태평 시대였다.
그러나 그의 말년은 정반대로 다사다난했다. 그는 결국 반군에 의해 유폐되었다가 굶어죽었다.

하던 관료 선발권이 크게 제약받게 되었다. 월단평月旦評 등 향촌의 여론을 좌지우지하는 자도, 그것을 중앙에 전달하는 자도, 황제를 도와서 관직을 임명하는 자도 모두 지방 대성大姓 대족大族 출신이었다. 이 제도가 고착된 동진 남조 시대 여러 정권 하에서는 빈번한 왕조 교체에도 불구하고 황제가 누가 되든 귀족은 초왕조적으로 지위를 누리게 되었다. 소위 '누대累代 귀족'이 출현한 것이다. 그들은 왕조가 바뀌는 것을 외출할 때 옷 갈아입는 정도로 태연하게 여겼다. 여기에 다른 시대와 같은 '순절殉節'이란 존재할 수 없는 것이다.

원래 왕씨는 동진 이전에는 드러난 문벌 귀족이 아니었다. 중시조라고 할 수 있는 왕상王祥은 겨울에 잉어를 구해 오라는 계모 주씨朱氏의 추상 같은 명령을 받고 저수지의 얼음 위에 앉아 체온으로 녹이려 하니 잉어가 감동한 나머지 얼음 위로 뛰쳐나올 정도로 지극한 효성으로 『이십사효도二十四孝圖』에 기록된 자였다. 배다른 동생 왕람王覽은 형 왕상을 죽이려고 독주를 먹이려는 친모의 의도를 알고 먼저 마시려 함으로써 형을 구한 일로 『이십사제도二十四悌圖』에 수록된 사람이다. 이후 왕씨가 살던 마을은 효우촌孝友村이 되고, 마을 앞 개천은 효감하孝感河가 된 고사로 왕씨 가문은 유명했지만, 당시 정치 권력과는 거리가 멀었다.

동진 남조 가운데 가장 전형적인 귀족제가 실시된 시대가 바로 동진 시대였다. 이 시대를 대표하는 귀족이 바로 왕씨와 사씨謝氏였다. 동진 중기 왕씨 세력이 점점 쇠약해지고 하남 진군陳郡 양하현陽夏縣: 현재 太康縣에 본적을 둔 대족 사씨가 집권했다. 사씨의 대표는 '비수의 전쟁' 때 동진에 승리를 안겨 준 승상 사안謝安, 320~385이었다. 그러나 사씨가 쇠락하면서 동진 왕조는 급속히 멸망하게 되었다. 동진은 두 귀족 가문과 더불어 흥성했다가 양가의 쇠락으로 종언을 고하게 된 것이다. 이후 송·제·양·진의 남조 왕조가 이어졌지만, 이들 왕조도 모든 면에서 동진 왕조의 복사판에 불과했다.

　귀족 정치란 귀족이 정치권만 장악했다는 것을 의미하는 것은 아니다. 정치·경제·사회·문화 모든 것이 그들 손아귀 안에 있었다. 정치와 경제는 본래 유착되게 마련이다. 이들 귀족은 인민을 동원하여 건강·경구京口: 현 鎭江·회계會稽: 현 紹興 일대를 개간하여 양전良田으로 만들고는 황족과 나누어 가졌다. 개국 공신 왕도는 자금산 남쪽의 양전을 주로 차지했다. 동진 말기 왕황후왕희지의 손녀의 화장 비용을 위한 전토인 소위 지택전脂澤田이 4000여 무나 되었다고 한다. 사씨의 산업 대부분은 회계군에 있었으나 최후에는 수도 건강 북교에 집중되었다. 사안은 건강 근교의 토산土山과 회계 동산東山에 있는 호화 별장〔別墅〕에서 매일 연회로 기백 냥의 백은白銀을 낭비했다고 한다.

　동진 귀족이 남조 귀족과 다른 점이 있다면 군사력을 가지고 있었다는 것이다. 동진 초기 왕돈은 중앙 정권에 반발하여 건강성으로 들어가 석두성石頭城을 점령함으로써 황제〔사마예〕를 분사憤死시켰고, 사안의 조카 사현謝玄은 남연주자사南兗州刺史로서 광릉廣陵: 현 揚州에 군부를 열고 북방에서 피난 내려온 청년들을 훈련시켜 용감한 군대로 만들었으니 이것이 유명한 '북부병北府兵'이다. 383년 전진 부견군과 벌인 '비수지전'이 동진의 존망을 결정하는 대전쟁이었음은 주지의 사실이지만, 바로 이 전쟁에서 사석謝石과 사현이 영도한 이 북부병이 주력이 되어 승리를 얻은 것이다. 권력 있고 돈 있고, 무력까지 겸비했다면 사람으로 더 이상 바랄 것이 있겠는가? 당시 민초를 더욱 당황하게 한 것은 그 위에 민초들이 감히 흉내낼 수 없는 문학 예술적인 능력을 가졌다는 사실이었다. 왕희지로 대표되는 왕씨와 사령운謝靈運으로 대표되는 사씨가 그랬다. 이러다 보니 귀족의 안중에는 황제라는 존재도 차지 않을진대 일반 백성들이랴! 사안은 비수 전쟁에서의 승전보가 건강에 들려 왔을 당시 객과 더불어 바둑을 두면서 "어린 녀

(상) 진회하변에 세워진 오의항. 골목을 들어서면 '왕사고거'라는 주택이 나타난다. 동진 시대 왕도와 사안 그리고 그 가족이 살았던 곳이라 한다.
(우) 왕사고거. 오의항의 중심에 위치한 육조 최고 문벌 낭야 왕씨와 진군 사씨의 옛 거주지로 알려진 곳이다.

석들이 마침내 적을 격파했구먼!(小兒輩遂已破賊)"이라고 짐짓 혼잣말을 하면서 냉담하고 오만한 표정을 지었다. 그러나 그것은 당시 귀족의 허위 의식의 극치였을 뿐이다. 그가 두던 바둑을 끝내고 내실로 돌아왔을 때는 부견과의 전쟁에서 승리한 사실이 너무 기쁜 나머지 문지방에 걸려 신고 있던 나막신(木屐) 굽이 부러졌는데도 그 사실을 몰랐을 정도로 흥분했다고 전한다. 그래서 '불각극치지절 不覺屐齒之折'이라는 고사가 생긴 것이다.

남조 귀족의 허위 의식 위에 동진 남조 왕조는 병들어 갔다. 고관 대작은 이미 따놓은 것이나 마찬가지이니 굳이 어려운 공부나 골치

아픈 조정 잡사에 끼여들 필요가 없었다. 당시 백성들은 동진 정권이 북벌을 감행하여 북방에서 내려온 그들에게 안겨진 이산의 고통을 해방시켜 줄 것을 희망했지만, 귀족들은 별로 관심이 없었다. 북방 고향보다 훨씬 좋은 자연환경과 생활조건에 점차 빠져들어 조적祖逖과 환온桓溫 등 북벌파의 군사 행동을 오히려 가로막았다. 그보다는 남방의 양전과 미택美宅 점탈에 신경을 썼다.

　이렇게 육조 귀족제는 반민중적이었다. 여기에 왕조는 소위 계급투쟁에 휩싸이게 된 것이다. 동진 전기 역양歷陽 : 安徽 和縣의 군벌[歷陽內史] 소준蘇峻이 일으킨 반란은 수도 건강을 무자비하게 파괴했으며, 황제를 괴뢰로 하여 5개월간 대권을 장악하기도 했다. 이때 도연명의 증조부로서 형주자사였던 도간陶侃에 의해 수도 건강이 겨우 수복되었다. 동진 말기인 399년 대규모의 농민 반란인 소위 '손은孫恩·노순盧循의 반란'이 일어난 동기도 왕과 사씨 양 귀족의 잔혹과 압박·착취에 있었다. 이 반란은 회계 오흥吳興·의흥宜興·오군吳郡 등 8군에 미쳤고, 왕씨·사씨 대족들이 이 반란으로 살해되었다. 이 반란군을 수습한 것은 귀족들이 아니라 한족寒族 출신으로 후에 송조를 건립한 유유劉裕였다. 결국 420년 이 반란을 진압한 공신 유유가 건립한 송나라 정권에 의해 동진은 대치되었다. 왕조는 바뀌었으나 체제는 그대로였다. 최근 문민정부, 국민의 정부 등 요란한 정권교체 의식들이 우리에게 아무런 희망을 가져다 주는 것이 아니듯 말이다.

대유 고염무가 그의 명저 『일지록日知錄』에서 "강남의 사인들이 경박하고 사치스럽고 음란한 것은 양과 진나라의 여러 황제들이 남긴 풍조[江南之士 輕薄奢淫 梁陳諸帝之遺風也]"라고 했지만, 당시 귀족들의 생활이 이러다 보니 황제인들 따르지 않을 수 없었다. 특히 남조 말기가 되면 경박 부화한 풍조는 황실의 제왕들에 의해 주도되었다. 이른바 '살롱Salon 문학'이란 평가를 듣는 당시의 문학 풍조는 황실의 적극적인 후원 하에 육성되었다. 특히 '영명체永明體'를 널리 퍼뜨린 제나라 경릉왕竟陵王:蕭子良의 문학 집단과 '궁체시宮體詩'를 탄생시킨 양나라 간문제簡文帝:蕭綱의 문학 집단이 그것이다. 이런 소위 방탕放蕩 문학이 극치를 달린 것은 진나라의 마지막 황제 후주後主:陳叔寶의 소위 '압객狎客' 문학 집단이었다. 그는 문학을 완벽하게 자기의 향락물로 몰아갔다. 장귀비張貴妃:張麗華·공귀인孔貴人 등 여덟 명의 여인을 늘 옆에 끼고 강총江總·공범孔範 등 소위 10명의 압객들과 같이 베푼 연회는 밤새는 줄 몰랐다.

동진 시대 이후 이들 귀족이 집중적으로 거주했던 곳이 바로 유

명한 오의항烏衣巷이다. 건강성 남쪽 진회하변에 있는 오의항은 지금
도 남경에서 가장 번화한 곳 중 하나이지만, 육조 시대의 화려함에 미
칠 수 있으랴! 오의항이라는 지명이 생긴 유래는 여러 가지 설이 있지
만, 오나라 손권 시대 도성 남면을 방위하던 군대가 모두 검은색 군복
[烏衣]을 입었고, 그 군영을 오의영이라 했다는 데서 비롯되었다는 설
이 가장 유력하다劉宋 山謙之, 『丹陽記』, "烏衣之起 吳時烏衣營處所也". 진의 남
도 이후 왕씨·사씨 명족들이 이 오의항에 모여 살았기 때문에 당시
사람들은 그 자제들을 "오의제랑烏衣諸郎"『晉書』이라 불렀고, 사혼謝混과
족자族子인 사령운·사첨謝瞻·사홍미謝弘微 등이 같은 문학 그룹을 형
성하고 모두 이곳 언저리에서 놀았기 때문에 이를 "오의유烏衣游"『宋書』
라고 했다고도 한다. 혹자는 왕·사 양가의 자제들이 모두 검은색 옷
을 입고 있었기 때문이라는 설을 제출했지만 설득력이 있는 견해는
아니다.

이곳에 동진의 유명한 두 재상, 즉 왕도와 사안이 살았고 왕·사
씨치고 이곳을 거치지 않은 자가 없었다. 남조 문화를 '왕가서법 사가
시王家書法 謝家詩'라는 말로 지칭하지만 오의항은 서성書聖과 최고 시인
을 낳고 키운 곳이다. 주지하듯이 왕희지 외에 그의 아들 헌지, 왕순王
珣:王導의 손자 등이 남긴 글들은 '삼희三希'로 불렸다. 청나라 건륭제乾
隆帝가 고궁에 삼희당三希堂을 열어 그들의 작품을 진장珍藏하고 『삼희
당법첩三希堂法帖』을 간행했는데, 이들 글이 바로 이곳에서 생산된 것
이다. 일찍이 '오의자제'로 스스로를 뽐냈던 사령운은 중국 산수시파
의 비조鼻祖로 일컬어지지만, 사혜련謝惠連·사조謝朓와 함께 문학사상
'삼사三謝'로 중국 산수시파의 기초를 닦았다.

2000년 겨울 나는 다시 남경을 찾았다. 중국인 친구 L씨와 함께
새벽 남경역에 도착하니 평생 육조 시대 건강의 도성 구조를 연구해
온 강소성 사회과학원 역사연구소 G연구원이 반갑게 맞았다. 그녀는

나의 방문 목적을 미리 아는지라 육조 시대 궁성이 있던 자리에 세워진 동남대학東南大學 유원빈관榴園賓館을 예약해 두었다. 세월은 지났지만 육조의 황제 혹은 황친皇親이 되어 보라는 뜻이리라! 그러나 육조의 황제치고 행복했던 사람은 별로 없었다. 특히 송나라 황실의 골육상잔은 참혹하기로 유명해서, 59년간의 존속 기간에 후반기 30년은 서로 죽고 죽이기에 골몰하여 멸망할 때에는 고조[劉裕]의 자손 가운데 한 명을 제외하고 모두 죽어 없어져 버렸다. 중국 역대 왕조 가운데 황가에 태어난 것을 공개적으로 후회한 사람이 이 시대말고 어디에 있을까. 송·제나라가 바로 그런 나라였다.

동진 남조 여러 왕조 가운데 가장 번성했던 시대는 역시 "50년 동안 강남에 아무 일도 일어나지 않은 태평의 시대였다[五十年中 江表無事]"고 했던 양나라 무제 시대였다. 당시 건강성은 동서남북 각 40리였고, 주민 28만 호『太平寰宇記』, 즉 인구 100만 명으로 당시 전국 제일의 도시였다. 진회하 북안에는 대시大市가 100여 개, 소시가 10여 개나 있었다. 그러나 그의 불교에 대한 탐닉은 그 자신뿐만 아니라 억조 백성에게도 재앙이 되었다. 흔히 양 무제 말기에 일어난 '후경侯景의 난'은 육조 귀족제가 종언을 고한 사건으로 규정된다. 양 무제는 분명 황제였지만 그의 행동과 학문 기호 등은 당시 귀족의 그것과 조금도 다름이 없었다. 현실을 떠난 현학玄學에의 도취도, 불교에의 탐닉도 육조 귀족제가 만든 그늘이었다. 양나라 이전 불사 500여 개, 승니 10여 만 명이던 것이『南史』郭祖深傳 양 무제의 숭불로 불사가 700여 개로 늘어났고, 진나라 말에는 1232개에 달하게 되었다. 사원 건축, 불상 주조, 역경 사업으로 그 풍요로운 재정은 탕진되었다. 이런 양 무제의 정치는 결국 '후경의 난'을 초래했다. 이 난으로 그 부유했던 강남 삼오 지역은 "천 리에 연기가 사라지고 시체와 백골이 쌓여 있는 것이 두둑과 구릉 같다[千里絶烟 尸骨堆積 如壟如丘]"는 실정이 되었다.

고연지정. 계명사 동쪽에 위치한 고연지정古胭脂井은 육조 진나라의 후주 진숙보陳叔寶가 수나라 군대를 피해
몸을 숨겼다고 전해지는 우물이다. 두 여인과 함께 들어갔다는 것을 상상할 수 없을 정도로 좁다.

동남대학 교정에 있는 육조송六朝松은 이곳이 그 옛날 육조의 궁
전 터임을 상기시키지만 찾는 사람은 별로 없는 것 같다. 동남대학 뒤
편이 바로 궁전의 후원인 화림원華林園이 있던 곳이다. 지금은 그곳 높
은 언덕에 계명사鷄鳴寺가 있다. 양 무제가 불교에 탐닉한 나머지 황제
의 몸을 스스로 이곳에 기탁해[捨身] 국가에서 다시 거금을 주고 되사
와야 했던 동태사同泰寺가 바로 이 사원의 옛 이름이다.

계명사 동편 기슭에는 시와 술과 여자로 세월을 보냈던 진나라
후주 진숙보陳叔寶가 황제로서의 최후를 맞은 유적물이 있다. 이름하

여 '연지정[胭脂井]'이라 한다. 황음으로 나라는 말아먹었지만, 지상에서의 생활이 화려했던 만큼 죽기는 더욱 싫었던 모양이다. 수나라 군대가 도성 남쪽 주작항[朱雀航]을 거쳐 궁성문에 이르렀다는 소식을 들은 후주는 살기 위해 꾀를 냈다. 그는 15세의 어린 태자를 황상에 앉혀 두고는 신하의 만류에도 불구하고 황제의 존엄마저 팽개친 채 장·공 두 여인을 대동하고 좁은 우물 속에 들어가 숨었던 것이다. 수나라 군대가 궁정에 들어와 후주를 찾다 결국 우물 속에 숨은 것을 알았다. 우물 아래로 그를 불렀으나 좀체 대답하지 않던 후주는 돌을 던지자 아픔에 소리를 질렀고, 이에 수군이 새끼줄을 내려 끌어올렸다는 것이다. 그 우물로 가는 좁은 길에는 사람의 짓인지 개의 짓인지 어느 작자가 실례한(?) 흔적들이 여기저기 나타나 나의 발도 코도 잔뜩 신경을 쓰지 않으면 안 되었다. 지금도 망국을 귀감으로 삼으려는 자들이 적기 때문이리라. 그곳에서 잡혀 장안으로 호송된 후주는 천수(?)를 누렸지만, 죄없는 장여화는 그곳에서 처형되었다. 연지정은 진나라 때는 '경양정[景陽井]'이라 했지만 연지정으로 이름이 바뀐 것은 우물 상부를 둘러싼 석란[石欄] 위에 붉은 자국[紅痕]이 있어 흡사 연지와 같아 그 이름을 얻게 된 것이라 한다. 후주와 같이 우물 속으로 들어간 두 여인이 얼굴에 바른 연지 자국이리라.

589년 수나라 문제[文帝] 양견은 진나라를 멸망시키고는 이 지역에서 황제가 다시는 출현하지 못하도록 건강의 성읍과 궁전을 뭉개어 모두 경지[耕地]로 만들어 버렸다. 이로써 건강은 "육조의 흔적 남아 있는 것이 다시없는[六朝之迹 無復存者]" 철저한 파괴를 당하고 말았다. 고성은 황량한 구릉으로 변하고 "육조의 꿈같던 세월의 흔적은 가뭇없이 사라지고 그 옛 터전 위로 새들만이 지저귀고 있을 뿐이었다[六朝如夢鳥空啼]." 여러 차례 찾아간 나에게 남경은 육조 시대의 흔적을 쉽게 내놓지 않았다. 나뿐이 아니었다. 중당[中唐]의 시인 유우석[劉禹錫],

육조송. 육조 시대 궁성이 있던 곳에 현재 동남대학이 들어서 있다. 그곳에 육조 시대 심었다는 소나무가 서 있다.

772~842도 "육조의 남겨진 사연 어느 곳에서 찾을 수 있을까[六朝遺事何
處尋?]"「臺城懷古」라며 난감해했던 것이다. 청대의 저명한 시인이며 화가
였던 정판교鄭板橋는 감개를 이기지 못하고

일국이 흥하면 일국이 망하는 법이지만   一國興來一國亡
육조의 흥망 왜 그리 총망하단 말인가   六朝興廢太匆忙
남인들 장강의 물길 길다 자랑하지만   南人愛說長江水
이 물길 종래 왕조 길었음을 보지 못한걸   此水從來不見長「六朝」

이라고 육조 왕조의 단명과 빈터만 남아 있는 옛 터전을 읊었다. 나라
는 망하고 건강성은 무너지고 궁전 또한 훼손되어 버렸다. 만당晩唐 시
인 두목杜牧은 이 처절한 광경을

안개 쌓인 차가운 물에 달빛이 사로잡혔네   烟籠寒水月籠沙
밤에 진회하에 머물러 술집을 찾아보니   夜泊秦淮近酒家
기녀의 노래는 망국의 한을 모르는데   商女不知亡國恨
강 건너 민가에서 오히려 망국의 노래를 부르네   隔江猶唱『後庭花』泊秦淮

라고 읊고 있다. 진나라 후주가 지어 신하들과 같이 불렀던 「옥수후정
화玉樹後庭花」가 정작 진의 망국을 가져온 노래임을 알 리 없는 민초들
에 의해 그곳 진회하변에서 열창되고 있는 정경이 그림같이 묘사되고
있다. 어찌 망국지음亡國之音에 혹닉한 자가 진나라 후주 등 남조의 황
제들뿐이랴! 원래 가문이 비천했던 남조 황제들로 하여금 시와 술과
멋을 앎으로 그들이 생래에 가졌던 열등 의식을 불식하도록 유도한
귀족들도 그 죄에서 결코 자유로울 수 없는 것이다. 유우석은 다시

주작교 변두리에 들꽃이 피고 朱雀橋邊野草花

오의항 옛 거리에 지는 해 비꼈어라 烏衣巷口夕陽斜

옛날 왕씨·사씨 집에 날아들던 제비 떼들은 舊時王謝堂前燕

시방은 농부의 집에 오락가락하누나 飛入尋常百姓家「烏衣巷」

라고 남조 귀족들의 패망을 알리고 있다. 오의항이 있는 진회하는 여러 시대를 두고 남경 번화가의 대명사였다. 황색 기와로 비켜 내린 누각이 즐비하고 저녁이면 술집과 찻집이 흥청거렸다. 공자묘〔大子廟〕 앞과 중화문〔中華門〕 사이로 흐르는 진회하 양쪽 강변에 늘어선 하방河房에는 옛날 기녀들의 전설이 곳곳에 배어 있다. 명나라 남경의 명기 이향군李香君의 미향루媚香樓가 그곳에 있었으며, 주자청朱自淸, 1898~1948의 「진회하에서 밤뱃놀이〔槳聲燈影裏的秦淮河〕」라는 산문이 육조 이후 이곳의 의미를 새겨 주고 있다.

부자묘 앞 진회하 위에 놓인 다리를 건너면 바로 오의항의 왕사고거王謝古居가 있다. 최근에 만든 것이지만 그 옛날 왕씨와 사씨가 같은 집에 살았을 리 없는데도 집 하나를 분장하여 '왕사고거'라 했다. 번화가인 그곳에 왕·사 두 채의 집을 그대로 마련하기에는 돈이 너무 들기 때문이리라! 대문을 들어서면 마당에 왕희지의 별장 회계 난정蘭亭의 유상곡수가 시멘트 바닥 위에 그려져 있고, 2층에는 사안이 승리를 거둔 비수지전의 전승 모형도가 만들어져 있다. 그러나 밤이면 왕사고거 앞에 모여드는 군중들은 왕씨·사씨 등 육조 귀족에는 별로 관심이 없고 그저 뱃놀이로 바쁘다. 남경! 그 낭만의 흔적은 쉽게 찾을 길 없지만 남경은 여전히 가끔 나를 불러 며칠을 머물게 하기에 충분했다.

六

화려한 남조 황릉에 얽힌

한문寒門 출신 황제들의

엽기 행각

● 육조능묘위치도

제비들이 겨울나기를 위해 떠났던 강남 땅. 그 중심에 위치한 남경 교외에는 지금도 거대한 석조물이 우람하게 서 있다. 황제의 존엄과 위광威光을 나타내며 백성을 겁주는 기린麒麟·천록天祿·벽사辟邪 등 신수神獸와 석주石柱·석비石碑 등이 그것이다. 주위의 평화로운 농촌 풍경과 전혀 어울리지 않는 석조물들이 우리에게 전하는 메시지는 매우 맹랑하다. 묘 앞에 석물을 세우는 것은 최근 우리에게도 흔한 일이 되었지만 당시에는 일반화되지 않았던 습속이다. 더구나 그런 거대한 석조물은 당시 습속상 매우 돌출적인 것이었다.

그 석조물 뒤편에 누워 있는 남조 송과 제나라 황제들은 하나같이 어처구니없는 우매한 망나니〔荒君〕들이었다. 어느 왕조인들 엉터리 지배자가 없을 리 없겠지만 그것이 떼지어 나타난 것은 이 시대말고는 찾아보기 힘들다. 그들은 살아서는 수많은 사람(특히 골육)들을 살해했을 뿐만 아니라 각종 기행奇行을 서슴지 않았으며, 죽어서는 백성의 피를 빨아 토목 공사에 상응하는 거대한 석조물을 세웠다.

이러한 석조물들은 '촌놈' 출신 출세자 특유의 '외관꾸미기'라는 병폐가 표출된 결과였다. 그들이 펼친 정치도 촌놈의 그것과 너무 닮았다. 벼락 부자나 벼락 출세는 벤처 사업처럼 극적인 면도 있지만 그만큼 위험도 따른다. 부와 명예는 획득하기도 어렵지만, 지키기는 더욱 어려운 것이다. 갑작스럽게 획득한 권력과 돈은 그 자신을 망가뜨릴 뿐만 아니라 자식마저 그르치기 십상이다. 초로草露 같은 인생에 그런 것들을 세운들 무슨 소용이람! 제삿밥이라도 제대로 받아먹으려면 자기 위치에 대한 보다 진지한 성찰이 필요할 것 같다.

잡초 속에 숨어 있는 이름없는 무덤들은 우리를 슬프게 한다. 고고학 관련 잡지를 뒤적이다 책을 통해 만났던 어느 제왕의 잊혀졌던 무덤이 발굴되었다는 보고서를 문득 읽게 되었을 때, 도무지 알 수 없는 것이 인간의 운명이라는 생각에 깊이 빠지지 않을 수 없다. 한 인간의 운명도 그렇지만 왕조나 정권의 운명에 대해서 나 같은 범인이 이렇다 저렇다 재단할 수 있는 성질이겠는가만, 이 글에서 감히 이 문제를 가지고 독자들과 함께 고민해 보는 시간을 가지려 한다.

어린 시절 새들 가운데 가장 친숙한 것이 제비였다. 봄이 되면 그들은 시골집으로 어김없이 찾아와 처마 밑에 집을 짓고 마당 위에 길게 늘어진 철사 빨랫줄에 앉아 우리 식구들과 대화를 나누곤 했다. 그놈들은 긴 겨울 동안 나들이갔다가 온 따뜻한 나라 강남江南의 소식을 하나도 빠짐없이 전하려는 듯 쉼없이 지저귀었다. 강남이 어디냐고 묻는 나에게 어머니는 강남이 제주도 너머 어디쯤이라고만 말씀하시곤 했다. 나는 그때 강남 땅에 한번 가보는 것이 꿈이었다. 그곳을 여러 차례 다녀온 지금도 강남은 나에게 행복했던 어린 시절을 되새김하게 하는 애틋한 이름으로 각인되고 있다. 가난했지만 흥부네 집 식구들처럼 큰 불만이 없었고, 더욱 제비놈들과 훈훈한 정을 나누었던 그 시절이 사무치도록 그리울 때가 있다. 그 시절에 열창되었고, 그 시절을 회상시키는 노래 "강남 달이 밝았다 님이 놀던 곳"을 읊조리면 금방 고향의 어머니가 우리 7형제를 부르던 소리가 귓전에 들려 오는 듯하다.

나에게 강남은 그렇게 각인되어 있지만, 내가 강남에 대해서 관심을 갖게 된 것은 중국 역사를 전공하면서부터였다. 강남은 중국 장강, 즉 양자강 하류의 남쪽 지역을 일컫는 말이다. 당나라 말~송나라 초 이후 중국에서 가장 부유한 곳으로 등장한 이 지역에서 지금도 제비들이 겨울나기를 하는지는 알 수 없지만, 그렇다 한들 우리나라와

양梁 안성강왕安成康王 소수묘蕭秀墓 석각. 양 문제의 일곱째 아들인 소수의 묘 앞에 세워진 석조물은
석수·화표·묘비의 배열 등이 비교적 완정된 형태를 보여 주고 있다.

이곳을 오고 가던 제비는 분명 아닐 것이다. 고향집에 제비집이 사라
진 지 너무 오랜 세월이 지났기 때문이다. 이 강남 땅에 3세기부터 6
세기 말까지 370년 가까운 세월 동안 여섯 왕조가 명멸했다. 오吳,
222~280, 동진東晉, 317~420, 송宋, 420~479, 제齊, 479~502, 양梁,
502~557 진陳, 557~589이 그것이다. 이들 여섯 왕조를 흔히 '육조六朝,
222~589'라고 하지만, 육조 시대 흔들림 없이 수도로서 굳건한 지위를
지켰던 곳이 바로 건강성建康城 : 현재의 남경이었다. 왕조의 교체가 빈번
했던 만큼 기구한 이야기들이 켜켜이 쌓여 있는 곳이 바로 강남 땅이
다. 남경 교외 언저리에는 한때 날아가는 새들도 떨어뜨릴 정도의 권
세를 누렸던 제왕들의 무덤이 산재해 있다.

　나는 몇 년 전 주희조朱希祖라는 민국民國 시대 학자가 중심이 되

어 펴낸 『육조능묘조사보고六朝陵墓調査報告』라는 책을 읽은 적이 있다. 주씨가 그 책 서문에서 자신이 왜 남조 시대 능묘 조사에 착수하였는가를 서술하면서 뜻하지 않게 우리의 치부를 매섭게 들추어낸 것을 보고 놀랐다. 그 책의 서문 첫머리를 잠깐 옮겨 보면 다음과 같다. "나는 일본 이마니시 류[今西龍]가 펴낸 『고려제능묘조사보고서高麗諸陵墓調査報告書』1916를 읽고는 문득 망국의 아픔을 깊이 느끼게 되었다. 무릇 조선 사람들은 그들의 조종祖宗의 구롱丘壟의 유적을 스스로 알려 하지 않고 거칠고 엉클어진 잡초 속에 맡기고 있으니 일의 경중輕重을 안다고 할 수 없는 노릇이다. 이것은 그들이 나라를 헌신짝처럼 보는 것과 같으니 결국 어느 날 갑자기 멸망에 이르게 된 것도 전혀 이상한 일이라고 할 것이 없다." 그러면서 "우리는 조선의 전철을 밟아서는 절대 안 될 것이다[朝鮮之覆轍不遠]"라고 결론짓고 있었다. 이 얼마나 한국 사람들의 반전통적·몰문화적 태도에 대한 통렬한 비판인가.

나는 그의 지적이 못내 마음에 걸렸다. 그래서 그들이 지금 조상들을 어떻게 모시고 있는지 가보고 싶었다. 주씨야 사실 대저서를 내어 조상 찾는 일에 체면치레는 했다고 할 수 있지만, 그의 주장을 지금 중국인들이 어떻게 수용·준수하고 있는지 궁금했기 때문이다. 그러나 그들도 우리보다 별로 나을 것이 없었다. 옛 제왕의 능묘는 도굴로 온전한 것이 별로 없고, 말리기 위한 나무 땔감 뭉치들이 거대한 석조물에 기대고 있었다. 주씨가 자못 경계했던 것처럼 우리의 전철을 그들이 밟고 있지 않다고 결코 생각되지 않았다. 사실 우리 조상들은 사는 것 자체가 괴로워 한동안 조상의 분묘를 찾을 여유를 갖지 못했지만, 그들은 조상이 만든 것이라면 무조건 매도하고 파괴했던 세월을 10년이나 보내지 않았던가. 소위 '문화대혁명'이라는 이름 하에 저지른 전통 말살의 작태만은 우리가 절대 본받아서는 안 될 것이다. 중국의 현대사가 우리에게 주는 교훈[中國之鑑不遠]이 아닐 수 없다.

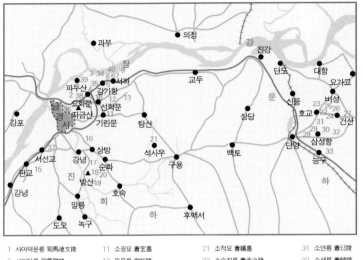

1 사마덕문릉 司馬德文陵	11 소굉묘 蕭宏墓	21 소적묘 蕭績墓	31 소연릉 蕭衍陵
2 사마담릉 司馬聃陵	12 유유묘 劉裕陵	22 소승지릉 蕭承之陵	32 소색릉 蕭頤陵
3 소의(창)묘 蕭懿(暢)墓	13 진수릉 陳蒨陵	23 소도성릉 蕭道成陵	33 소양릉묘입구
4 소경묘 蕭景墓	14 소의묘 蕭嶷墓	24 소도생릉 蕭道生陵	蕭梁陵墓入口
5 소담묘 蕭憺墓	15 진욱릉 陳頊陵	25 소소업묘 蕭昭業墓	34 소위묘 蕭偉墓
6 소회묘 蕭恢墓	16 진패선릉 陳覇先陵	26 소소문묘 蕭昭文墓	35 소부묘 蕭敷墓
7 소수묘 蕭秀墓	17 실명묘 佚名墓	27 소보권묘역소보융릉	36 동진릉 東晉陵
8 소영묘 蕭暎墓	18 실명묘 佚名墓	蕭寶卷墓域蕭寶融陵	37 유준릉 劉駿陵
9 소융묘 蕭融墓	19 소정립묘 蕭正立墓	28 소강릉 蕭綱陵	38 유욱릉 劉彧陵
10 유의릉릉 劉義隆陵	20 실명묘 佚名墓	29 소란릉 蕭鸞陵	39 소통묘 蕭統墓
		30 소순지릉 蕭順之陵	40 소상묘 蕭象墓

육조능묘위치도. 육조 제왕들의 능묘는 모두 74좌座인데, 현재 40좌가 확인되고 있다. 남경, 강령 江寧, 구용九容, 단양 丹陽 등지에 흩어져 있다.

제왕들의 무덤을 일반인의 분묘와 구별하여 능묘陵墓라고 부른다. 죽어서도 여전히 그 이름으로 대접받고 있는 셈이다. 이들 능묘는 장강과 근접한 남경의 서쪽을 제외하고 그 북쪽과 남동쪽에 모두 위치해 있다. 북쪽은 현재 남경시로 편입되어 있지만 남동쪽의 것들은 강녕현 江寧縣 · 구용현 句容縣과 단양시 丹陽市에 속해 있다. 그러나 이들 능묘는 오랫동안 잊혀져 있었다. 멸망한 왕조 · 패자의 무덤이었기 때문이다. 이들 능묘가 조사되기 시작한 것은 청나라 동치 同治, 1862~

1874 연간에 들어서부터였다. 현재까지 확인된 것으로 황제와 황후, 그리고 황족의 묘 등 74좌座 정도다. 그 가운데 12좌는 누구의 것인지조차 불명한 상태로 남아 있다. 동진 11명의 황제 대부분이 당시 건강성에서 가까운 북부의 부귀산富貴山·계룡산鷄籠山·종산鍾山 언저리(建康城外 東晉帝陵葬區)에 능묘를 수축해 버렸기 때문에 그 후 왕조들의 능묘 지역은 남동 교외로 이동하지 않을 수 없었던 것이다.

나는 남경 지역을 여러 차례 방문했다. 주로 남경 시내를 돌아다녔지만, 두세 차례는 이들 능묘를 보기 위한 남경 교외 답사에 나서기도 했다. 유송劉宋의 창업자 유유劉裕:武帝, 363~422의 능묘인 초녕릉初寧陵은 남경 남방 강녕현 기린문麒麟門 밖 기린포麒麟鋪에 위치해 있다. 유송대 가운데 비교적 안정기인 '원가元嘉의 치세治世'를 열었던 문제文帝:劉義隆의 능묘인 장녕릉長寧陵은 강녕현에 가까운 남경시 감가항甘家巷 북동가北董家에 있다. 그러나 유송 왕조 여덟 임금 가운데 확인된 것은 이들 2좌뿐으로 여섯 임금의 묘는 찾을 길이 없다. 다만 강녕현 일대에 산재한, 묘주를 확인할 길 없는 능묘들이 유송대의 것일 가능성은 높아 보인다.

유송의 능묘 지역이 남경시 남부 혹은 강녕현 일대에 위치해 있다면, 제와 양나라 두 왕조 제왕의 능묘는 대부분 그들의 가향家鄕이었던 남경 동부 단양丹陽: 당시 南蘭陵시 능구진陵口鎭 동남 소항蕭港: 蕭塘河연안 일대에 위치해 있다. 상해와 북경을 연결하는 경호선京滬線 열차를 타고 상해에서 남경 방향으로 가다 보면 인구 50만~60만 명 정도의 단양시를 지나게 된다. 철로 왼편으로는 경항운하京杭運河가 달리고 있다. 오랫동안 중국 남북의 경제를 잇는 대동맥이었던 운하는 옛 명성의 흔적만이 남아 있을 뿐이다. 철길과 운하 너머에 한 무리의 황릉皇陵들이 모여 있다. 이 지역을 '제량황릉구齊梁皇陵區'라 부른다.

내가 단양 일대를 방문한 것은 1996년 여름이었다. 남경에 사는

석각 기린. 남제 무제武帝 소색蕭賾경안릉景安陵.
단양시 동교에 있는 이 석각은 풍화 작용으로 형체만 남아 있으나 웅장한 모습은 여전하다.

중국인 친구는 석조물 몇 개뿐인 그곳을 왜 찾아가느냐며 의아해했다. 남경시립박물관에 크고 완전한 것 하나를 옮겨 놓았으니 그걸 보면 족하지 않느냐는 것이다. 그러나 그럴 수는 없었다. 찾아간 황릉 주위에는 우리나라 농촌과 마찬가지로 논밭과 구릉이 연이어 있고, 그 석조물 뒤로 군데군데 작은 집들이 옹기종기 모여 있었다. 저녁때가 되니 밥짓는 연기가 벽돌 굴뚝 위로 모락모락 피어나고 있었다. 그곳 사람들은 한때 세상을 떠들썩하게 만들었던 황제들이 그곳에 누워 있다는 사실을 사뭇 잊고 살고 있었다. 소항하와 경항운하가 T자형으로 만나는 지점에 거대한 석수石獸 한 쌍이 버티고 있었다. 서쪽의 것이 기린이고, 동쪽의 것이 천록이다. 이것들은 이 지역 육조 능묘 석각 중

양 간문제簡文帝 소강蕭綱 장릉莊陵 석각.
단양시 형림 삼성향에 있는 이 석수는 천록으로 쌍각이며 높이는 3.16m다.

남제 경제景帝 소도생蕭道生 수안릉修安陵의 석수. 단양시 호교진에 있는 이 석수는 동쪽에 천록, 서쪽에 기린의 모습을 하고 있다.

가장 커서 그 높이만도 대략 4m 정도 된다. 방대한 체적 위에 날개 등 정치한 세각細刻이 숱한 세월의 풍상에도 아직 옛모습을 크게 잃지 않고 있다. 입구를 지나면 소항하 연안에 황릉이 줄지어 있다. 먼저 양나라의 황릉 지역이다. 무제武帝 소연蕭衍의 수릉修陵, 간문제簡文帝 소강蕭綱의 장릉莊陵, 문제文帝 소순지蕭順之의 건릉建陵을 만나게 된다. 다음으로 몇 마장 걸어가면 제나라 황릉이 모여 있는 곳에 다다르게 된다. 선제宣帝 소승지蕭承之의 영안릉永安陵, 무제武帝 소색蕭賾의 경안릉景安陵, 경제景帝 소도생蕭道生의 수안릉修安陵, 명제明帝 소란蕭鸞의 흥안릉興安陵 등이 그것이다.

거의 모든 능은 도굴되어 파괴되었고, 현재 남아 있는 능도 초라하기 짝이 없었다. 능묘 앞 몇 개의 거대한 석조물만이 그곳이 황릉 지역이었음을 알리고 있을 뿐이다. 그 거대한 석조물이 없다면 그곳이 황릉이라는 사실을 어느 누구도 짐작하기 힘들 정도다. 원래 봉분이 그렇게 낮았는지 오랜 세월의 무게로 낮아진 것인지 확실하지는 않다. 뒤에서 상세히 이야기할 터이지만 북조의 것과 비교할 때, 남조는 당초 봉분의 높이에 크게 신경을 쓰지 않았던 것으로 보인다.

남조 시대 능묘 석각은 일반적으로 3종種 6건件으로 구성되어 있다. 3종이란 신도神道 입구에서 묘 앞까지 서 있는 석수石獸·석주石柱·석비石碑 세 가지이며, 6건이란 그들 각각이 한 쌍씩이므로 모두 여섯 개로 구성된 것을 말한다. 북조 예술이 운강석굴과 용문석굴로 대표되는 불교 석각에서 그 위대한 성취를 보였다면, 남조 예술의 최고 걸작은 능묘 석각이라는 평가다. 남북의 이 두 가지 예술품은 남기북두南箕北斗와 같이 쌍벽을 이룬다. 특히 우리의 관심을 끄는 것은 석수다. 유송 무제 유유의 초녕릉에 있는 석기린은 남조 능묘 가운데 시대적으로 가장 이른 신도 석각이다. 유송 왕조 이후 진나라까지 석수의 형상이나 조각 등에 약간의 변화가 있기는 하나 초녕릉이 그 표준

효문제 장릉과 문소황후 고씨릉.
낙양 망산에 있는 효문제 장릉 앞에는 석조물이 하나도 없다. 남조 능묘의 요란한 석조물과 좋은 대조를 보여 준다.

이 되었다고 한다. 그의 능은 좌북면남坐北面南으로 두 날개〔雙翼〕를 한 석수 한 쌍이 능묘 앞에 버티고 서 있다. 동쪽의 것이 천록이고, 서쪽의 것이 기린이다. 천록은 신장이 2.96m 기린은 3.18m, 높이 2.80m, 목 높이〔頸高〕 1.35m, 몸둘레〔體圍〕 3.10m 정도로 우람하다.

　　남조 능묘 석각 가운데 석수는 묘주墓主가 황제와 황후냐, 아니면 왕王과 후侯냐에 따라 분명한 등급상의 차이를 보이고 있다. 현재 남경 일대에 소재하는 능묘 앞에 석조물이 있는 것이 31곳인데, 제왕의 것이 12곳, 왕·후의 것이 19곳이다. 제왕의 능묘 앞 석수에는 모두 뿔〔角〕이 달려 있다. 뿔이 하나〔單角〕인 석수를 기린이라 하고, 뿔이 두 개〔雙角〕인 석수를 천록이라 한다. 왕·후의 묘에는 뿔이 없는〔無角〕 석수가 두어지는데, 이를 벽사辟邪라 한다. 전설상 귀인貴人과 더불어 나타난다는 상서로운 동물인 기린과 천록은 수염과 공작의 날개[翼]를 달고 있다. 지고무상至高無上의 권위와 존엄을 나타내는 것이다. 남조인들이 상상해서 만들어 낸 최고의 영서신수靈瑞神獸의 형상인 셈이다.

석주는 신도석주神道石柱, 표標 혹은 갈碣이라 하기도 하고, 화표華表 혹은 그냥 표表라고 칭하기도 한다. 석주의 머리[柱首] 부분은 원개연화좌식圓蓋蓮花座式으로 그 위에 벽사 형상을 한 소석수가 놓여 있다. 석주의 중간은 원주신圓柱身이다. 그곳에 각종 문양이 그려져 있다. 석주 윗부분에는 네모형[方形]의 작은 신도비[小神道碑]가 붙어 있다. 묘주인 누구의 신도라 쓰고 그 아래에 괴수怪獸 하나를 새겼다. 석주의 기초[柱礎]는 양층으로 나뉘어 있는데, 상층에는 날개가 있는 괴수가 입에 구슬을 물고 있고, 아래의 네모난 돌 사면에는 동물 형상이 부조되어 있다.

석비의 머리[碑首]는 원형으로 좌우에 두 마리의 용이 서로 물면서 비의 등[碑脊]을 휘감아 돌고 있다. 비신의 전면에는 문자를 새겼고, 측면에는 모두 문식紋飾이 새겨져 있다. 비좌碑座는 한 마리의 구부龜趺로 되어 있다. 비문은 산만하여 분명하지 않지만 남조풍의 해서楷書로 확인된다. 사실 남조의 능묘 석각은 "한대의 전통을 잇고 당대의 예술을 열어 주는[繼漢開唐]" 역할을 했다는 평가를 받고 있지만, 조각사에 문외한인 필자가 감히 왈가왈부할 대상은 아닌 것 같다. 다만 이런 능묘 석각이 출현하여 발달한 까닭에 대해서는 좀 생각해 볼 필요가 있는 듯하다. 위진남북조 시대 능묘의 보편적인 특징은 대부분 전실묘磚室墓라는 점이다. 한대의 목곽木槨이 전곽磚槨으로 대체된 것이다. 전곽은 목곽보다 장기간 보존이 가능하다는 이점이 있다고 한다. 위진남북조 시대에는 사람이 죽으면 가매장을 했다가 한참 후에 장사 지내는[久喪不葬] 경우가 많았다. 특히 빈한한 자의 경우가 더욱 그러하였는데, 이것은 당시 벽돌 값이 비쌌으므로 구하기가 쉽지 않았기 때문에 생긴 일이다. 묘지명墓誌銘을 보면 사망과 매장 사이에 몇 개월 혹은 해를 넘긴 경우를 많이 발견하게 된다. 이 역시 제때에 벽돌 구하기가 쉽지 않았기 때문이다. 이들은 먹는 것과 입는 것을 아끼면서 벽돌을 구하여 장사 지내는 것이 후손 된 도리를 다하는 것으로 생각했다. 그렇게 죽은 조상 모시기에 열중이던 중국인들이 요즈음 많이 달라졌다. 거의가 화장을 하거나 박장薄葬을 한다. 그런데 우리는 어떤가? 사실 고속도로를 달리다 보면 양지 바른 좋은 땅은 모두 분묘가 차지하고 있다. 중국이 잃어버린 도덕을 동방예의지국인 한국이 끝까지 지키겠다는 의도인지, 아니면 조상의 음덕으로 대박을 꿈꾸려는 것인지 도무지 알 수 없다.

잘 알다시피 북조에서는 그 사람의 이력을 적은 묘지명을 시신과 함께 매장하는 장법이 보편적으로 행해졌다. 묘지명을 만들어 사용하기 시작한 것은 오래전이라 하지만, 현존하는 것으로는 후한대의 것이 가장 오래되었다. 정방형의 지석과 그것을 덮는 덮개誌蓋로 구성된 형식이 고착된 것은 북조에 들어와서부터였다. 지석에는 묘주의 이력과 칭송하는 추모시를, 덮개에는 묘주의 관명과 이름을 쓰는 것이 일반적인 형식이다. 반면 남방 남조의 경우 묘지명이 없는 것은 아니지만, 북조에 비해 수적으로 매우 적다. 1949년 이전 발굴된 것만을 비교하면 북조와 남조가 353:3의 비율이다. 묘지명의 전성 시대는 역시 북위를 포함한 북조와 당대라 할 수 있다. 묘 앞에 거대한 구조물을 세우는 것이 남방의 특징이다. 묘장 문화상의 남북간 차이는 지상으로 돌출시킨 묘비와 지하에 숨겨 넣은 묘지명의 차이라 할 수 있다. 모두 돌에 이력을 새겨 태어나 이 세상을 살다 갔다는 사실을 후세에 오랫동안 전하려는 목적은 같지만, 그 표현 방법은 매우 다르다.

능묘의 형태도 남북이 매우 다르다. 유목 민족은 시신을 매장하되 봉분을 만들지 않는 것이 통상적인 관습이다. 북위 초 제왕들의 경우 초기 수도 성락盛樂 : 현재 내몽고 和林格爾 부근의 금릉金陵이라는 지역에 묻혔다는 기록이 있을 뿐, 아직 발굴된 적이 없다. 그들이 봉분을 만들지 않았기 때문이다. 북위 제왕들이 봉분을 만들기 시작한 것은 문성제文成帝의 비 문명태후文明太后의 영고릉永固陵과 효문제孝文帝의 허궁虛宮인 만년당萬年堂이 최초의 일이다. 지금 대동大同 방산方山에 있는 두 능묘 앞에는 아무 것도 없다. 낙양으로 천도하고 나서부터 봉분이 본격적으로 나타나지만 역시 능묘 앞에는 아무 것도 두지 않았다. 북조의 능묘는 그저 평원 위에 밋밋한 반원의 봉오리만이 있는 것이 특징이다. 대개 능의 크기와 높이는 묘주의 지위와 등급을 나타낸다. 뿐만 아니라 남방 능묘의 신수에 해당하는 것으로 보이는 진묘수鎭墓獸마저 북조에서는 묘지명과 함께 땅에 묻는다. 반면 남조의 능묘 앞은 무척이나 요란스럽다. 북조에서 발견되는 묘지명은 일반인의 것도 적지 않지만 특히 황실의 것이 많다. 그들이 석조물을 세울 재력이 되지 않아 밋밋한 봉오리만 남긴 것이 아님은 분명하다. 이러한 남북의 차이를 어떻게 설명할 것인가? 내가 오랫동안 가져왔던 의문의 하나다. 과문의 소치인지는 몰라도 어떤 사료, 어떤 연구서에서도 이런 의문을 속시원하게 풀어 주는 서술을 찾을 수가 없었다. 다만 안지추가 『안씨가훈』에서 북조에 비해 남조 사람들이 실용보다는 겉치레에 열중한다는 지적을 한 바 있다.

이 글에서 다루고자 하는 것은 남조의 능묘 문화와 남조 제왕의 관계다. 나는 능묘의 형태가 당시 황제들의 행위와 밀접한 관계가 있다고 믿는다. 따라서 남조 특유의 능묘 형태가 나타난 이유에 대해 전혀 짐작이 가지 않는 것은 아니다. 첫째, 남조 황실의 출신 문제다. 둘째는 당시 정치·사회 체제의 문제다. 사실 나는 묘의 크기가 어떠니, 묘를 어떻게 단장하였느니 하는 이야기는 별로 하고 싶지 않다. 누구의 말처럼 태어나서 견마지로犬馬之勞를 제대로 펼치기도 전에 어느 날 갑자기 풀잎의 이슬보다 더 빠르게 이 세상을 떠나게 되는 것이 인생이라는데, 묘를 단장하고 거대한 석조물을 세우는 것이 우리에게 무슨 소용이란 말인가? 그러나 직업이 직업이니만큼 이 문제를 다루지 않을 수 없는 일이다. 잠시 살펴보면 벼락 부자, 벼락 출세자들이 조상 묘 가꾸기에 더 열중한다는 공통점을 발견할 수 있다. 내가 남조 황릉의 거대하고 화려한 석조물이 출현하게 된 이유 중 하나를 촌놈 출신 황제와 황가의 열등 의식의 발로라고 생각하는 것은 그 때문이다.

잘 알다시피 동진 왕조의 황가 사마씨司馬氏는 후한 말~삼국 시대에 걸쳐 전국 최고의 명문으로 꼽히던 집안이었다. 하내河內에 적관籍貫을 둔 그들은 당시 귀족 관료들을 압도할 수 있다는 명문 의식을 갖고 있었다. 그들은 오호五胡의 이민족들에게 고래의 문명의 땅, 중원을 내주고 강남으로 피난하여 겹살이[流寓] 정권을 세웠지만 그 명문 의식만은 크게 손상받지 않았다. 그 결과 묘를 웅장하게 만들어 폼을 잡으려고 생각하지 않았다. 계룡산 아래의 원제元帝 능묘 앞에 기린이 있었다는 언급 외에는 동진 황제들의 능묘 앞에 요란한 석조물이 있었다는 기록이 없는 것은 그 점을 이야기한다. 물론 겹살이 생활이었기 때문에 언젠가는 고향 산천을 회복하여 근사한 묘로 새로 단장해야 한다는 생각이 있었을지도 모른다. 그러나 동진 100년이란 그런 생각을 지속시키기에는 너무 오랜 세월이다. 또 동진 이전 삼국 시대의 능묘 앞에도 석조물이 없다고 보아도 될 정도로 미미하다. 이런 원인을 후한 말기에서 조조의 위나라에 걸쳐 박장 분위기가 사회에 큰 주류로서 유행한 측면에서 찾기도 한다. 물론 한대에는 약간의 석조물이 있었다. 한나라 무제의 무덤인 무릉茂陵의 박물관에는 각종 석물이 진열되어 있다. 그러나 무릉의 배장묘인 장군 곽거병霍去病의 묘 앞에 있는 '말이 흉노를 밟고 있는'[馬踏匈奴] 석상이나 '누워 있는 말'[石臥馬] 등의 석각에서 보이듯이 묘주 생전의 생활이나 활동을 보여 주는 기념적인 석물인 경우가 대부분이다.

묘 앞에 요란한 석조물이 등장한 것은 유송 시대부터로, 남조 여러 정권의 성격과 깊은 관련이 있는 것으로 보인다. 유송의 창업자 유유363~422는 출신 성분부터 사마씨 동진의 그것과는 달랐다. 그는 조적祖籍을 팽성彭城:江蘇 徐州에 둔 당시 별 볼일 없는 가문 출신이었다. 그의 가문은 '영가의 난' 시기 피난 행렬에 끼여 남행하여 경구京口:현재의 鎭江에 자리잡았다. 동진 정권이 성립되고 왕씨·사씨 등 북방 명문들이 권력을 장악해 가는 과정에서 기반이 전혀 없었던 유유의 가문 사람들은 그 대열에 끼여들 수가 없었다. 이런 가문을 당시 말로 '한문寒門'이라고 한다. 유유는 어려서 땅을 파고, 풀을 베고, 물고기를 잡거나, 신발 장사를 하면서 근근히 지내야만 했다. 그는 특히 빚진 사전社錢:현재의 마을금고 3만 전을 정해진 날짜에 갚지 못해 구금되기도 했다. 그런 생활의 지속은 그에게 어떤 희망도 안겨 주지 못했다. 그는 군대에 투신하기로 결심했다. 동진 병력의 주력인 소위 북부병의 사령부가 바로 그가 살고 있던 경구에 있었고, 그 병단은 주로 북방에서 내려온 유민들로 구성되어 있었기 때문이다.

그는 한恨이 많은 사람이었다. 한이 출세를 보장해 주는 것은 결코 아니지만 한이 없으면 사는 목표가 흐려지는 법이다. 한을 잘 이용하면 의외로 큰 소득을 얻게 된다. 그는 당시 북부병 사령관 유뢰지의 하급 군관으로 정권의 존망을 위협해 오는 도교도의 반란인 '손은孫恩·노순盧循의 난' 진압에 참여하여 혁혁한 공훈을 세웠다. 과거나 고시가 빈민들의 '출세의 사다리The Ladder of Success'라면 군인에게는 반란과 전쟁이 그러하다. 그의 어깨에 '빛나는 별'을 달게 한 계기는 때맞추어 일어난 환현桓玄의 찬탈 사건이었다. 그는 환현의 기병을 토벌하여 동진 왕조를 멸망에서 구해 냈다. 그 전과로 시중侍中 거기장군車騎將軍 도독중외제군사都督中外諸軍事가 되었다. 도독중외제군사는 지

금의 합참의장이다. 그는 곧이어 양주자사揚州刺史·녹상서사錄尙書事
가 된다. 즉, 서울시장과 국무총리를 겸임하게 된 것이다. 이로써 조정
을 완전 장악하게 되었다.

　　그러한 지위는 아무리 올라가도 인신人臣이라는 한계를 벗어날
수 없다. 하느님과 동열의 황제가 되는 데는 넘어야 할 높은 장벽이 있
다. 그를 한 왕조의 창업주로 발돋움하게 만든 것은 바로 북벌의 성공
이었다. 이민족에게 중원 땅을 빼앗긴 후 절치부심하던 한족에게 자
존심을 회복할 기회를 마련해 준 것이다. 요즈음도 그러하지만, 분열
시대의 남북 관계는 이토록 중요한 것이다. 410년義熙 6년 북벌을 감행
하여 선비 모용씨慕容氏의 남연南燕을 멸망시키고, 416년 재차 북벌 때
는 '각월진却月陣'이라는 탁월한 전법을 써 북위군을 격파하더니 장안
에 수도를 둔 저족氏族 요씨姚氏의 후진後秦 왕조마저 멸망시켰다. 그만
이 잃어버렸던 강토를 되찾아 통일을 이룩해 줄 수 있으리라 기대되
었다. 지지율 90%를 웃도는 정치가가 된 것이다. 그러나 높은 곳으로
올라갈수록 더욱 중심을 잡아야 하는 것이 상식인데, 역대 정치가처
럼 그도 사심이 발동하게 된다. 제사보다 젯밥에 신경을 쓴 것이다. 그
가 아니라 누구라도 그 지경에 이르면 그랬을 것이다. 낙양과 장안을
수복한 후 조국을 위해 장구한 계책을 세우기보다 정권 탈취욕에 급
급한 나머지 그는 중망을 저버리고 군대를 남방으로 회군시켰다. 북
벌전의 전과로 그에게 주어진 것은 황제로의 디딤돌이 될 수 있는 송
왕宋王이라는 작위였다. 이제 거칠 것이 별로 없었다. 420년元熙 2년 그
는 드디어 동진 공제恭帝:司馬德文를 폐립하고 대신 황제를 칭하며 송
나라를 건국했다. 그는 즉위 후 요즘의 재벌 개혁과 같은 성격의 토
단土斷 정책으로 호족豪族의 토지 겸병을 억제하고 유민을 안착시켰으
며 부세를 경감하는 등 혁신적인 정책으로 강남 경제의 기초를 마련
했다. 그 자신의 행동도 절제하여 절검을 숭상하고 진귀한 보물을 가

송 무제 유유상. 서민 출신으로 황제에까지 오른 유유는 남조 황실 문화를 실질적으로 열었다.

까이하지 않으며 호화로운 생활을 멀리하기도 했다. 또한 궁중 비빈의 수도 대폭 줄였다. 그러나 개혁의 성과가 나타나기도 전에 재위 3년 만인 422년永初 3년 60세의 나이로 그는 병사하고 말았다. 너무 앞만 바라보고 숨가쁘게 살아왔기 때문에 얻은 병이리라.

유유는 일생을 매우 바쁘게, 그리고 열심히 살았던 사람이었다. 그의 이런 인생에 감동과 칭송을 보낸 사람도 적지 않았다. 청나라 말에서 민국 시대에 걸친 대학자이며, 손문孫文·황흥黃興 등과 함께 혁명삼존革命三尊의 한 명으로 칭송되는 장병린章炳隣은 중국의 역대 인물 가운데 여진족의 금나라를 토벌한 악비岳飛와 함께 그를 가장 숭배할 만한 인물로 치켜올렸다. 남방의 병사를 이끌고 이적을 타파하여 중국인의 의기를 고양시켰다는 이유에서였다. 그런 평가는 옳은 면도

송 무제 유유 초녕릉初寧陵 석각 기린. 황릉 앞에는 서쪽에 기린, 동쪽에 천록을 두는데, 이 석각 기린은 네 다리가 모두 없어졌다. 머리에 뿔이 하나 있다.

있지만 반드시 정당한 것만은 아니다.

　　그의 자식 농사는 완전 실패작이었다. 자식 농사의 실패가 애터지게 이룩한 아비의 평생 업적을 하루아침에 망쳐 버리는 경우를 최근 우리는 자주 목도하고 있다. 위에서 서술한 것처럼 유유는 나름으로 자기를 절제한 측면도 있었다. 그도 어느 재벌 창업주처럼 배고프던 시절을 떠올리며 살았다. 그러나 자식들은 자린고비에 결코 만족할 수 없는 법이다. 그래서 폭발보다는 점진이 안전한 것이다. 벼락 출세자나 벼락 부자[暴發戶]의 애들이 대개 망나니이듯, 그의 자식·손자들은 천하의 몹쓸 놈들만으로 이어졌다. 그것은 고래로 체통 없는 한문 출신자들이 공통으로 겪는 아픔이다. 그런 결과가 유유만이 아니라 한문 출신들이 일반적으로 겪는 태생적인 아픔이라 하더라도 유유

자신이 결코 그 책임에서 완전히 벗어날 수는 없다. 사람은 그 아버지를 닮기보다 그 시대를 닮는다고 하는데, 남조의 정치 문화를 연 사람도 바로 유유 본인이었기 때문이다. 그의 능묘 앞에 있는 거대한 구조물이야말로 유유를 대표하는 그 시대 제왕들의 적나라한 모습이다.

유유의 혁혁한 성공에 가려 숨겨진 부분이지만 그는 시기심 많고 잔인한 사람이었다. 빈한한 가문에서 태어나 집안을 일켜세운 것은 누군들 탓할 일이 아니지만, 그가 한때 섬겼던 동진 왕조의 황족들을 잔학하게 대한 것은 자손들에게 좋은 영향을 미칠 수 없었던 것이다. 정권을 빼앗아도 요령껏 해야 뒤탈이 적은 법이다. 문화에는 여러 종류가 있지만 권력에도 문화라는 것이 있다. 그것이 바로 정권을 지탱하는 지주인 것이다. 특정 권력이 어떤 성격의 문화를 유지하느냐는 전적으로 황제의 책임이다. 키우는 자식도, 등용하는 관료도 권력 문화에 따라 좋게도 되고 나쁜 사람도 되는 법이다. 황자와 황친皇親을 저질 인간으로 키우고 삼류 관료를 기용한 것이 그런 참화를 불렀다면 창업자인 유유도 그 점에선 책임을 면할 수 없다.

고래로 망나니 임금이 어느 왕조인들 없었겠는가만 남조의 송과 제 두 왕조처럼 많았던 적은 없었다. 이 두 황실에서 일어난 이야기는 그저 재미로 흘려 버리기에는 '인간이란 무엇인가'를 다시 돌아보게 하는 진한 슬픔이 그 속에 배어 있다. 내가 이들 황릉을 찾았던 이유는 능묘 앞의 석조물을 통해 그 시대 꽃피었던 예술적 위대성을 확인하기 위해서가 아니었다. 수많은 사연을 간직한 사람들이 묻혀 있는 능

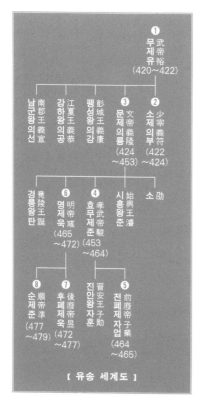

【 유송 세계도 】

❶
武武
帝제
劉유
裕유
(420~422)

南남
郡군
王왕
義의
宣선

江강
夏하
王왕
義의
恭공

彭팽
城성
王왕
義의
康강

❸
文문
帝제
義의
隆륭
(424
~453)

❷
少소
帝제
義의
符부
(422
~424)

竟경
陵릉
王왕
誕탄

❻
明명
帝제
彧욱
(465
~472)

❹
孝효
武무
帝제
駿준
(453
~464)

始시
興흥
王왕
濬준

劭소

❽
順순
帝제
準준
(477
~479)

❼
後후
廢폐
帝제
昱욱
(472
~477)

晋진
安안
王왕
子자
勛훈

❺
前전
廢폐
帝제
子자
業업
(464
~465)

묘 옆에 앉아 그들이 저지른 행위들을 한번 곰곰이 음미해 보고 싶었기 때문이었다. 이제 남조 4왕조 가운데 그 도가 심했던 송·제 두 왕조의 황가 사람들[皇族]이 저지른 추태들을 살펴보아야 할 것 같다.

송나라는 황위를 쟁탈하기 위한 골육상잔으로 편안한 날이 없다가 끝났다. 특히 후기에 들어 그 정도가 더욱 심해졌다. 최후에는 황실 중 남은 사람이 몇 없게 되었다. 유송 왕조가 남제 창업주 소도성蕭道成에 의해 탈취되려 할 때 생명의 위험을 느낀 송 순제順帝 : 劉準는 "후세에 두번 다시 천자의 집안에 태어나지 않을 것이다"라고 절규했다. 이 말 속에 유송 황가의 비극이 적절하게 요약되어 있다. 유유가 증손이었던 순제의 이 한맺힌 소리를 지하에서 들었다면 정권 탈취를 위해 20여 년에 걸친 대장정이 그와 그의 가문에 무엇을 안겨다 주었는가를 되씹고는 긴 한숨을 내쉬었을 것이 분명하다. 당시 어떤 자는 "멀리 건강성을 바라보니[遙望建康城] 작은 강이 거꾸로 흘러 휘감고 있도다[小江逆流縈]. 앞을 보니 아들이 아비를 죽이고[前見子殺父] 뒤돌아보니 동생이 형을 죽이고 있네[後見弟殺兄]"라고 풍자했다. 유송은 여덟 임금 60년 만에 멸망하지만, 그 황가의 무덤은 그렇게 화려했다. 나라는 망해 가도 능묘 꾸미기에는 끝까지 힘을 쏟은 결과였다.

소도성이 유송으로부터 무력으로 정권을 탈취하여 창업한 남제 왕조도 엉터리 군주로 이어졌다. 그러다가 겨우 7대 24년 만에 단명으로 끝났다. 송나라·제나라 80~90년 동안은 이렇게 '어리석고 어둡고 미친 듯 포악한' 임금들이 연이어 나왔던 것이다. 창업한 사람은 오래 살지 못하고 뒤를 이은 사람은 반드시 패덕敗德하니 이런 까닭으로 한 왕조가 일어났다가 돌아볼 새도 없이 갑자기 뒤집혀 망하게 된 꼴이다. 이제 두 왕조의 약사를 뒤돌아볼 약간의 이야기를 추려 보려한다.

유송 2대 소제少帝 : 義符는 유유의 큰아들이다. 말타기와 활쏘기에 뛰어났고 음악에 대한 이해도 깊었다. 그러나 즉위 후에는 황제로서 온당치 못한 행위가 많았다. 그는 궁성의 원림園林인 화림원華林園에서 가게를 열고 친히 술을 팔았는가 하면, 도랑을 파고 흙을 쌓아 제방을 만들어 놓고는 좌우 시종들과 더불어 소리를 지르며 배를 끌어올리는 일을 하며 즐거워했다.

5대 전폐제前廢帝 : 子業는 어려서 마음이 좁고 성질이 급하여 동궁 이었을 때 매번 아버지 효무제孝武帝 : 駿에게 꾸지람을 들었다. 아버지 가 죽자 슬퍼하는 모습을 전혀 보이지 않았고, 즉위하면서 옥새玉璽와 인수印綬를 받을 때 거만하기 짝이 없었다. 아버지에게 사랑받지 못한 것을 원망하여 아버지의 능묘景寧陵를 파헤치려 했다. 태사太史의 간곡 한 만류로 그만두었지만, 분을 삭이지 못한 그는 능 위에다 똥을 뿌리 고 아버지를 코주부라고 욕하며 돌아갔다. 대신 아버지의 총애를 홀 로 받은 은귀비殷貴妃의 묘를 파헤쳐 버렸다. 또한 어머니인 태후가 병 이 위독하여 그를 부르자, 그는 "병든 사람 사이에는 귀신이 있으니 내 어찌 그곳에 갈 수 있으랴?"고 하며 문병하지 않았다. 그 말을 전해 들은 태후는 기가 차서 시종더러 "칼로 내 배를 갈라 버려라. 어디서 저런 놈이 내 배에서 나왔단 말인가!" 하고는 통곡해 마지않았다고 한 다. 또 숙부 세 사람建安王 休仁, 湘東王 彧, 山陽王 休祐을 특히 미워하여 전 각 안에 가두고는 때리고 채찍질하였다. 그들이 자신의 황위를 탈취 할 가능성이 가장 높다는 이유에서였다. 그는 곧 그로부터 황위를 빼 앗게 되는 상동왕6대 명제가 됨을 특히 구박했다. 숙부를 발가벗긴 후 몸을 땅속에 파묻고는 입만 내어 나무 구유통에 있는 잡탕밥을 먹도 록 시키고는 그 모습을 보고 즐거워했다. 숙부 건안왕의 생모인 양태 비楊太妃에게는 여러 가지 추악한 모양의 음란한 짓을 하도록 강요했 다. 이러고서 황제위를 길게 유지할 수는 없는 것이다.

7대 후폐제後廢帝 : 昱는 명제의 큰아들인데, 이자의 기행도 전폐제와 난형난제였다. 그는 어려서 옻칠한 장대에 기어오르기를 좋아했는데 밥 먹는 시간에만 내려왔다. 성장한 후에는 희노喜怒에 절도가 없어 좌우에 뜻이 맞지 않는 자가 보이면 직접 마구 두드려팼다. 즉위한 후 안으로는 태후, 밖으로는 대신들 때문에 마음대로 행동할 수 없게 되자 몹시 안달하더니 즉위 3년 후부터 두서너 명을 데리고 궁성 밖 10리, 혹은 20리까지 나가 버렸다. 시장에서 사람들이 서로 헐뜯고 욕지거리하는 것을 보면 즐거워하면서 그도 끼어들었다. 즉위 4년 후엔 궁성 밖에 나가지 않는 날이 없었다. 저녁에 나가면 새벽에 돌아오고, 새벽에 나가면 날이 저물어야 돌아왔다. 종자들은 모두 쇠창을 가지고 다니면서 마구 죽이니 길에 있는 남녀는 물론, 개·말·소·나귀도 화를 면할 수 없었다. 백성들은 대낮에도 문을 닫아 걸었고, 길에는 행인이 없었을 정도였다. 그는 짧은 바지를 입고 의관을 갖추지 않았으며, 흰 몽둥이 수십 개와 칼·끌·톱 등을 항상 곁에 두었다. 그것으로 머리때리기·음부치기·가슴가르기 등의 방법으로 주살을 일삼았던 것이다. 그런 짓을 하루에도 수십 차례 했으며, 시체에서 피가 흐른 연후에야 기뻐하면서 그쳤다. 좌우 사람들 가운데 그 광경을 보고 이맛살을 찌푸리는 자가 있으면, 곧 그를 바로 세워 놓고 창으로 찔렀다. 조폭이 따로 없었다. 황제 조폭! 이 시대의 가감 없는 현실이다.

궁전 안에서 나귀 수십 마리를 길렀는데, 자기가 타는 말은 어상御床 옆에서 사육했다. 출행시 혼인이나 장례 행렬을 만나면 수레를 끄는 무리와 어울려 술을 마시면서 즐거워했다. 손초孫超라는 자가 입에서 마늘 냄새를 풍기자, 그 배를 갈라 무엇이 들어 있는지 확인했다. 심발沈勃에게 보화가 많다는 말을 듣고는 그 집을 찾아가 그를 위협했다. 심발이 죽음을 면할 수 없다는 것을 알고는 손으로 후폐제의 귀때기를 치면서 "너의 죄는 걸桀·주紂를 넘는다!"고 욕을 퍼붓다가 결국 맞아 죽었다. 천성이 죽이는 것을 좋아하여 하루라도 일이 없으면 낙

(상)진묘수. 2000년 4월 대동시 동교에서 발굴된
북위 송소조宋紹祖 묘의 진묘수다.
남조와는 달리 묘 속에 설치된 것이 특징이다.
(하)진묘 무사. 갑옷을 입은 무사가 묘를 지키고 있는
형상으로 북위 송소조 묘 속에 들어 있었다.

을 잃고 비통해했다. 그러면서도 자기 목숨만은 끔찍하게 생각하여 안팎으로 근심하고 두려워하여 밤에 잘 때는 다음 아침이 오지 않을까 걱정했다. 결국 그의 근심대로 깊이 잠든 사이 그가 한때 총애했다 버린 양옥부楊玉夫라는 여인의 천우도千牛刀에 찔려 그 다음날 아침을 보지 못하고 죽었다.

유송의 황제들은 이처럼 절도 없이 자기 마음대로 거침없이 살았으며, 갖은 기행을 일삼았다. 더 소개하고 싶지만 독자들이 이런 이야기에 탐닉할지도 모를 일이고, 특히 어린 독자들에게는 모방이라는 좋지 않은 영향을 줄 것 같아 여기서 줄이려 한다. 선량한 독자 여러분의 정신 건강에 유익한 것이 결코 없을 것 같기 때문이다. 조금 숨을 돌려 비록 학술적이라는 소리는 듣지 못하더라도 이 시대 역사를 연구하는 사람의 글답다는 말은 들을 정도의 분석이라도 여기서 시도해 보는 것이 좋을 듯하다. 즉, 그들의 이와 같은 기행이 나타난 근본 원인이 어디에 있는가 하는 문제다. 그들에게는 황제라는 근엄한 자리가 체질에 맞지 않았던 것 같다. 논두렁 밭두렁 출신이 며칠은 몰라도 구중궁궐에 갇혀 뭇사람의 간

섭과 시선을 받는다는 것 자체가 그들에게는 지옥일지 모른다. 그들은 잘 먹는 우리 속의 돼지가 되기보다 이산 저산 활보하는 멧돼지가 되기를 원했다. 당시 황제들이 출행할 때는 덮개 있는 수레에 우의羽儀를 든 수십 명의 종자가 따르게 되어 있었다. 후폐제는 출입할 때 무개無蓋 수레를 타고는 혼자서 마구 달렸기 때문에 종자들은 수행은커녕 그저 한곳에서 대오를 가지런히 하고 쳐다보는 것 외에 할 일이 없었다. 무개 외제 스포츠카를 타고 굉음을 내며 내달리는 젊은이들이 이 글을 읽는다면 스스로의 행동을 한번 돌아볼 일이다. 그는 사원에서 키우는 개를 훔쳐 잡아먹는 등 시정잡배들도 좀체 하지 않는 짓을 거침없이 하고 다녔다. 절간에서 왜 개를 키웠는지 알 수 없지만, 이 어찌 일국의 황제라고 할 수 있겠으며 그 나라인들 제대로 관리할 수 있겠는가?

또 하나는 당시의 정치체제 문제다. 알다시피 동진 남조 시대는 귀족제가 꽃핀 시대였다. 북방 중원에서 오랫동안 구축한 결속 의식과 오만한 문벌 의식으로 무장한 몇몇 귀족들이 정치·사회 모든 분야에 군림했다. 그들의 관위官位는 황제가 결정하는 것이 아니라 그들 집단의 여론에 의해 결정되었다. 그들은 가문이 좋고, 고급 문화에 익숙하다는 것 외에는 별다른 능력이 없었다. 사실 이 능력이란 별것 아닌 것 같아 보여도 아무리 노력해도 일대에 좀처럼 획득되는 것이 아니다. 이 점이 나 같은 촌놈 출신들이 항상 느끼는 비애다. 귀족들은 그들이 몸담고 있는 왕조의 관리 생활은 하지만, 그것은 황제나 왕조를 위해서가 아니고 그들의 가문을 위해서였다. 관직이 오랫동안 끊어지면 귀족의 반열에서 멀어지기 때문이다. 가문의 높낮이[門資]에 따라 관위의 등급이 자동적으로 결정되는 체제 하에서 그들은 굳이 구차스런 잡사나 위험한 일에 관여하려 하지 않았다. 비록 나라는 망해도 그들의 지위는 변동이 없었기 때문에 국망의 위기에도 미동도 하지 않았다. 소위 '복지부동伏地不動'이다. 궁중 정변으로 황제를 폐립하려는 군대가 궁성으로 들어온다는 소식을 접하고도 객과 바둑을 두면서 "그들 나름으로 뜻이 있었겠지"라고 했다. 그것은 나랏일이 아니라 황실의 가사일 뿐이니 남의 일에 왈가왈부할 것이 없다[不問外事]는 입장을 취한 것이 남조 귀족층이었다.

그들은 대대로 고귀한 지위를 고정적으로 독점하면서 국고만 축내는 기생 계층일 뿐이었지만 무장 가문[將門] 출신의 황실을 몰문화의 촌놈들로 업신여겼다. 그들은 군인들을 경멸했다. 남조 황제들은 모두 군인 집안에서 나왔다. 귀족들이 관심을 갖는 것은 현실적인 능력이 아니라 우원한 비실용적 학문이었다. 그런 분위기 속에서 황제를 둘러싸고 실무를 담당하면서 권력을 치졸하게 휘두르고, 이권만을 챙기는 자들이 생겨났다. 바로 황실과 출신 배경에서 별반 차이가 없는 소위 한인寒人 · 한문寒門들이었다. 제나라 무제가 "학사배學士輩 : 貴族들은 국가를 경영할 능력이 없고 오직 독서만을 대단하게 생각할 따름이다. 그들이 수백 명인들 이사吏事에 무슨 소용이 있겠는가?"라고 한 것은 당시 현실의 정확한 표현이다. 또 제나라 무제가 "국가의 경영은 한문 유계종劉係宗 한 사람이면 족하다. 공경公卿 : 貴族 중에 나라를 걱정하는 것이 한문 여문도呂文度만한 자가 있다면 천하가 편치 않음을 왜 걱정하겠는가?"라고 한 것도 이런 분위기에서 나온 말이다. 귀족들은 촌놈 황제들이 "소인小人 : 寒門만을 아끼고 사대부를 멀리한다"고 불평이었다. 서로 자기들끼리 해먹는 소위 '끼리 정치'판을 형성하면서 서로를 매도하였다. 이것은 관료의 분열만이 아니라 국론의 분열이다. 북방에서는 오호십육국이라는 혼란된 시대를 극복하고 일사불란하게 화북의 모든 역량을 통일시켜 가고 있었는데, 남조는 장강의 자연적인 방어벽만을 믿고 상하가 모두 이 지경에 빠져들고 있었던 것이다.

문제는 황실들이 촌놈 출신이라는 열등감에서 끝내 헤어나지 못했다는 데 있었다. 제나라 창업자 소도성은 송나라 말 어느 귀족에게 보낸 서찰에서 스스로를 "하관상인下官常人"으로 자처했고, 죽음에 임하여 남긴 유조遺詔에서도 "내 본래 포의소족布衣素族으로 황제에 오르리라고는 생각조차 하지 못했다"고 귀족에 대한 열등감을 토로했다. 지나친 열등감은 기행을 낳고, 그로 하여금 자기 과시에 골몰하게 만든다. 능묘 앞의 거대한 석조물이 등장하게 된 원인의 하나인 것이다.

　　나의 주장에 무게를 싣기 위해서는 이들의 작태를 잠시 더 살펴보아야 할 것 같다. 제나라 황제 중 압권은 역시 3대 폐제 울림왕鬱林王:昭業과 6대 동혼후東昏侯:寶卷다. 울림왕은 무제의 손자이고 문혜태자文惠太子의 아들이다. 문혜태자가 일찍 죽자 그가 황태손으로 책립되었다. 이자는 속마음과 행동이 일치하지 않는 것으로 유명했다. 아버지가 죽자 울부짖는 모습이 마치 숨이 끊어질 듯하여 보는 이들이 모두 오열할 정도였다. 그러나 내실로 돌아가서는 바로 웃고 즐거워하면서 맛있는 음식을 먹고 마셨다. 또 그는 돈을 좋아해서 임금이 된 후 작위를 주겠다며 소인배들에게 미리 돈을 요구했다. 황제가 된 후 매번 돈을 볼 때마다 "내 예전에는 너를 그리워하면서도 제대로 얻지 못했는데, 오늘은 너를 마음대로 쓸 수 있겠구나"라며 국고를 탕진해 버렸다.

　　울림왕에게는 절제된 행동만을 강요하는 궁정 생활이 따분할 뿐이었다. 그래서 할머니 예장왕비豫章王妃에게 "할머니! 불법佛法에서는 복이 있으면 제왕의 집안에 태어난다고 했는데, 이제 보니 반대로 이것은 큰 죄네요. 시장 구석 천한 장사꾼만도 못해요"라고 했다. 무제의 장례가 끝나자마자, 바로 무제가 부리던 광대들을 불러 풍악을 울렸다. 또한 개와 말을 좋아하여 즉위한 지 열흘도 되지 않았는데 무제의 초완전招婉殿을 헐어 마구간으로 만들었다. 말을 타고 달리다 떨어져 얼굴과 이마에 가벼운 상처가 나자, 병을 핑계로 여러 날 조정에 나오지 않았다. 평민 복장으로 시장 거리를 돌아다니다가 자주 아버지 능에 가서 소인배들과 갖가지 더러운 짓을 했다. 진흙을 던지고 뜀뛰기 내기를 하며 매를 날리고 개를 달리게 하는 경주를 하기도 했다. 그 내기에 수십만 냥의 상금을 걸었다. 닭싸움을 좋아하여 좋은 싸움닭, 이름난 매와 빠른 개를 구하는 데 수천 냥을 소비했다. 그리하여 무제가 모아 놓은 충실한 국고를 1년도 지나지 않아 거의 탕진해 버렸다.

어머니 덕택으로 황태자가 된 제 폐제 동혼후는 명제의 둘째아들이다. 책과 학문은 멀리하고 놀기만을 좋아했는데, 특히 밤에 쥐잡기를 좋아해 아침까지 날을 지새는 경우가 많았다. 원래 눌변이라 조정 대신과 만나는 것을 꺼렸다. 아버지 명제의 영구靈柩가 태극전太極殿에 있는 것이 싫어 빨리 장사 지내고자 했으며, 그 앞에 응당 곡을 해야 할 때에도 번번이 목이 아프다는 핑계로 피했다. 밤낮으로 말 타는 놀이를 하고, 북을 치고 뿔피리를 불었으며, 좌우의 수백 인과 소리 지르고, 오랑캐 노래를 섞어 제멋대로 여러 음악을 연주하였다. 정사에 관심이 없어 행정부閣에서 상주한 서류를 받고는 아무 곳에나 던져 버렸다. 환관이 그 종이로 어육魚肉을 싸서 집에 돌아갔는데, 알고 보니 행정부五省에서 올린 기밀 문서였다고 한다.

어떤 부인이 출산한다는 소식에 아이가 남자인지 여자인지 궁금한 나머지 그녀의 배를 갈라 확인한 적도 있다. 또 궁전의 여러 누각 벽 위에 남녀의 외설적인 형상을 그리는 데 명제 때 거두어들인 금은 보화를 모두 가루 내어 써버렸다. 그것도 부족하여 부호에게 금을 팔라고 하여 거두어들이고는 그 값을 치러 주지 않았다. 굄목幢을 이빨로 들어올리는 경주를 좋아해서 무거운 것을 들어올리다가 이가 부러졌는데도 그 짓을 그만두지 않았다. 후원後苑 가운데 시장을 열고는 황제 자신이 궁인 등과 같이 구멍가게 장사를 했다. 그의 비 반비潘妃는 시령市令으로, 자신은 시리녹사市吏錄事라 칭했다. 그래서 백성들은 "지존은 고기를 잡고 반비는 술을 판다"고 노래 불렀다.

이번에는 송나라 황가의 종말을 살펴보자. 무제〔劉裕〕의 일곱 아들 가운데 오직 한 사람〔劉義季〕만이 제 명에 죽어 후손이 있었을 뿐, 나머지는 모두 비명에 죽어 한 명의 후손도 남기지 못했다. 효무제의 아들 스물여덟 명 가운데는 어려서 죽은 이가 열이고, 전폐제에게 살해된 이가 둘, 명제에게 살해된 이가 열여섯이다. 효무제가 이미 문제의 아들을 많이 죽여 후사를 끊어 놓았고, 명제도 효무제의 아들을 많이 죽여 효무제 자손도 살아남은 자가 한 명도 없었다. 명제의 아들은 나라와 몸도 모두 망하게 되니 하나도 남은 것이 없게 되었다. 순제가 제위를 소도성에게 물려주고 해를 당한 뒤 송나라의 왕·후는 노소를 막론하고 모두 제거되었다. 그러니 송 무제의 아홉 아들, 40여 명의 손자, 60~70명에 이르는 증손자 가운데 제 명에 죽지 못한 자가 열에 일곱 여덟이고, 세상에 후손을 남긴 이는 한 명도 없었다.

누구의 말처럼 황제가 주색에 빠져 정사를 돌보지 않는다면 비록 나라를 망하게 하더라도 몸은 오히려 온전할 수 있을 것인데 송나라와 제나라의 황제들이란 작자들은 모두 남들을 괴롭히는 데 세상 가는 줄 몰랐다. 결국 그들이 남들에게 치른 만큼 종국에는 그대로 당하였으니 실로 "하늘이 멀리 있지 않다"고 아니할 수 없다.

갑자기 흥성하여 황가가 되었을 때는 자손이 번창하여 황제나 왕이 되고 부귀영화를 누리며 한세상 복을 더없이 누렸지만, 그 몰락에 이르러서는 화염이 지나간 빈터처럼 일소되어 살아남은 것이 없게 되었다. 이런 때를 맞아 필부처럼 그저 가문이라도 후세에 보전하려고 해도 때는 이미 늦어 그렇게 할 수가 없는 일이다. 이미 그들은 공인이기 때문이다. 한 사람의 인생도 그러할진대 한 왕조나 정권의 운명에는 그 나름의 필연이 개재되어 있게 마련이다. 여기에는 하늘 기운이 작용한 면도 있겠지만 대체로 사람이 저지른, 즉 인사人事의 결과다. 하늘이 송 왕조를 반드시 미워했을 리 있겠는가? 시기심 많고 잔인한 송 무제 유유가 집안을 일으켜 세우는 과정에서 동진의 황족을 잔학하게 대한 탓이 없다고는 할 수 없을 것이다. 한번 시작된 피바람은 쉽게 그치지 않는 법이다. 효무제와 명제는 흉악하고 잔인하게 골육을 죽이면서도 오직 다 없애지 못할까 걱정할 뿐이었다. 이처럼 송나라 황실의 비극은 여러 황제들이 직접 도륙한 것이지 다른 일족의 손을 빌린 것이 아니었다는 데 그 비극의 처절함이 있다. 하늘은 마지막 마무리만은 다른 일족의 손을 빌리게 하였으니 "하늘은 준 것은 반드시 되갚아 주게 마련"이라는 분명한 메시지를 우리에게 남긴 것이다.

황제가 그러할진대 황후를 비롯한 황실의 비빈과 후궁들이야 말해 무엇하랴! 청나라 초 학자 조익趙翼은 "송 무제는 향리의 호족에서 일어나 속임수와 힘으로 천하를 얻다 보니 그 가정의 가르침에까지 미칠 겨를이 없었다. 이런 까닭으로 궁위宮闈는 난잡하고 거기에 윤리가 있을 수 없었다"고 설파한 바 있다. 제대로 된 지적이다.

조천趙倩은 유송 문제의 딸인 해염공주海鹽公主한테 장가들었는데, 시흥왕始興王·濬이 궁액宮掖을 출입하면서 공주와 사통하였다. 조천이 그것을 알고는 공주를 욕하며 때렸다. 이 일이 위로 문제에게 알려지자, 문제는 조칙을 내려 두 사람이 이혼하도록 하고 공주를 낳은 장미인蔣美人을 죽였다. 효무제는 자주 어머니 노태후路太后의 방안에 머물렀다. 사람들 사이에는 추한 소문이 있었지만, 깊숙한 궁액의 일이란 원래 비밀스러운 것이어서 그 진위를 확실하게 가릴 수는 없다. 그 많은 미녀들이 궁중에 그득한데, 아무렴 그래도 모자간인데 그런 일이 있을 수 있으랴. 효무제는 또 남군왕南郡王·義宣의 딸들과 음란하게 지냈다. 남군왕이 이에 분노해 마침내 반란을 일으켰다. 남군왕이 패한 후 효무제는 비밀스럽게 그의 딸을 취하여 궁중에 들여놓고 성을 은씨殷氏라 고치고는 숙의淑儀로 삼았다. 이런 사실을 누설했다가 죽은 자가 많았다. 전폐제는 문제의 딸 신채공주新蔡公主를 귀빈으로 삼았는데, 궁중의 한 여종을 살해해서 공주가 죽었다고 소문내고는 성을 사씨謝氏로 고친 후 데리고 살았다. 전폐제의 누나인 산음공주山陰公主는 음자淫恣함이 도를 지나쳐 전폐제에게 "나〔妾〕는 폐하와 비록 남녀를 달리함이 있지만, 함께 선제先帝의 몸에서 태어났습니다. 폐하에게는 후궁이 수백 명 있는데, 첩은 오직 부마 한 사람뿐입니다. 너무 불공평하지 않습니까?"라고 궁박하였다. 이에 전폐제가 그녀를 위하여 젊은 미남자〔面首〕 30명을 좌우에 두게 하였다. 산음공주는 또 꽃미남인 이부랑吏部郎 저연褚淵에게 혹하여 그를 10여 일 협박했으나 저연이 목숨을 걸고 허락하지 않자 그만두었다.

전폐제는 엉뚱하게 좌우에 있는 사람들로 하여금 정적인 건안왕建安王:休仁의 어머니인 양태비楊太妃를 범하도록 했다. 유도륭劉道隆이란 자가 전폐제의 환심을 얻으려고 양태비에게 갖은 추악한 짓을 다하였다. 건안왕의 비인 은씨殷氏도 그 점에서는 빠지지 않았다. 그녀는 병이 들어 진찰하러 온 조번祖翻이라는 의원의 용모가 아름다운 것을 보고는 병 치료는 제쳐두고 그와 간음했다. 일이 누설되자 곧 그에게 죽음을 내렸다. 명제는 궁 안에서 잔치를 하면서 부인네들을 발가벗긴 후 그것을 보며 웃고 즐기기를 좋아했다. 왕황후 혼자 차마 볼 수 없어 부채로 얼굴을 가리니, 명제는 화를 내면서 "너희 친정은 보잘것없는 한문〔寒乞〕이 아니더냐? 이제 함께 즐기자는

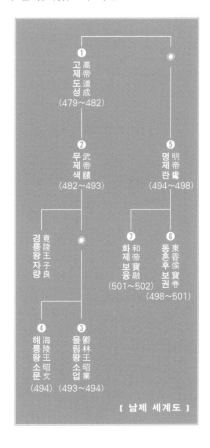

❶
高고
帝제
道도
成성
(479~482)

◎

❺
明명
帝제
鸞란
(494~498)

❷
武무
帝제
賾색
(482~493)

竟
陵경
王릉
子자
良량

◎

❼
和화
帝제
寶보
融융
(501~502)

❻
東동
昏혼
侯후
寶보
卷권
(498~501)

❹
海해
陵릉
王왕
昭소
文문
(494)

❸
鬱울
林림
王왕
昭소
業업
(493~494)

【 남제 세계도 】

데 어찌 보지 않는단 말인가?"라고 힐책하였다. 왕황후가 "즐기는 방법은 매우 많습니다. 어찌 시어머니와 자매가 서로 모여 앉아 아낙의 몸을 벗겨서 이것으로 즐거움을 삼을 수 있겠습니까. 우리 친정에서는 실로 있을 수 없는 일입니다"라고 하니 명제가 크게 노하였다고 한다. 명제는 그의 비妃 진씨陳氏를 이도아李道兒에게 주었다가 다시 돌려받은 후 후폐제를 낳았다. 사람들은 모두 후폐제를 이씨의 아들이라고 하였고, 후폐제 역시 스스로를 이장군李將軍이라 칭함으로써 이씨의 혈통임을 거리낌없이 밝혔다. 명제는 뚱뚱한데다 만년에 병이 들어 안방에 들어갈 수가 없었다. 들어가도 별 볼일이 없어지니 괜히 심술이 나서 동생들의 여자[姬人] 가운데 임신한 자가 있으면 궁에 들게 하여 아들을 낳게 하고 그 어미를 살해해 버리고는 육궁六宮 : 후비가 거처하는 궁전 중 총애하는 자들에게 주어 그 아이들을 키우게 했다. 제나라의 사정도 만만찮아 울림왕은 그 어머니 왕태후王太后를 위하여 그녀의 궁에다 남자 30명을 두어 시중들도록 하였다. 이런 일들은 진실로 전 왕조나 후 왕조에서는 있을 수 없었던 일들이다.

　　이상에 소개한 내용들은 『송서宋書』·『남제서南齊書』·『남사南史』 등 정사의 본기本紀와 열전列傳에 보이는 것들이다. 남조 송과 제나라 궁정 안의 풍기는 실로 이와 같았다. 이러니 귀족 사대부들이 황실과 혼인하는 것을 더럽고 위태롭게 생각하는 것은 당연했다. 이처럼 남조 송과 제나라의 황실 사람들은 인간이 저지를 수 있는 가장 극치의 저질 잔치판을 벌이면서도 전혀 부끄러워할 줄 몰랐다. 문제는 당시 정치·사회 어느 부분에서도 그것을 제지할 만한 정치 세력이나 제도적 장치, 윤리도 준비되어 있지 않았다는 점이다. 이러한 풍기가 생성된 이유는 황실은 황실대로, 귀족은 귀족대로 나라를 걱정하기는커녕 그저 순간적인 쾌락에 탐닉하였기 때문이다.

　　내가 한때 선망했던 강남 땅! 제비들이 나에게 들려주던 이야기는 이런 것들이 아니었는데……. 강남의 마을 어귀 혹은 논밭 속에 서 있는 거대한 기린·천록·벽사 등의 신수들과 석주, 그리고 석비 등은 1500여 년이 지난 지금도 우람함을 잃지 않고 있다. 남조 송나라·제 나라 황족들이 세상 사람들에게 깊은 상처를 안기고, 한바탕 떠들썩 하게 웃고 간 흔적들이다. 이 거대한 석조물은 주위의 평화로운 농 촌 풍경과 전혀 어울리지 않는다. 누구의 말처럼 "원숭이에게 관을 쓰 게 한 것"처럼 부자연스럽다. 그것들이 남조 문화를 대표하는 예술품 으로 평가된다는 것도 실로 아이러니가 아닐 수 없다.

우리나라도 최근 각종 저질스런 '게이트' 소식으로 시끄러웠다. 그 게이트란 것도 어떤 특정 그룹들이 '끼리끼리' 벌였던 잔치판이었 다. 우리 민초들로 하여금 분노케 하는 저 저질의 잔치판이 종국에 가 서 어떤 비극을 가져올지 누구도 확언할 수 없다. 또 엄청난 비극을 배 태해 가고 있는 이들 잔치판이 나타나게 된 원인이 어디에 있는가에 대해서도 아직 단언할 수 없다. 다만 남조 송과 제나라 두 왕조의 황족 들이 벌였던 저질스런 잔치판이 어떤 비극을 초래했으며, 그 출현의 소재가 어디에 있었는지, 그리고 그 책임은 누가 져야 하는지는 현명 하신 독자 여러분께서 대강 짐작하였으리라 믿는다.

만 권의 책이

무슨 소용이람!

인문학자 소역蕭繹의 탄식

● 형주 위치도

남조 양나라의 멸망은 북방 화북 정권의 침략에 의해서였지만 학문의 공동
화空洞化에서 비롯된 황제 이하 지배 귀족들의 무능과 타락이 근본 원인이
었다. 양나라의 실질적인 마지막 황제 원제元帝 소역蕭繹은 형주성荊州城이
함락되기 직전 그가 평생 모으고 저술했던 장서 14만 권을 불태우면서 그 속
에 분신하려 했다. 그는 중국 역사상 가장 많은 저술을 남겼던 황제였다. 그
는 황제이기 이전에 요즈음 들어 더욱 찬밥 신세를 면치 못하고 있는 인문학
자였다. 젊은 시절 그가 인문학을 택했기 때문에 망국亡國으로 이끈 군주가
되었던 것일까? 그런 것만은 아닌 것 같았다. 제대로 된 인문학을 하지 않았
기 때문일 것이다. 지금은 그 무덤조차 남아 있지 않지만 그가 생의 최후 몇
시간 동안 깊은 고뇌 끝에 그토록 아꼈던 책을 불태워 버린 현장 형주가 그
렇게 보고 싶었다. 그곳에 가면 인문학이란 도대체 인간에게 무엇을 가져다
주는 학문인가를 가르쳐 줄 것 같았기 때문이다. 원제 때만이 아니라 형주는
수천 년 전부터 인문학의 향기가 넘치던 곳이었다. 초사楚辭의 대가 굴원屈
原과 송옥宋玉을, 비극의 서정 시인 유신庾信을 배출한 곳이 바로 형주였다.
내가 처음 형주를 찾았던 바로 그해 형주는 상업 도시 사시沙市에 편입되어
형사시荊沙市로 다시 태어나 있었다. 수천 년 역사 속에서 화려하지는 않았
지만 끊임없이 등장했던 형주는 이제 중국인들로부터 잊혀져 가고 있었다.
나는 2000년 1월 다시 형주를 찾았다. 그래도 남아 있는 형주성이 나에게 뭔
가를 얘기해 줄 것 같았기 때문이다. 그러나 형주성은 여전히 묘한 미소를
짓고 있었을 뿐이다. 활기찬 사시 한복판 어느 점포 위에 '식물나라'라는 한
글 간판이 오히려 더 크게 보였다. 앞으로 기회가 되면 형주를 다시 찾고 싶
다. 그때는 좀더 긴 시간을 두고 형주 구석구석을 답사하여 형주가 역사에
남긴 숱한 이야기를 다시 읽고 싶다.

송 나라 진종眞宗. 968~1022 황제의 「권학문勸學文」『고금진보 古今眞寶』 첫머리에 나온다을 보면 책 속에는 돈도, 고대광실 좋은 집도, 값비싼 차량[車馬]도, 옥 같은 얼굴의 여인도 있으니 "사나이 평생에 뜻을 이루고자 하거든 육경六經을 창 앞에 펴놓고 부지런히 읽어라"고 씌어 있다. 인구에 회자되어 왔던 이 글의 주장을 요즈음 사람들 가운데 그대로 믿을 자가 얼마나 될지 모르지만, 나는 아직도 이 내용을 그대로 믿으며 살아왔고, 앞으로도 그러고자 다짐하고 있다. 그래서 학생들에게도 아무리 인문학의 위기가 다가온다고 야단법석을 떨더라도 곁눈질하지 말고 한곳을 열심히 파다 보면 너희들에게도 죽이 되든 밥이 되든 뭔가 주어질 것이라 애써 주장해 왔다. 이런 내 억지주장을 그대로 믿고 진심으로 따라 주는 학생이 날이 가면 갈수록 줄어드는 것 같으니 실로 안타까운 일이 아닐 수 없다. 그러나 나는 아직도 이 진종의 「권학문」 내용이 계속 유효하다고 믿고 싶다. 또 시인 백낙천의 「권학문」에도 "오직 밭이 있어도 갈지 않고 책이 있어도 가르치지 않음은 곧 부형父兄의 허물인저"라 하였으니 수업 준비 제대로 해오지 아니한 수강생을 보면 그것이 내 탓이라는 생각이 들어 강의 시간 중에 괜히 핏대를 세우곤 한다.

요즈음 우리 사회에 느닷없이 다시 뜨고 있는 공자님도 그의 유일한 저서라고 할 수 있는 『논어』, 그것도 첫머리에 "배우고 스스로 익히면 기쁘지 아니한가. 배우려는 친구가 있어 멀리서 찾아오니 즐겁지 아니한가. 알아주지 않아도 화내지 않으니 군자답지 아니한가"라 하여 알아주든 그렇지 않든, 학생들과 더불어 학문 하는 즐거움이 그 어떤 것보다 크다는 점을 강조했던 것이다. 그러나 공자님의 이 주장은 일면 타당한 면이 없는 것은 아니지만, 공부하는 자의 배고픈 아픔만은 전혀 의식하지 못한 것 같으니 현실 감각이 떨어지는 것만은 확실하다. "나물 먹고 물 마시고 팔을 베고 누웠으니 대장부 살림살이

형주성 성장과 호성하. 형주성은 현재 중국에 남아 있는 고성 가운데 가장 완정된 성곽 중 하나다.
명·청 시대에 재건된 것이지만 그 터만은 육조 시대의 것과 다를 바 없다.

이만하면 족하다"고 했는데, 사실 먹을 나물도 마실 물도 사야 하고 팔을 베고 누워 있을 공간 구하기는 더욱더 힘든 현실에서 이런 것들을 제대로 보장해 주지 못하는 것이 요즈음의 인문학 공부이니 이런 공부를 누가 계속한단 말인가?

공부를 직업으로 삼은 지 어언 30년이 가까워 오는데도 마누라에 기대어 가계를 겨우 꾸리고, 전공 책 사는 것도 심사숙고를 거듭한 끝에 겨우 결정하니, 한 번이라도 넉넉하게 용돈 주는 아빠, 근사하게 한 턱 내는 친구, 제대로 된 종강 파티 자리 한번 마련하는 교수라는 인식을 심어 주지 못했다. 그런 만큼 요즈음 들어 부쩍 자주 공부를 직업으로 삼는다는 것이 도대체 무엇을 위한 것인가를 깊이 생각하게 되었다. 그러던 중 남조 양나라의 실질적인 마지막 황제였던 원제元帝가 피를 토하듯 외친 한마디 탄식이 문득 머리를 때리고 지나갔다. 그는 수도 형주성을 겹겹이 둘러싼 적국 서위西魏의 군대를 바라보며, 이제 황제로서의 자신의 운명이 촌각에 달렸음을 느끼고는 사인舍人 고선보高善寶에게 그의 개인 서고였던 동각죽전東閣竹殿에 들어가 지금껏 애써 모아 온 고금의 도서 14만 권을 불사르게 하였다. 그는 책더미에서 피어나는 연기를 물끄러미 바라보며,

"만 권이나 되는 책을 읽었는데 나에게 주어진 것은 오히려 오늘의 이런 파멸뿐이었다니⋯⋯ 이 책들을 다 불태워 버리지 않을 수 있겠는가!"

라고 절규했던 것이다. 야사에 의하면 그는 그저 책만을 태운 것이 아니라 타들어 가는 책더미 속에 몸을 던지려 했다. 그러나 좌우 시종들이 말리는 바람에 뜻을 이루지 못했다고 한다. 그가 태운 책이 『자치통감』에는 "14만 권"이라 했지만, 사서에 따라 7만 권, 혹은 10여만 권 등 여러 기록이 있다. 책이 몇 권이든 간에 그가 왕자의 지위에 있으면서 평생을 두고 한권 두권 모아 왔던 손때 묻은 책들이었다. 그는 단지 책 모으기를 좋아한 것이 아니라, 수많은 책을 읽었고, 또 훌륭한 문장을 남겼다. 그는 중국 최고의 수장가收藏家요, 중국 역사상 가장 많은 저술을 남겼던 황제로 알려져 있다. 『효덕전孝德傳』·『충신전忠臣傳』 등 전기는 물론, 『주역강소周易講疏』·『노자강소老子講疏』 등 사상서와 『형남지기荊南地記』 등 역사지리서까지 일생 동안 지은 책이 자그마치 400여 권이나 된다. 특히 백제 사신의 활약을 알린 것으로 우리에게 잘 알려진 「양직공도梁職貢圖」를 그리고 지은 사람이 바로 원제였다. 그의 학문적 활동 범위는 문학·사학·철학뿐만 아니라 그림[圖畵]·서법書法에도 미쳤으니 누가 뭐래도 당대 최고의 '인문학도'였던 것이다

　　사실 밥은 굶어도 책은 사야 했고, 귀한 책을 사는 날에는 그것을

품에 안고 자기도 했던 나는 그의 생애를 기술한『양서叢書』「원제기元帝紀」를 읽을 때마다 연구실을 가득 채우고 있는 나의 책들과 그 책에 얽힌 지난 세월 동안의 사연들이 너무도 생생하게 되살아나 안절부절 못한다. 원제의 저 절규가 언제 나에게서 터져 나올지 모를 일이라 생각하니 지난 세월 동안 너무 생각 없이 살았다는 깊은 자책에 빠지기도 한다.

그래서인지 나는 오래전부터 원제가 평생 모은 책을 송두리째 불태워 버린 그 현장이 그렇게 보고 싶었다. 1995년 9월 호북성湖北省 양번襄樊에서 열린 학술회의를 마치고 귀국하는 길에 그 현장 형주를 찾았다. 1995년은 공교롭게도 형주의 역사에 또 다른 한 장을 쓴 해이기도 했다. 인문의 향기가 넘치는 도시에서 상업 도시로의 변모를 선언한 해였기 때문이다. 수천 년 동안 역사책을 장식해 왔던 형주혹은 강릉와 상업 중심의 사시를 합쳐 형사시라는 새로운 도시로 탈바꿈한 것이다. 여기서도 역시 돈의 위력에 밀려 죽어 가는 인문 정신의 현장을 확인하게 되었다. 원래 형주는 하夏나라 우禹 임금이 9년간의 홍수를 다스린 후 천하의 땅을 아홉 등분한〔割地布九州〕결과 나타난 9주 가운데 하나였다. 형주는 강릉, 다시 형주로 불리는 등, 소위 한 성에 두 이름〔一城二名〕을 가진 도시였다. 지금도 형주와 강릉은 여전히 혼용되고 있다. 형주란 형산荊山 남쪽에 있다 하여 얻은 이름이다. 또 '장강에 임하고 있으면서 주위에 높은 산이 없고 모두가 구릉〔陵阜〕으로 된 땅'이라 강릉이란 이름을 얻은 것이다. 이제 역사적으로 유서 깊은 두 이름 대신 형사시로 다시 등장시킨 중국인에게서 역겨운 돈 냄새를 다시 맡게 된 것은 나뿐일까?

당나라 시인 이백은 "백제성白帝城에서 천리 길을 달려 하루 만에 강릉부로 돌아왔다"고 읊었다. 우리 일행도 아침 사천성 봉절奉節의 백제성을 돌아본 후 장강삼협長江三峽을 거쳐 의창宜昌으로 돌아오니 오

형주 시내 풍경. 형주성 동문 성루에서 바라본 장면. 바로 앞쪽에 명대 명나라 때 상 장거정張居正의 고거가 있다.

후 4시였다. 그대로 뱃길을 따라 내려갔더라면 저녁쯤에는 우리도 강
릉, 즉 형주에 도착할 수 있었을 것이다.

　삼협 관광의 기점인 의창에서 하루 묵은 우리 일행은 마이크로버
스 한 대를 전세 내 형주 답사에 나섰다. 아침 일찍 여관을 출발했지만
버스 기사는 우리에게 양해도 없이 철로 옆 어느 골목에 차를 대더니
한 여인아마 정부인 듯을 화장까지 시켜 데려와 태우는 데 한 시간 가량
을 소비했다. 형주에 도착했을 때는 늦은 점심때였다. 형주는 수십 년
만에 찾아온 9월 초 최고의 더위로 가뭇없이 늘어져 있었다. 사람들은
물론 가로수마저 미친 계집의 머리카락처럼 하염없이 축 처져 있었
다. 섭씨 40도를 넘나드는 지열에다 장강에서 밀려온 습기, 형주는 초
면인 나를 그런 모습으로 대하고 있었다. 그런 데다 같이 학회에 참석

사시 풍경. 고도 형주와 달리 사시沙市는 현대화된 도시다.
사시의 한 백화점 앞에 우리나라 '식물나라'의 간판이 붙어 있다.

했던 동행이 몇 사람 있어서 형주를 찬찬히 답사할 여유를 갖지 못했
다. 그날 저녁 우리는 무한武漢에 도착해야 했기 때문이다. 그래서 형
주박물관을 둘러보는 것으로 만족해야 했다.

　형주성의 역사는 춘추전국 시대 초楚의 기남성紀南城, 한·진의 형
주성, 당·송의 강릉성, 명·청의 형주성의 네 시기로 나눌 수 있다. 형
주는 일찍이 초나라의 수도였다. 그때는 이곳을 영郢 혹은 영도郢都라
고 불렀다. 초나라 문왕文王 원년BC 689 지금 형주성의 북방 5km 지점
에 기남성을 건설하고부터 경양왕頃襄王 21년BC 278 진秦나라 장군 백
기白起가 기남성을 함락하기까지 이곳은 411년간 남방의 강국 초나라
의 도읍이었다. 당시에는 길가에 사람이 어찌나 많은지 서로 어깨가
부딪쳐 "아침에 새옷을 입고 나서면 저녁에 헌옷이 되는" 30만 명의

인구를 자랑하던 세계 굴지의 도시 중 하나였다. 군현제를 실시한 진시황은 이곳을 정복한 후 이름을 남군南郡이라 고쳤다. 다시 기원전 206년 항우項羽가 남군을 초나라 장군이었던 공오共敖의 봉지로 지정하여 임강국臨江國을 건설하니, 이곳 형주는 소국이지만 다시 한 번 도읍이 되었다. 한나라가 들어서자 종실 유영劉榮이 임강왕이 되었지만, 곧 중앙정부와의 알력으로 임강국은 폐해지고 대신 다시 남군이 두어졌다. 한漢 무제武帝가 기원전 106년 주州를 세우자, 형주는 13주 중 하나가 되었다. 형주성이 현재의 위치에 자리잡게 된 것은 한대 임강왕 유영이 성을 쌓은 후부터다. 삼국 시대 관우와 동진 시대 환온桓溫 등이 이곳에 다시 성을 수축하고 명·청 시대에 들어 성장城牆과 성문·성루 등이 중건·수선되어 현재에 이르고 있다.

　　형주의 역사 가운데 우리에게 가장 친숙한 시대는 역시 『삼국지연의』와 관련된 부분일 것이다. 『삼국지』의 '유비가 형주를 빌리다〔劉備借荊州〕'와 '관우가 큰소리치다가 형주를 잃다〔關羽大意失荊州〕'는 고사가 바로 이곳에서 비롯되었다. 적벽赤壁의 전쟁 후, 조조·유비·손권 세 사람은 요충 형주를 쟁탈하는 것이 통일 전쟁에서 승리할 수 있는 관건이라 생각하고 이곳을 두고 치열한 경쟁을 벌였다. 당시 유비는 공안公安에 주둔하면서 겨우 3군을 가지고 있을 뿐 가장 취약한 조건에 놓여 있었다. "먼저 형주를 취하여 그것을 근본으로 삼고 서쪽 사천에 나라를 세우는 것이 좋겠다"는 제갈량의 책략을 받아들인 유비는 "잠깐 형주와 그에 부속된 몇 군을 빌려서 백성을 안정시키고 싶다"고 손권에게 요청했다. 손권은 유비의 청을 들어 주지 않으면 강탈하기 위해 병을 일으킬 것이 뻔하고, 양자가 싸우는 틈을 타서 조조가 공격해 올 것이 분명하여 유비의 요구를 응낙하게 된다. 유비와 동맹을 맺은 손권은 유비가 자기 편이라는 것을 조조에게 시위하기 위해 여동생을 유비에게 시집 보내 혼인 동맹을 맺음으로써 양자간의 관계를 더욱 굳건히 했다. 그러나 유비는 형주를 빌린 후 사천으로 그 영역을 넓혀 성도成都에 도읍을 정하고 촉한을 건설한 후, 약속과는 달리 빌린 형주를 돌려주려 하지 않았다. 형주성은 중요한 전략적 요충이었기 때문이다.

장강 중류, 강한평원江漢平原 서남부에 위치한 형주는 남으로 장강, 북으로 한수, 동으로는 무창, 서로는 삼협을 두고 있어 동서남북 교통의 요충으로 자고로 '파촉巴蜀의 문호門戶', '국지남문國之南門' 혹은 '상유중진上游重鎭'이라는 칭호를 얻었다. 이곳이 어느 세력에 귀속되느냐에 따라 삼국의 국력이 좌우되었기 때문에 어느 누구도 이것을 양보하려 들지 않았다. 오나라로부터 잠깐 이 땅을 빌렸던 유비는 211년 관우를 독형주사督荊州事로 임명하여 지키게 하고는 사천으로 들어갔다. 관우는 형님(?)의 명을 따라 이곳에 주진하면서 형주성을 자기 것으로 만들기 위해 한대에 지어진 고성 서남에 다시 성을 쌓기 시작했다. 위·촉·오가 서로 이 형주성을 차지하기 위해 치열하게 싸우면서 인민을 괴롭히는 것을 본 하늘도 어쩔 수 없이 이 문제에 개입하지 않을 수 없었던 모양이다. 하늘나라에서 그들이 싸우는 꼬락서니를 내려다보고 있던 천왕모의 딸은 시종을 들던 선녀 아홉 명을 형주에 내려보내 그 땅을 하늘에 귀속시킴으로써 이 지역을 두고 일어나는 쟁투를 해결하려 했던 것이다.

어느 날 밤 천상에서 내려온 아홉 명의 선녀는 관우의 장막[虎帳]에 들어가 그곳에 온 이유를 설명하면서 관우에게 대인大印을 내놓을 것을 요구하였다. 그 말을 들은 관우는 기분이 좋지 않아 그들을 내쫓으려 했으나 허리에 보검을 차고 있어 그것도 쉽지 않다는 것을 알았다. 그래서 선녀들에게 "선녀님이시어! 먼저 자리에 앉으십시오. 하늘의 뜻을 제가 감히 어길 수야 있겠습니까만 형주성은 우리 형님께서 오랫동안 심혈을 기울여 얻은 땅이므로 제가 한시라도 할양할 곳이 아

형주 성루. 사시에서 형주성으로 들어가는 동문 위의 성루를 빈양루라 한다. 형주성의 대표적 성루다.

닙니다. 우리 잘 상의해서 이 문제를 해결하도록 합시다. 선녀님과 제가 성을 쌓는 시합을 해보는 것이 어떨지요? 먼저 쌓은 쪽이 이 성을 차지하도록 합시다"라고 제의했다. 이리하여 관우는 서남에서부터, 선녀들은 서북에서부터 성을 쌓기로 하고, 새벽닭이 울 때까지 시간을 잡되 누가 먼저 성지城池에 도달하는가에 따라 형주성의 귀속자를 결정하기로 약조했다. 그런데 이 시합에서 관우가 선녀를 물리치고 이겼기 때문에 형주성을 그대로 소유하게 되었다는 것이다. 하늘이 관우에게 이 형주성의 점유를 허락한 것이다. 이 전설이야 관우측에서 지어낸 것이 분명하지만, 빌린 돈 때문에 형제간에도 원수가 되는 것이 다반사인데 천하의 요충 형주를 원래 주인에게 돌려주지 않는 형국이 계속되자, 오·촉 양국의 관계는 급속도로 악화되었다. 관우는 유비의 지

형주 점장대. 점장대點將臺는 형주성 서북 2.5km에 위치해 있다. 관우가 형주를 지킬 때 깃발을 세웠던 곳이다. 가까운 곳에 적토마를 씻은 세마지洗馬池가 있다.

시에 따라 억지로 얻은 형주 지키기를 10여 년. 그때 관우가 수축했던 점장대點將臺와 휘기대麾旗臺 등이 지금도 형주에 남아 있다.

　덕장으로 아직도 중국인의 가슴속에 강하게 남아 있는 관우에게도 장군으로서 치명적인 약점이 있었다. 그것은 바로 '교만'이었다. 즉, 적을 가볍게 보는 태도다. 결국 관우는 오군吳軍의 능력을 과소평가한 나머지 무방비한 상태로 양번에 주둔하고 있는 위군魏軍을 공격하기 위해 출병하였다. 성을 비운 사이 형주성을 오군에게 탈취당하여 근거지를 잃게 된 관우는 '복배수적腹背受敵'의 고립 상태에 빠지고 말았다. 관우는 황망하게 형주로 회군하는 도중, 오나라 매복군의 습격을 받아 끝내 세상을 마쳤다. 이것이 곧 관우가 큰소리치다 형주를 잃어버린 고사의 내용이다.

내가 처음 찾은 형주에는 사람도 나무도 그렇게 늘어져 있었지만 형주성의 성벽만은 위풍당당했다. 그 터는 기원전 278년 진나라 압박에 견디지 못한 초나라가 기남성을 버리고 동남쪽 장강에 면한 이궁離宮인 저궁渚宮으로 옮긴 데서 비롯되었다. 345년 동진 안서장군安西將軍 환온이 형주자사로 부임하여 한대의 고성과 관우가 수축한 신성을 합해서 하나의 성으로 만들었는데, 현재 남아 있는 형주성의 규모는 그때 확정된 것이다. 그 후 2000년 동안 세월과 자연 그리고 인력에 의해 허물어지고 파괴되기를 거듭했지만 그때마다 형주성은 다시 수축되었다. 지금도 웅장하게 남아 있는 성장은 청나라 순치順治 3년1646에 중수한 것으로 이미 350여 년의 역사를 지닌다.

인문학 이야기를 하다가 옆길로 많이 빠졌다. 다시 이 글의 주제 중 하나인 인문학 문제로 돌아가자. 후한 말 '황건의 난' 등 전란으로 중원이 혼란에 빠지자, 허다한 문학 지사가 이곳 형주 땅으로 피난해 왔다. 이들 한 무리의 학자들은 주로 유표劉表 치하의 양양襄陽에 정착했지만, 양양과 형주는 500리로서 서로 의존함이 이와 입술, 즉 순치脣齒 관계였기 때문에 양양도 크게 보아 형주 땅이었다. 이들은 고문古文을 주로 공부했으며, 경세치용經世致用을 중시했다. 이들을 '형주학파'라 부르는데, 후한 말 관학官學의 중심이 낙양에서 형주로 이동했다는 이야기가 나온 것은 이 점을 두고 하는 말이다.

현재의 형주가 어떠하든 형주는 이렇게 인문 정신이 넘치는 도시였다. 형주는 중국 어느 도시보다 분명 훌륭한 문인들을 많이 배출했다. 춘추 시대 초의 애국 시인 굴원屈原과 문학자 송옥宋玉, 남북조 시대의 시인 유신庾信, 화가 종병宗炳, 당대의 재상 겸 문인 잠문본岑文本, 시인 잠삼岑參, 그리고 명대 명재상 장거정張居正 등이 모두 이곳에서 태어났다. 형주는 중국 남방 세력의 중심이었다. 중국사에서 남북이 분화된 것은 춘추 시대로까지 소급되지만, 남방은 송대 이전에는 항상 북방에 밀렸고, 정신적인 면에서도 열등감을 면치 못했다.

이미 은·주 시대부터 형주 지구에는 독특한 민가民歌가 탄생했다. 이런 문학을 남방 초 지방에서 유행한다 하여 '남풍南風' 혹은 '초성楚聲'이라 했다. 그 내용과 형식에서 『시경』과 다른 새로운 시체詩體가 기원전 4세기, 즉 전국 시대 후기 이 형주 지역에서 탄생했던 것이다. 이것이 바로 '초사楚辭'로, 중국 남방 문학을 대표하는 문학 장르다. 그 대표 작가 굴원이 애국적 정열과 우국에 대한 비분의 심정을 토해 낸 작품 『이소離騷』 373구 2400여 자는 중국 시가 사상 대표적인 낭만주의 문학으로 평가받고 있다. 또 굴원과 함께 '굴屈·송宋'이라 지칭되는 초사의 작가 송옥도 실직한 빈한지사貧寒之士의 심정을 토로한 작품 『구변九辨』으로 중국의 대표적인 정치 서정 시인으로 평가받고 있다. 그러나 이들이 중국 문학의 주류는 결코 아니었다. 『시경』이 황하 유역을 중심으로 한 북방의 민족성을 대표하는 문학이라면, 초사는 장강 중부를 중심으로 하는 남방 민족의 정서를 나타내는 문학이었다. 『시경』이 정벌 시대의 산물이라면, 초사는 혼전 시대의 산물이다. 『시경』은 평민에게서 나왔지만, 초사는 귀족 시인에게서 주로 나왔다.

초사를 생산해 낸 형주. 그러나 그곳은 일찍부터 이렇게 제2인자의 아픔만을 간직해 왔다. 남북이 경쟁할 때도 그랬고, 동서가 경쟁할 때도 항상 2인자의 지위에 있어야 했다. 그것이 형주와 형주인, 그리고 형주가 산출해 낸 모든 것의 숙명이기도 했다. 천재 아마데우스 모차르트 앞에서 항상 주저하던 살리에르처럼.

형주를 중심으로 한 풍부한 자연 환경, 좋은 기후 그리고 비옥한 평야는 낭만적인 신비 사상을 낳았다. 이런 사상에 침윤된 남방 문학의 운명은 굴원의 생애만큼이나 처절했다. 나름으로 정치적 재능은 있었으나 왕을 향해 들어가는 참언을 차단할 정도의 조행과 능력을 갖추지 못했던 굴원. 그는 결국 왕에게 미움을 사 끝내 방축放逐되어

떠돌아다녀야 했다. "백성들 살림 고생 많아 애처롭다. 긴 한숨 남몰래 눈물 지우다", 혹은 "상감은 내 뜻을 살피지 못하시고 참언을 되려 믿고 노여워하셨도다"라는 안타까움은 굴원의 운명인 동시에 형주의 숙명이기도 했다. 고향과 조국을 등지고 표연히 강변을 유랑하던 중, 진나라 군대가 조국 초나라의 수도 영도를 함락시켰다는 소식을 접한 굴원은 아쉬움과 비통을 간직한 채 50세 전후의 나이에 5월 5일 장사長沙 부근의 멱라강汨羅江에 몸을 던졌다. 양계초梁啓超가 말하듯 "지극히 고상한 이상과 지극히 열렬한 정열"의 시인 굴원. 이처럼 속세와 영합하기에는 너무도 순수한 시인이었던 그가 정치판에 뛰어든 것이 당초 잘못이었다. 이상과 정열의 시인이 현실과 냉혹이라는 모순에 빠져 끝끝내 벗어나지 못한 생활이 예술적 미로 표현된 것이 바로 남방문학 초사의 특징이라 할 수 있다. 초사가 『시경』보다 더 많은 영향을 끼쳤다는 평가도, 후세 사부가詞賦家가 오로지 초사 밑에서 빙빙 돌며 빠져 나오지 못했다는 지적도 지당하지만, 현실적으로 초사는 『시경』의 지위에 미치지 못했다. 그래서 "남풍은 북풍에 비해 거세지 못하다〔南風不競〕"는 말이 나온 것이 아닐까?

『좌전左傳』 양공襄公 18년조를 보면 다음과 같은 이야기가 나온다. 정鄭나라 자공子孔이 대부들을 제거하고 정치를 마음대로 하려 했다. 그는 상국인 진晉나라를 배반하고 초楚나라 군대를 끌어들여서 자기의 목적을 달성하려 했다. 자공의 획책에 따라 초나라의 공자公子인 오午가 군대를 거느리고 정나라를 쳤으나 정나라의 완강한 반항에 부딪쳐 성과를 거두지 못하고 돌아갔다. 이때 진나라 사람이 초나라 군대가 정나라를 침공했다는 말을 들었다. 사광師曠은 "조금도 근심할 일이 아닙니다. 내가 북쪽의 노래를 불러 보고 또 남쪽의 노래를 불러 보았는데 남쪽의 노래가 굳세지 않고〔南風不競〕, 또 죽은 소리가 많습니다〔多死聲〕. 초나라는 반드시 승리를 거두지 못할 것입니다"라고 말했

형주성 설경. 형주성 서문 부근에 당 현종 개원 연간에 건설된 개원관이 있다.

다. 또 동숙董叔은 "천문으로 봐도 세가 거의 다 서북에 있습니다. 남쪽 군대는 때를 얻지 못하고 있으니 반드시 공이 없을 것입니다"라고 말했다. 그러나 숙향叔向은 "승패는 그 임금의 덕에 달린 것이다"라고 하여 이러한 지역적 편견에 반대했다.

이 삽화는 초사와 『시경』을 두고 한 것은 아니지만 그 경우와 흡사하다. 뿐만 아니라 이 글의 대상 시대인 위진남북조 시대 남조와 북조의 사정과도 너무 비슷하다. '남풍불경'은 남방이 아무리 강하다 해도 북방에 비해 "역량이 쇠약하고 사기 또한 부진하다〔力量衰弱 士氣不振〕"는 뜻으로 북방인들이 남방을 낮추어보는 말이다. 후한 말 건안칠자建安七子의 한 사람으로 유명한 문인 왕찬王粲은 192년 동탁이 장안을 점령하자 남방의 형주 등지로 피신했다. 그때 그는 "다시 중국을 버리고 형주 만족〔荊蠻〕이 사는 땅에 와 어쩔 수 없이 몸을 맡기게 되었다"며 군벌이 혼전을 거듭하는 중원 땅을 떠날 수밖에 없는 아픔과 만족 오랑캐의 땅에 우거할 수밖에 없는 자기 신세의 처량함을 그렇게 표현했던 것이다. 형주는 북방 중원인들에게 이렇게 촌놈의 땅으로 치부되고 있었다. 그러나 숙향의 말처럼 지역만을 가지고 말할 수 있으랴! 그 땅을 다스리는 임금의 덕 역시 문제인 것이다. 임금이 훌륭하면 "그 노래도 생기가 돋을 수 있기〔多生聲〕" 때문이다.

사실 위진남북조 시대에 굴기했던 남방 왕조인 오·동진·송·제·양·진의 육조六朝는 장강의 길이만큼이나 긴 국경을 가지고 있었다. 장강 남방의 먼 지역은 개발이 늦어 대부분의 인구는 그 유역에 모여 살았다. 따라서 정치적·군사적·경제적 중심도 크게 보아 형주와 양주揚州: 수도인 建康 지역 두 지역으로 분열되어 있었다. 그래서 "강남의 큰 군진 가운데 형주와 양주만한 것이 없다"는 말이 있게 되었다. 이런 상황을 일러 '분섬分陝'이라 했다. 즉, 서주西周의 성왕成王 시대 주공周公과 소공昭公이 섬현陝縣을 분계로 섬서陝西와 섬동陝東으로 구분하여 천하를 나누어 다스리던 상황과 유사한 데서 유래된 말이다. 형주는 서섬, 양주는 동섬이 된 것이다. 이렇게 국가의 중심이 둘로 나뉘어 있던 것이 바로 육조 시대의 특징이다. 이러다 보니 어떤 강력한 권력자가 등장하여 힘을 한 곳에 모으면 그곳은 지킬 수 있지만 다른 곳을 쉽게 잃게 되고, 군사를 나누어 지키면 두 곳이 모두 허약해지게 되었다. 육조 시대 정치사를 한마디로 '형양지쟁荊揚之爭'이란 말로 표현한다. 이것은 형주와 양주가 양립하면서 다투고 있는 실상을 나타낸 것이다. 그러나 형주는 양주에 비해 살리에르처럼 항상 2류로 취급받았다.

2000년 1월 나는 동진 남조 시대 형주를 석사학위 논문의 주제로 잡은 제자 등 4명과 함께 다시 그곳 형주를 찾아 나섰다. 원제가 책을 태운 해가 554년 음력 11월의 일이었으니 그 사건으로부터 1500년에 가까운 세월이 지난 시점이다. 무한에서 출발한 버스는 강한평원을 가로질러 시원하게 뚫린 고속도로를 달렸다. 우리나라 (주)금호고속에서 운영하는 한광漢光 고속버스였다. 이 평원을 두고 일어난 수많은 사건들이 주마등처럼 뇌리를 스쳤다. 그러나 내 생각을 사로잡는 것은 역시 이 글의 주인공인 원제가 이 땅을 다스리던 550년대 몇 년간의 일들이다.

원제 소역蕭繹, 508~554은 양 무제의 일곱째 아들이었다. 그의 약력은 황제·문학가·화가·수장가 등 다양하지만, 그는 무엇보다 인문학자였다. 중국 최고의 사화집인 『문선文選』을 편집한 소명태자昭明太子가 바로 친형이다. 어릴 때 안질로 한쪽 눈이 멀었지만, 다섯 살 때 이미 『곡례曲禮』를 암송하니 놀라지 않는 사람이 없었다고 한다. 514년 상동왕湘東王으로 봉해진 후 주로 지방에 근무했다. 그래서 그는 우리에게 원제보다는 상동왕으로 더 친숙하게 알려져 있다. 그는 형주에 가장 오랫동안 머물렀다. 상동원湘東苑을 수축하는 등 형주성은 그의

백제 국사(좌)와 왜국사(우).
양 원제가 그린 「양직공도」는 당시 양나라에 왔던
열국의 사자 12인의 신체 입상을 그린 것으로
『양서』「제이전諸夷伝」의 기사와 부합한다.
백제국 사신은 매우 단정한 복장인 데 비해
왜국 사신은 신발을 벗고 있는 것이 특징이다.

손길이 안 닿은 곳이 없을 정도로 정성을 쏟았다. 547년 형주자사가
되자 문화 교육을 특히 중시하여 주학州學을 열어 생도 30명에게 숙식
을 제공하는 등 전액 장학금을 주어 가르치니 주학 가운데 전국 1위의
최고 명문이 되었다.

　　무제가 다스리던 치하의 양나라 50년정확하게는 48년은 북방의 사
대부들이 열렬히 동경하는 대상이었을 정도로 태평을 구가한 시대였
다. 유신이 『애강남부哀江南賦』에서 "50년 동안 강남에는 아무 일도 일
어나지 않은 태평의 시대였다[五十年中 江表無事]"고 회고한 것처럼 문화
가 만발하던 시대였다. 특히 송·제·양·진의 4왕조 170년 동안 23명
의 천자가 재위했고, 그것도 폐립·시역弑逆과 찬탈이 끊임없이 되풀
이되는 남조 정치사의 전개 과정에서 볼 때, 양 무제 치세 50년이란

분명 파격의 시대가 아닐 수 없다. 대통령 임기 5년인데도 하수상한 일들이 이렇게 많이 일어나는 요즈음과 비교하면 더욱더 그러하다. 1인 천자의 치세 50년. 양나라의 태평성대는 황제 무제가 가져온 것도, 당시 최고위층을 독점하던 귀족 사대부들이 가져 온 것도 아니었다. 북방 화북 정권의 내부 동요와 혼란이 가져다 준 것이었다. 북방의 혼란은 그 스스로 추스르기에도 힘겨운 일이라 강남에 대한 군사적 위협은 생각조차 못할 정도였던 것이다.

양 무제는 황제이기 이전에 학자였다. 그의 학문은 유학에 한정되지 않고 현학玄學:易과 老·莊에 기초한 형이상학·문학·사학을 겸하였고, 종교적으로도 유·불·도교를 두루 익힌 육조 사대부의 전형적인 인물이었다. 그는 종래의 도교 신앙을 버리고 특히 불교에 심취하여 스스

로 보살계菩薩戒를 받고 관달冠達이라는 법명도 받았다. 공경백관과 종실에게도 불교에의 입신을 장려하였다. 탑을 만들고 사원을 세우는 데 국고를 탕진하였으며, 그 스스로 불사에 몸을 팔아(捨身) 신하들이 거금을 물고 다시 환속해 내는 쇼를 벌였다. 만당晩唐의 시인 두목杜牧이 "남조 480사 대부분의 누대가 연우 속에 잠겨 있고(南朝四百八十寺 多少樓臺 烟雨中)" 운운한 것은 당시 수도 건강이 불교 숭배에 온통 빠져 있는 광경을 풍자한 것이다. 당시 건강에는 27만 호에 500개의 사원, 10만 명의 승니가 있었다. 일하는 자는 적고 소비 인구만이 득실거리고 있

었다. 숭불도 좋고 학문도 좋지만 그것이 현실과 동떨어져서는 의미가 없다. 더욱더 문제가 된 것은 현실에의 안주였다. 황제만 그런 것이 아니고 귀족들도 서민들도 모두 그러했다. 하기야 IMF가 끝나기도 전에 샴페인부터 터뜨리기에 바빴던 우리와 비교하면 50년간의 태평에 도취하는 것은 당연한 일이리라.

『안씨가훈顔氏家訓』의 작자 안지추顔之推는 당시의 분위기를 다음과 같이 꼬집고 있다. "양조 전성 시기에 귀족의 자제들은 학문이 없고 '수레 오르면서 떨어지지만 않으면 저작랑이 되었고, 안녕하십니까(體重何如)'라는 편지 첫 머리말만 쓸 줄 알면 비서랑

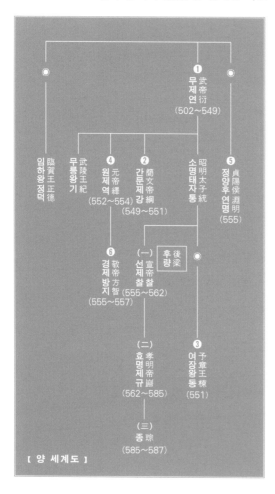

【 양 세계도 】

① 무제武帝 연衍 (502~549)

임하왕臨賀王 정덕正德

무릉왕武陵王 기紀

④ 원제元帝 역繹 (552~554)

② 간문제簡文帝 강綱 (549~551)

소명태자昭明太子 통統

⑤ 정양후貞陽侯 연명淵明 (555)

後梁

⑥ 경제敬帝 방지方智 (555~557)

(一) 선제宣帝 찰詧 (555~562)

③ 여장왕予章王 동棟 (551)

(二) 효명제孝明帝 규巋 (562~585)

(三) 종琮 (585~587)

이 되었다'는 속언이 나돌고 있었다. 귀족 자제들은 옷에다 향수를 뿌리고, 면도를 하며, 붉게 분을 바르고 화장을 한다. 외출할 때에는 안락한 수레를 타고 비올 때에만 신는 신발을 신고 좌우에는 기물을 놓고 즐긴다. 멀리서 보면 신선을 보는 듯하지만 명경과 시험 때는 옆자리의 답안을 훔쳐보고 원로 대신들의 공식 연회석상에서는 남의 손을 빌려 시와 부를 짓는다." 이 얼마나 한심한 작태인가! 저작랑과 비서랑은 평생의 출세가 보장되는 선망의 관직으로 당시 일류 귀족의 자제에게만 주어진 관직이었다. 관직은 이렇게 어느 특정 지역, 특정 세력의 독점물이 되었다. 당시 가진 자들의 허세와 도덕 불감증이 극점에 달했음을 보여 준다. 양 무제 시기의 태평은 무기력과 침체, 습관성 기율 해이, 퇴폐 등과 표리 관계를 이루고 있었다.

학문의 본모습은 사라지고 유희의 일종으로 타락하고 있었다. 특히 527년 소명태자가 급서하고 진안왕晉安王 소강蕭綱 : 后에 簡文帝이 황태자가 되자, 그는 자신의 막하에 다수의 인사를 모아 유력한 문학 집단을 형성하고는 적극적으로 염정시艶情詩인 궁체시宮體詩를 장려하였다. 종래 양웅楊雄이 대표적으로 주장했던 도덕적 효용 가치로서의 문학론과 조식曹植으로 대표되는 경국經國의 대업에 효용성을 두는 문학관에 비해, 이들 문학 집단은 문학 자체에 가치를 두는, 예술지상주의적인 소위 '방탕 문학'을 일으킨 장본인들이었다. 이와 같이 진안왕의 문학 집단을 주축으로 한 문학 경향이 당시 문학계를 주도하게 된 것은 정치계와 밀접한 관계가 있다.

진안왕은 양나라 조정의 정치적 중심축인 황제와 귀족의 연대를 일층 강화하기 위한 수단으로서, 그리고 당시 정치 세력으로 부상하던 한인층寒人層을 견제하기 위해 궁체시를 장려했던 것이다. 이전 소명태자가 표방한 극히 도덕적인 기풍이 농후한 문학적 입장에서 자유롭고 순수한 방탕 문학으로 전회하려는 진안왕의 움직임에 대해 당시

경세제민經世濟民의 정책을 펴고 있던 양 무제는 처음에는 반대하였다. 그러나 곧 진안왕의 건의를 받아들여 궁체시가 종합적인 문화 사업의 일환으로 적당하다고 생각하고는 그것을 승인했다고 한다.

상동왕의 왕부에 소속된 자들의 문학 경향은 진안왕 주도의 궁체파 문학 그룹과는 경향을 달리했다. 상동왕 자신이 독자적인 문체를 주장한 것은 아니지만 그 왕부에는 주로 '고체파古體派'들이 모였다. 이러한 문학계의 양분 양상은 형제간의 대립으로 비쳐질 가능성이 있었고, 진안왕은 이에 대해 동생 상동왕에게 주의를 준 것으로 기록되어 있다. 양나라 문학은 후기로 갈수록 점차 소위 정鄭·위지음衛之音의 특성인 부염浮艷, 즉 음란으로 흘러갔다. 문학 그룹이 이렇게 양분되는 추세 속에 안지추의 아버지인 안협顏協도 상동왕 그룹에 속했다. 안지추도 자기 가문의 문장이 전정典正하여 당시 유행에 휩쓸리지 않고 세속에 영합하지 않았기 때문에 당시 편찬된 문학지에 한 편도 수록되지 못했다고 회고하고 있다.

이런 문장의 흐름은 결과적으로 학문의 공동화를 가져왔다. 진안왕은 "입신의 도와 문장은 다르다. 입신은 근중謹重해야 하지만 문장은 모름지기 방탕해야 한다"고 주장했다. 그러나 현실과 유리된 학문이 설자리가 어디 있다는 말인가? 이러한 현상은 이미 양나라 이전부터 나타났고, 시대가 흐름에 따라 더욱더 현저해졌을 뿐이다. 제나라 무제가 "학사배〔貴族〕들은 국가를 경영할 능력도 없고 오직 독서만을 대단하게 생각할 따름이다. 국가의 경영은 능력 있는 한 사람의 하급 관리〔寒人〕면 족하다. 수백 인의 귀족이 관청 일에 무슨 쓸모가 있겠는가?"라고 했던 것은 당시의 사정을 상징적으로 표현하는 삽화다. 남조 귀족이며 학자로서 대표적인 인물 중 한 명인 심약沈約도 재상으로 10여 년 근무하는 동안 "예! 예!"로 일관했을 뿐이었다고 회고하고 있다. 당시 궁체시의 대표적 주창자인 유신·서릉徐陵도 예외가 아니었다.

그럼에도 당시 귀족들은 황제들이 소인배[寒人]만 중용하고 사대부[貴族]는 멀리한다고 불평했다.

이렇게 남풍이 죽을 쑤고 있을 즈음, 한 줄기 북풍이 음산산맥陰山山脈 너머에서 생성되기 시작했다. 그들은 6세기 초반 초원에서 반란 군중을 끌어모으더니 금세 화북 전역을 말발굽으로 짓밟기 시작했다. 그 위력은 토네이도보다 더 강한 것이었다. 북위 정권을 세우고 북방을 통일하는 데 큰 기여를 했던 영광스런 전사들이 북위의 낙양 천도 후에 나타난 소홀한 대접에 분개해서 난을 일으킨 것이다. 그들이 주축이 된 반란군은 금세 수십만 명이 되었다. 반란 군중은 화북 각지를 유동하면서 더욱 많은 사람들을 끌어모아 결국 북위를 동위와 서위로 두 동강 내 버렸다. 동위를 세우는 데 일조한 군벌 중 하나인 후경侯景이 양나라의 수도 건강을 쑥대밭으로 만들었다면, 서위의 정규군은 형주로 도망와 목숨을 겨우 유지하던 양나라의 목을 완전히 눌러 숨지게 했던 것이다.

잘 알다시피 북동방 동위의 실력자는 승상직에 있었던 고환高歡이었다. 고환은 547년 정월 8일, 52세의 나이로 진양晉陽의 승상부에서 죽었다. 고환의 죽음은 이제까지 그의 강력한 지도력 밑에 유지되던 군벌의 세력 균형을 위태롭게 만들었다. 고환의 세자 고징高澄은 28세의 젊은이로 별다른 공적이 없었기 때문에 고환의 협력자였던 숙장宿將·훈귀勳貴들 가운데는 고징이 그의 아버지 지위를 계승하는 데 대해 이의를 다는 사람이 적지 않았다. 그 가운데 선봉에 섰던 자가 바로 후경이었다. 후경은 고환의 생전에도 "왕[高歡]이 살아 있을 때에는 나는 아무 일도 벌이지 않겠지만, 왕이 죽고 나면 어떤 선비鮮卑에게도 협력하지 않을 것이다"라고 공언했다. 그의 통치 지역은 황하 이남, 즉 하남 13주로 막강한 힘을 가진 대세력이었다. 고징은 고환이 위독하자 아버지의 이름으로 후경을 막부로 불렀다. 그러나 후경은 진양으로 결코 오지 않았다.

　대신 고환이 죽은 지 5일 만에 후경은 그의 공언대로 하남에서 반란을 일으켰다. 후경이 난을 일으키자, 호응하는 자가 계속 나타났다. 그는 여러 주를 공격해서 손쉽게 굴복시켰다. 그러나 서연주西兗州를 공격했을 때는 거센 저항을 만났다. 문인으로 이름 높은 형자재邢子才가 여러 주에 보낸 격문이 그 지역 근왕군勤王軍의 사기를 크게 고무시켰던 것이다. 이 난국을 타개하기 위해 후경은 점령한 땅을 들고 적국인 서위나 양으로의 귀순을 도모했다. 서위는 그 제의를 받아들였다. 양나라로 보낸 후경의 사자가 수도 건강에 도착하자, 무제는 곧 궁정 회의를 소집했다. 중신들은 우호국인 동위의 반장叛將을 받아들이는 것은 도리가 아니며, 결국 불리한 결과를 가져올 것이라며 반대했다. 그러나 무제는 "후경의 투항을 받아들이면 13주의 땅을 그저 얻을 수 있으니 이런 기회를 놓칠 수 없다"며 중신들의 주장을 물리쳤다. 후경은 양조로부터 대장군 도독하남북제군사 대행대 하남왕大將軍 都督河南北諸軍事 大行臺 河南王이라는 어마어마한 작위를 받고 하남 지역의 통치를 그대로 맡았다.

　후경의 귀순은 순수한 것이 아니라 국면돌파용 위장 귀순이었다. 동위는 반란자를 수용한 양나라에 대해 철저한 보복을 외치며 군사를 발동시켰다. 양나라 조정에서는 이제라도 후경을 잡아 동위로 보내 기왕의 우호 관계를 회복하자는 주장이 강하게 제기되었다. 후경은 그 전도가 심상치 않을 것을 알고는 양나라에 대해 반란을 일으키기로 결심하고는 북으로 향해야 할 군대를 남으로 돌렸다. 소위 '후경의 난'이 일어난 것이다. 양나라 군대는 후경의 군대 앞에 속수무책이었다. 당시 조정 사대부들의 모습을 안지추는 다음과 같이 묘사하고 있다.

후경이 난을 일으키자 (이들은) 살이 연하고 뼈는 물러빠져서 걷는 것도 힘들었다.

몸이 야위고 기력도 약해서 추위와 더위를 참지 못하니 앉아서 창졸간에 죽은 자도 왕왕 있었다. 건강령(建康令) 왕복(王復)은 본성이 유아(儒雅)하여 일찍이 말을 타본 적이 없었기 때문에 (후경의) 말이 울고 내달리는 것을 보면 몸을 부들부들 떨었다. 그리고는 다른 사람에게 "저것이야말로 호랑이로구나. 무슨 까닭으로 말이라고 부르는가?"라 하였다. 양나라의 풍속이 실로 이와 같았다.

위에 나오는 건강령 왕복이란 사람이 바로 유신이다. 안지추가 문학계의 선배를 직접 거명하며 비난할 수 없었기 때문에 가명을 쓴 것에 불과하다. 후경군이 도성 입구인 주작항朱雀航에 도달할 무렵, 그곳의 수비를 맡고 있었던 자가 바로 당시 36세의 건강령 유신이었기 때문이다. 유신은 1천여 명을 이끌고 포진하고 있었지만 내습해 오는 후경군이 모두 철면鐵面을 쓰고 있는 것을 보고는 고작 부교浮橋를 제거하고는 군대를 버리고 혼자 성안으로 도망치고 말았다. 양나라 군대는 저항 한번 제대로 해보지 못하고 549년 3월 후경군에게 수도 건강성을 내주고 말았다.

양 무제의 최후는 비참했다. 화북에서부터 흘러들어온 되놈 후경은 무제를 정거전淨居殿에 유폐해 놓고는 86세의 노체를 감당할 만한 식사마저 제대로 공급하지 않았다. 무제는 침상에 누워 있는 것말고는 다른 할 일이 없었다. 그에게 남겨진 위안이라고는 그가 통치한 50년에 가까운 기간 동안 펼쳐졌던 꿈같이 화려한 세월의 영상뿐이었다.

건강성을 함락한 후경은 다시 반군을 이끌고 서진하기 시작했다. 다음 목표는 상동왕 소역이 지키고 있는 형주, 즉 강릉성이었다. 상동왕은 후경에게 넘어진 양조를 부흥하기 위해 형주로 문무백관을 부르고 인재를 널리 받아들였다. 그리고 지방을 도독하던 종실 왕들에게 힘을 합쳐 후경군에 대적할 것을 호소하였다. 그러나 나라는 망해 가는데도 황제 자리에 눈이 어두운 그들의 귀에 상동왕의 호소 같은 것이 들어올 리 만무했다.

건강이 후경에게 넘어가자 무제는 비밀리에 조칙을 내려 형주에 있는 상동왕에게 제위에 오를 것을 명하였다. 아버지가 살아 있는데 차마 제위에 오를 수 없었던 상동왕은 대신 양조 재건 작업에 협조하지 않는 종실 제왕들을 토벌하는 등 나름으로 형주를 기반으로 세력을 키워 갔다. 후경은 550년 마침내 유폐했던 무제를 죽이고 진안왕을 황제로 옹립했다. 이자가 바로 간문제簡文帝다. 양 무제의 죽음은 한나라 황제의 단순한 죽음이 아니라 남조 귀족 정치 시대의 종언을 상징하는 사건이었다. 거센 북풍에 비하면 그동안 강남 땅에 불던 남풍은 제대로 된 바람이 아니었음을 보여 준 것이다.

상동왕은 재차 공격해 오는 후경군을 장군 왕승변王僧辯으로 하여금 맞아 싸우게 하여 대패시켰다. 왕승변 등이 제위에 오를 것을 권했지만, 상동왕은 오랑캐가 아직 살아 날뛰는데 황제로 칭할 수 없다 하여 거절했다. 552년 3월 드디어 왕승변은 후경군을 평정하고 그 목을 잘라 강릉으로 가져왔다. 이로써 거세게 불던 북풍은 잠시 멎었다. 상동왕은 그 머리를 제물로 삼아 대전을 거행하고 조상과 굶어죽은 아버지 무제의 혼령을 위로했다. 그해 11월 반란군을 거의 수습하고 나서 상동왕은 강릉에서 제위에 오르고, 연호를 승성承聖이라 했다. 그가 바로 원제다. 효성이 지극했던 원제는 제위에 오른 후에도 정전正殿에서 집무를 보지 않고 방전傍殿인 용광전龍光殿에서 신하를 맞았다. 그는 형주 땅에서 양조를 재건하기 위해 건강성을 모범으로 하여 강릉성을 수축했다. 성지城池를 확장하고 성벽의 규격이나 성내의 포국布局도 건강성과 같게 했다. 성문 12개 모두를 건강성의 성문과 같은 이름을 썼다. 동남에 진양문宣陽門, 북에 만승문萬勝門, 서에 비파문枇杷門을 둔 것이 그것이다. 강릉성 밖 70리에 참호를 3중으로 파고 책란柵欄을 두는 등 방어 시설 건설에도 힘을 기울였다. 형주자사 시절 그가 건축한 상동원(湘東苑) 터에 정전·편전·용광전·청언전(淸言殿)·백복전(百福殿) 등 궁전을 짓고, 정무를 보는 용광전 사방 주위에 궁성을 건축하였으니 이것을 내성 혹은 금성(金城)이라 했다. 순식간에 강릉성에 인구가 모여들어 화재가 한번 일어나면 수천 호의 인가가 불탔을 정도였다고 기록되어 있다.

원제는 지방에서 일어나는 크고 작은 반란을 토벌하고, 특히 파촉(巴蜀)의 반란을 종식시켰으며, 농상(農桑)을 독려하고 둔전을 여는 등 나름대로 전후 복구 대책에 힘을 쏟았다. 그러나 다시 서북방에서 일기 시작한 한랭전선을 동반한 북풍 앞에 남풍은 상대가 될 수가 없었다. 거기다 형주의 북방 양양을 지키던 원제의 질자(侄子)인 옹주자사(雍州刺史) 소찰(蕭詧)이 서위에 빌붙어 황제가 되기 위해 양양성을 내주고 서위군과 함께 형주성을 공격해 왔다. 원제는 진양문에서 열병하고는 친히 비파문으로 나가 항전했다. 소찰의 군이 서문을 열고 위군을 성내로 안내했다. 원제는 내성으로 퇴각하지 않을 수 없었다. 결국 그의 운명이 다한 것을 알고는 내성 안 동각죽전에 비치된 도책 14만 권을 내다 불질렀다. 그는 서위군에 붙잡혀 궁중 주의고(主衣庫)에 구금되었으나 곧 피살되었다. 서위는 그 대신 소찰을 황제로 세우고는 그에게 형주성을 넘겼다. 소찰이 황제가 된 후 형주성은 두 개로 나뉘어졌다. 동성에는 소찰이 거주하고, 서성에는 서위군이 주둔하여 소찰의 후량(後梁)국을 감시하는 형국이었다. 역사상 서위의 괴뢰부용국(傀儡附庸國)인 후량이 탄생한 것이다.

『수서(隋書)』의 찬자는 간문제와 그 밑에서 활약한 서릉·유신뿐만 아니라 원제까지도 망국지음(亡國之音)을 연 자로 비판하고 있다. 따라서 원제 역시 음방(淫放)하고 경부화려(輕浮華麗)한 문장가였던 면은 큰 차이가 없는 것으로 보인다. 그러나 열두 살 때 상동왕의 문학 그룹에 참여하여 문도(門徒)가 된 후, 열아홉 살 때 상동왕의 좌상시(左常侍)로 벼슬살이를 시작하여 평생 그를 주군으로 여겼던 안지추는 학문과 문장이란 한마디로 "세상을 이끌고 풍속을 바로잡는 요책[濟世成俗之要]"이어야 한다고 강조했다. 당시 일반 사대부들은 물론 그의 주군이었던 상동왕의 학문이나 행동 방식마저 안지추의 생각과는 달랐다. 그것이 바로 남조 양나라의 위기의 소재이며, 소위 '남풍불경'의 근본 원인이었던 것이다.

　최근 우리나라에서는 순수 학문, 특히 인문학이 봉착한 위기의 원인을 두고 말들이 많다. 해방 후 50년 동안 인문학은 그 본래의 가치 이상으로 사회로부터 대접을 받아 온 것이 사실이다. 그동안 인문학에 대한 후한 대접은 우리나라 인문학도가 노력하여 얻은 지위가 아니었다. 일제 시대부터 내려오던 인문학 중시 전통에 편승해 그 지위를 향유하면서 그저 안주하고 있었을 뿐이다. 인문학의 나락을 정부의 실용 위주의 학문 정책 탓, 혹은 정치인의 몰교양 때문으로 돌리기도 한다. 그러나 인문학의 위기는 주로 인문학도가 스스로 자초한 것이지 남의 탓으로 돌릴 수는 없는 일이다. 인문학도에게 실용 학문처럼 곧바로 돈 되는 것만을 토해 내라고 요구하는 것은 과도한 것임에 틀림없다. 그러나 사회가 요구하는 최소한의 것은 충족시켜 주어야 한다. 배추는 생산하지 못하더라도 소금은 되어야 하는 것이다.

　평생 모은 책을 불태우고 혼신의 힘을 다해 쓴 저술 모두를 불태워 버린 원제를 가장 가까이에서 모셨던 사람으로, 주군을 잃고 조국의 패망 후 포로가 되어 저 멀리 적국의 수도 장안까지 천리 길을 각기병 걸린 다리를 질질 끌며 걸어가야 했던 안지추! 비호해 줄 부모도 친척도, 조국마저 파망해 버린 현재, 연약한 처자식을 책임져야 하는 그는 학문, 특히 이 인문학에 대해 어떤 생각을 가졌을까? 원제가 절규했듯이 아무 쓸잘 데 없는 것이 학문이란 말인가? 그의 말을 들어보자.

형주박물관. 고성 형주의 박물관답게 그 수장품이 매우 알차다. 이 지역 특산물인 견직물과 칠기 등이 진열되어 있다. 특히 형주성 북쪽 봉황산에서 발굴된 고묘에서 나온 서한 시대 남자 시체(키 167.8cm, 몸무게 52.5kg)가 진열되어 있다.

후경의 난이 일어난 이래 포로가 된 자가 한둘이 아니었다. 그중 대대로 소인 신분인 자라도 『논어』와 『효경』 등을 읽을 수 있으면 선생으로 대접받게 되었지만, 천년간이나 사대부 신분의 후손이라도 글 쓰고 읽을 줄 모르면 밭 갈고 말 치는 신세를 면하지 못하는 상황이 되었으니, 이로 볼 때 어찌 스스로 학문을 게을리할 수 있겠는가? 만일 '수백 권서'를 항상 가질 수 있다면 천년이 지나더라도 소인 신분은 절대 되지 않을 것이다.

안지추는 학문이란 치세든 난세든 밥을 먹여 주는 하나의 기술(一藝)이요, 자산이라고 힘주어 말하고 있다. 그가 섬겼던 주군 원제의 학문관과는 사뭇 다르다. 따라서 그가 말하는 학문이란 원제식의 학문이 아니라는 이야기다. 안지추는 학문이란 과일나무를 심는 것과 같다고 하였다. "봄에는 꽃을 즐기고 가을에는 그 열매를 거둘 수 있어야 한다. 청담아론淸談雅論이나 치밀한 논리적 분석은 춘화春花요, 몸을 닦고 행함에 이롭게 하는 것은 추실秋實인 것이다." 이 두 가지가 겸비된 학문이야말로 진정한 학문이라는 것이다. 학문이란 이치理致·기조氣調·사의事義와 화려華麗 네 가지를 겸해야 하는데, 당시의 학문은 본을 버리고 말인 미세와 기교에만 빠져 있다는 것이다. 인문학자들은 입으로 나불나불 지저귈 것이 아니라 사회와 국가에 도움이 되는 일이 과연 무엇인가를 제시해야 한다는 것이다. 더욱더 한심한 것은 그런 학문마저 습득하지 못한 자들이 사대부 행세를 하고 있는 현실이었다. 화려한 기교에의 매몰은 필경 경박하고 위태로운 행동을 낳는 법이다. 안지추는 초나라 굴원 이후 문학적 재질을 가지고 있으면서도 스스로 경박한 행위를 규제하지 못하고 비명에 간 문인들이 공통적으로 갖는 병폐는 일관성 있는 방향, 즉 지조의 상실이었다고 못박고 있다. 이 어찌 나를 포함한 우리나라 인문학도에게 주는 뼈저린 충고가 아닐 수 있겠는가? 외국 학자들이 제기한 화려한 담론에 정신을 빼앗겨 그 자신이 대단한 사상가가 되기나 한 것처럼 뻐기고, 제대로 이해하지 못하는 설익은 이론을 늘어놓고, 기괴한 행동을 하는 것이 인문학도의 전유물인 것처럼 여기지 않았는지? 학문지상주의자를 대접해 주던 호시절은 이미 지났는데, 우리 주위에는 아직도 공자의 침실이 안방이었느냐 사랑채였느냐는 식의 논쟁으로 수많은 종이만을 낭비하는 학문이 여전히 지속되고 있지 않는지……

　우리 일행이 묵었던 형주빈관은 그 옛날 원제가 책을 불태웠던 바로 궁전이 있던 곳이다. 전날 형주 답사를 마치고 여관에 들어 백주 白酒를 마시면서 학문이란 무엇인가, 아니 인문학이란 계속해 볼 만한 학문인가라는 주제를 두고 우리는 장시간 토론을 벌였다. 나야 이것으로 밥이라도 먹고 있지만 기약 없는 공부를 계속해야 하는 제자들을 이곳까지 끌고 와서 아픈 곳을 들춰낸 것은 잘못이었을까? 못난 아빠처럼 고생하지 말고 이 풍진 세상 밥이라도 먹을 수 있게 컴퓨터학과에 지원시킨 큰딸의 합격 소식을 형주에서 들었다. 형주를 떠나는 날 아침 창문을 여니 서설이 듬뿍 내렸다. 550년대의 형주도, 2000년의 형주도 모두 흰눈 속에 덮여 버렸다. 그래서 우리는 다음 여행지를 향해 상쾌한 마음으로 이동할 수 있었다.

八

황하는 그래도
굽이굽이 동쪽으로
흘러가야 한다

● 황하 주요 지점 위치도

삼문협三門峽의 지주지험砥柱之險 기행

중국 문명을 낳고 키워 온 황하黃河가 이제 중국인에게 잊어버려야 할 대상으로 매도되고 있다. 중국인만큼 옛것을 끔찍하게 사랑하고 고이 간직해 온 민족도 없을 것이다. 세상이 바뀌니 인심도 변하고 있다. 최근 100여 년간의 고통과 가난의 탓을 수천 년간이나 그들의 역사를 만들어 왔던 황하에게 돌리고 있는 것이다. 지중해에서 발원한 서양의 해양 문명에 추월당한 동양의 내륙 농업 문명을 이끌어 왔던 황하는 곳곳이 잘리고 막혀 이제 그 물길을 어디로 돌려야 할지 모르고 있다.

황하를 매도하는 것은 중국 역사를 휴지통에 처넣는 일과 다르지 않다. 가난을 부모 탓으로 돌리는 것만큼 어리석은 짓은 없다. 세계의 용마루 청장고원靑藏高原에서 발원한 황하는 그 곡절曲折마다 역사적 흔적을 숱하게 남긴 채 5464km의 긴 길을 따라 흘러 흘러 바다로 들어간다. 황하를 이야기할 때면 문득 떠오르는 오랜 갈망의 땅이 하나 있었다. 황하 중류에 위치한 삼문협三門峽에 있는 작은 돌섬인 '지주砥柱'가 바로 그것이다. 그동안 삼문협시를 10여 차례 지났으나 진짜 삼문협을 막상 보지 못했던 것이다. 1999년 겨울 드디어 마음먹고 이 지주를 찾았으나 그것은 옛날의 그것이 결코 아니었다. 억겁 동안 황하 가운데 우뚝 서 그렇게 억센 회오리 물결을 만들었던 지주는 이제 스스로 옛날의 기개를 까마득히 잊고 있었다. 바로 위쪽 200m도 안 되는 거리에 거대한 댐이 들어섰기 때문이다. 중국인들도 그 작은 돌섬의 역사를 굳이 기억하려 하지 않았다. 그런 중국인들의 모습을 보는 것이 너무 안타깝다.

역사를 내팽개치고 있는 사람이 어찌 중국인들뿐이랴! 역사를 몰라도 밥 먹는 데는 아무 지장이 없다는 인식이 고착되어 버린 지금, 나는 이렇게 외치고 싶다. "황하는 그래도 굽이굽이 동쪽으로 흘러가야 한다"고…….

황하는 중국인의 어머니다. 중국인들은 황하에서 태어나 황하에서 자랐다고 한다. 황하는 중국인의 성격을 창조하였으며, 중국 문명의 운명을 규정하였다. 중국인의 황색 피부는 이 황하에 물든 것이라고 한다. 그래서 중국인의 시조를 황제黃帝라 부른다. 중국 문명에 끼친 황하의 영향에 비견될 만한 다른 자연적 힘은 없었다. 그만큼 황하는 중국인에게 절대적이었다. 중국인들은 황토에서 나서 자라고 그곳에 묻혔다. 황미黃米 : 기장와 황두黃豆 : 콩를 먹고 황토산에 땅굴집인 요동窯洞을 짓고 누런 진흙 물을 마시면서 살다가 죽어서는 누구나 황천黃泉으로 돌아가는 것이다. 그러나 황하가 중국인에게 항상 인자하기만 한 어머니는 아니었다. 그들에게 수많은 시련과 아픔을 안겨 주었던 것이다. 시련을 극복할 수 있었기 때문에 중국 문명은 이제껏 지속될 수 있었고, 그만큼 위대할 수가 있었다. 끊임없는 고통을 주어도 황하는 결코 원망의 대상이 아니었다.

황하는 하늘에서 내려와 수없이 곡절을 겪고는 한번 가면 다시는 돌아오지 못할 바다를 향해 굽이굽이 동쪽으로 흘러간다. 우리 인생이 한번 가면 돌아오지 못할 길을 가는 것처럼 그저 말없이 흘러가는 것이다. 황하의 이런 모습은 천재 시인 이백으로 하여금 술을 들고 시「將進酒」를 쓰지 않을 수 없게 만들었다.

그대 보지 못하였는가 황하의 물이 하늘에서 내려와 君不見黃河天上來
바다로 흘러 흘러 다시는 돌아오지 못함을 奔流到海不復回
그대 보지 못하는가 고대광실 양반네들 거울 속 백발 슬퍼함을 君不見高堂明鏡悲白髮
아침에 칠흑 같던 머리 저녁에 백발이 되었다네 朝如靑絲暮成雪

전통 시대 중국인들에게 황하는 이렇게 특별한 것이었다. 황하는 중국 문화를 꽃피웠고 이제껏 중국 사람들을 먹여 살려 왔다. 황하는

임하臨河 지역에 흐르는 황하의 풍경. 현재 중국인과 황하의 관계를 잘 보여 주고 있다.

낙양을 살찌게 하여 천 가지 꽃을 자라게 하고 滋洛陽千種花

양원(汴京 : 開封)의 만 경의 땅을 기름지게 하였도다 潤梁園萬頃田

라는 시구는 조금도 과장된 것이 아니었다. 중국인에게 이렇게 절대
적이었던 황하가 최근 중국인에게 매도되고 있다. 1988년 두 차례에
걸쳐 중국중앙텔레비전CCTV에 방영되어 폭발적인 반향을 일으킨 6부
작 「하상河殤」은 다음과 같은 질문을 던지면서 시작한다. "중국이 어쩌
다 이런 만신창이의 나라가 되어 버렸는가?" "도대체 중국은 지금 어
디로 가고 있는가?"

　　서구의 침략 이후 지금까지 100여 년간 중국인은 대를 이어 가며
고난의 쓰디쓴 열매를 삼키며 살아왔고, 또 막막한 앞날을 바라보며

살아가야 하는 암담한 현실을 작자는 바로 이 황하 때문이라고 절규하고 있는 것이다.

"용의 후예들이여! 황하가 우리에게 줄 수 있는 것은 일찍이 우리 선조들에게 다 주어 버렸다. 우리 선조가 창조한 문명과 같은 영광을 황하가 다시 낳을 수는 없다. 우리가 창조해 내야 하는 것은 참신한 문명이다. 그러기 위해서는 이미 우리 민족의 혈관 속에 가라앉아 쌓여 있는 황하가 날라다 준 낡은 침전물을 깨끗하게 씻어 버려야 한다."

이것이 「하상」의 작자가 내린 결론이다.

그는 다시 "황하가 낳은 풍부한 역사, 그리고 유구한 문명은 이젠 모두 과거의 이야기다", "중국 문명은 이미 쇠퇴하고 말았다"고 자조한다. 지난 100여 년간에 걸친 현실적인 고통에 위안을 주고 진정제 역할을 하기도 했던 '유구한 역사', 그리고 세계를 깜짝 놀라게 했던 고고학적 유물의 발견이 결코 밥 먹여 주는 것은 아니라는 것이다. 서세동점西勢東占 이후 나타나기 시작한 최근의 '재난'의 원인을 이제껏 금기시되어 왔던 화려했던 중국 문명의 근원 문제까지 거론하여 심층적으로 소급해 비판하려는 비장함을 내비치고 있는 것이다. 그것은 전통의 가치를 추구하기 위한 '뿌리찾기'가 아니라 전통을 자기의 몸에서 도려내기 위한 '뿌리파헤치기' 작업인 것이다.

황하가 중국인들에게 남긴 유산이 무엇이었기에 그들은 모든 것을 이렇게 황하 탓으로 돌린단 말인가? 「하상」의 이론적 근거가 된 것은 김관도金觀濤가 지은 『흥성과 위기〔興盛與危機〕』라는 책이었다. 김관도에 따르면 중국 전통 문명의 특질은 한마디로 "안정 지향 구조"라는 것이다. '민주民主'와 '과학科學'이라는 근대 문명의 두 가지 결정체가 서방 세계에서 성장하고 꽃피었으나 왜 중국에서는 그러하지 못하였는가라는 논제에서 황하가 생산해 낸 내륙 문명은 근본적으로 민주와 과학을 발전시키는 데 부적합했기 때문이라는 결론이다. 즉, 황하가 낳은 문명이란 부족한 물의 공급과 그 해결을 관건으로 하는 전형적인 내륙 농경 문명이었다. 물에 관한 한 무진장인 지중해에서 발원한 해양 문명과는 출발부터 다른 것이었다. 중국 문명은 해양 문명의 도전에 따른 충격에 의해 해체되고 문명 창조의 활력을 잃었으며, 마침내 그 자체의 존립 근거마저 잃고 말았다는 것이다. 최근 100여 년간 중국인이 서구에 정복당한 수모와 지금도 참담한 빈곤 상황에서 벗어나지 못하고 있는 원인이 어디에 있는가를 심각하게 고찰하지 않으면 안 된다는 것이다. 그것이 바로 황하가 정치·사회 등 제반에 가져다 준 상처라는 것을……. 중국인이 황하가 낳은 과거 유산으로부터 탈출하지 않는 한, 희망이 없다는 것이다.

황하가 중국인에게 가져다 준 상처는 이렇게 중국인들로 하여금 더 넓은 바다로 눈을 돌리지 못하게 하고 황하에 매달려 살아가기를 강요한 것이었다. 중국 역사 속의 역대 제왕들은 황하를 다스린다는 명목으로 백성들을 얽어맴으로써 스스로의 자리를 안정시켰다. 진·한 제국 성립 이후 19세기 중엽까지 2000여 년 동안 왜 중국은 봉건의 늪에서 헤어나오지 못했는가? 즉, 소농 경제경제구조가 강력한 왕권정치구조과 결합함으로서 중국의 봉건제도는 안정된 상태로 오랫동안 유지될 수 있었던 것이다. 즉 '중국 사회의 초안정超安定 시스템'이 구축된 것이다. 여기에 한몫 거든 것이 유교 사상의식구조이었다. 유교로 무장한 지식인들은 농민에 비해 수적으로 현저하게 적음에도 불구하고 중요한 정보와 통신 수단인 문자를 장악하는 관료로 봉사함으로써 봉건제 유지에 일조했다. 전통에 매달리는 수구적인 유생 출신 관료들은 과학의 발전을 가로막았다. 즉, 전통 중국은 한마디로 "흥성興盛 속에 잠재한 위기"였다는 것이다. TV극 「하상」 첫머리에서는 다음과 같은 내용의 노래가 구슬프게 울려퍼지고 있다.

그대는 아는가 / 하늘 아래 황하가 몇십 굽이를 돌아 흘러가는지를?/ 돌고 도는 굽이마다 / 몇십 척의 배가 있는지를?/ 수십 척의 그 배들 위에는 / 또 얼마만큼의 삿대가 드리워져 있는지를?/ 돌고 도는 그 굽이마다 / 몇십 명의 사공이 노 저어 가는지를?

    작가는 지금도 여전히 황하에 의존하면서 살아가고 있는 중국인들이 많은 현실을 안타까워하고 있는 것이다. 중국의 유구한 역사 속에서 황하가 이처럼 매도당한 적이 있었던가? 이 '황하'에 매달려 살아가고 있는 사람은 중국인들만이 아니다. 이렇게 잊어버려야 할 역사, 그것도 나의 것이 아닌 남의 나라 역사인데도 밤낮으로 이것에 매달려 이러쿵저러쿵 토를 다는 것으로 밥을 먹고 있는 나란 사람도 분명 매도 대상에서 벗어날 수 없을 것이다. IMF 이후 학문의 실용성 제고라는 명제 앞에 "도대체 당신은 지금 연구실에 쭈그리고 앉아 무얼 하고 있는가?"라는 나무람이 오늘도 여전히 사회로부터 빗발치고 있기 때문이다.

    내가 처음으로 황하를 직접 대면하게 된 것은 1991년 1월 말 한국동양사학회와 북경대학 역사학과가 공동으로 주최한 국제학술토론회에 참석한 후 여행길에 나섰을 때였다. 은허殷墟로 유명한 고도 안양安陽에서 버스를 타고 정주鄭州로 가는 도중에 글로만 대하던 황하를 직접 만나게 된 것이다. 길고 긴 황하대교 중간에 버스를 잠시 세워 두고 황하를 바라보면서 탄성을 질렀던 사람은 결코 나만이 아니었다. 학회에 참석하고 같은 코스의 여행단에 참가했던 30여 명이 모두 감탄해 마지않았던 것은 그토록 위대한 황하를 직접 만났다는 이유 하나뿐이었다. 강둑이 보이지 않을 정도로 유역은 엄청나게 넓었지만 물이라곤 우리 고향 앞 개천보다 더 적은 그런 황하였다. 그렇지만 우리는 "역시 황하로군!"이라며 수군거렸다. 황하는 우리에게 그렇게 위대했다. 아니, 우리는 그렇게 황하에 홀려 있었다. 그 이후 나는 황하를 여러 곳에서 셀 수 없이 만났고, 또 그 모습을 한 번이라도 더 보기 위해 많은 애를 썼다. 그러나 지금까지 만났던 황하의 부분은 중국 역사 가운데 내가 연구하는 영역이 그러한 것처럼 극히 일부에 불과했다. 그래서 그런지 지금 황하에 대해서 이렇다저렇다 이야기하는 것이 조심스럽기만 하다.

황하는 5464km이지만 발원지인 황하원두黃河源頭∶河源에서 바다까지의 직선 거리는 2160km이니 그 물길에 곡절이 얼마나 많은지 쉽게 짐작할 수 있다. "동서로 9주를 관통하고 남북으로 100천을 꿴다[東西貫九州 南北串百川]"고 하듯이 청해·사천·감숙·영하·내몽고·섬서·산서·하남·산동 등 9개 성을 통과하면서 집수集水하는 면적만 75만km²의 대하다. 하원과 하류의 낙차는 자그마치 4831m다. 중국의 각종 『지리서』에서는 통상 '하河'라 지칭되고 있지만, 이 강은 약 200만 년 동안 퇴적을 거듭하여 이제는 두께 10~200m나 되는 황토층을 가지게 된 황토고원黃土高原∶해발 800~2000m 지대를 지나면서 황색으로 변하므로 '황하'라는 명칭을 얻게 되었다. '세계의 용마루[屋脊]'라는 청장고원靑藏高原 동북부에 있는 바얀카르[巴顏喀拉] 산맥 북쪽 기슭, '별이 잠드는 바다[星宿海]'라는 아름다운 이름을 가진 하원에서 흘러나온 황하는 동쪽으로 바다를 향해 굽이굽이 흘러간다. 흘러가는 것이 아니라 바다를 찾아간다고 해야 옳을 것이다. 전설에는 우 임금이 치수사업을 통해 황하의 물길을 인도하였다[導河]고 한다. 우 임금이 없었다면 황하는 지금도 저 넓은 중국 대륙을 헤매고 있을지 모르지만, '구곡황하九曲黃河'라는 말이 있듯이 사실 황하의 하도를 살펴보면 정말 굽이굽이 곡절도 많다. 중국 역사가 그랬던 것처럼……

황하가 동류東流한다고 보면, 이 말과 가장 맞지 않은 부분이 중류 지역이다. 하원에서부터 '지之'자 걸음을 하면서도 방향만은 동쪽

황토고원 풍경. 황토고원의 수토水土가 유실됨에 따라 깊은 계곡과 큰 골짜기가 만들어져
큰 고기가 입을 쩍 벌리고 있는 것처럼 보인다. 여기서 씻겨 간 황토가 황하를 황색으로 변하게 만든 것이다.

요동 가옥. 황토고원의 혈거 가옥인 요동은 중국인이 고안해 낸 삶의 터전이다. 여름에는 시원하고 겨울에는 따뜻하다.
시인 두보도 이 요동에서 태어났고 모택동 등 공산당 지도자들도 연안의 요동에서 한동안 지냈다.

으로 향하던 황하는 감숙성 성도 난주蘭州를 통과하면서 북쪽으로 방향을 튼다. 고도가 높은 북방 몽고고원을 향하다 보니 힘이 부쳤던지 이제껏 안고 왔던 황토를 유역에 내려놓고 흘러간다. 그래서 영하회족자치구寧夏回族自治區 은천銀川 근방에 '새상塞上의 강남'이라는 광활한 평야가 생겼다. 그리고는 내몽고자치구 임하臨河에서 90도로 꺾어 동으로 흐른다. 이렇게 하도가 90도로 꺾이는 것을 '절折'이라 하는데, 황하에는 삼절三折: 臨河折·托克托折·潼關折이 있다. 동류하던 황하는 산서성의 운중산雲中山과 여량산맥呂梁山脈에 막혀 그 물길을 다시 남으로 돌리지 않을 수 없게 된다. 그 과정에서 내몽고 수도 호화호특 부근 지역[前套]에 비옥한 토지를 만들고 적당한 관개수를 제공하니 예로부터 "황하는 백 곳에 해를 주었지만 오직 일투에 부유함을 가져다 주었다[黃河百害 惟富一套]"는 말이 생긴 것이다. 섬서성과 산서성을 가르는 진섬晉陝 계곡에 들어서게 되면 황하는 갑자기 숨결이 가빠진다. 이 700여km의 남향 길에서 중국 제2대 폭포인 절경 호구폭포壺口瀑布를 만난다.

호구폭포를 지난 황톳물은 거대한 암반 위에 기나긴 구유통을 만들면서 아래로 달려간다. 우 임금의 치수 사업장의 하나였던 용문龍門의 우문구禹門口까지 종종걸음이다. 우문구를 지나면 일단 가쁜 숨을 고르고, 은천을 지나면서부터 사막과 황토고원에서 다시 모아 품고 온 진흙과 모래[泥沙] 일부를 풀어놓는다. 사마천司馬遷의 고향 한성韓城의 풍요로운 평야는 황하가 준 또 하나의 선물이다. 우문구를 나서면 수세가 평류平流하여 인자한 어머니가 아이를 무육撫育하는 것 같다. 유역이 넓으니 황하의 유동은 산만해진다. 그래서 그 물길이 "30년은 하동산서에, 30년은 하서섬서에 있다[三十年河東 三十年河西]"는 말이 생긴 것이다.

다시 남향하던 황하의 물길은 중국 문명의 요람 관중평원을 달려

온 황하의 최대 지류로 '팔백리진천八百里秦川'이라 불리는 위수渭水를 품에 넣고 흐른다. 당대 왕지환王之渙의 천고의 명구 "천 리를 한눈에 넣기 위해 누각을 다시 한 층 오른다欲窮千里目 更上一層樓」「登鸛雀樓」는 데서 보듯, 이곳에서는 황하와 서쪽 관중평원의 광활한 모습을 한눈에 볼 수 있다. 남행 길을 막고 선 진령산맥秦嶺山脈 때문에 물길을 90도로 바꿈으로써 황하는 동쪽으로의 흐름을 비로소 찾게 된다. 그 지점이 "삼성의 닭소리가 들린다鷄鳴聞三省 : 陝晉豫 : 陝西·山西·河南」는 교계交界 동관潼關이다. 동관에서 잠시 쉬어 가던 물길은 그 낙차 때문에 다시 숨이 가쁘다. 흐름을 재촉하는 마지막 협곡인 삼문협三門峽을 지나 낙양 근방의 나룻터 맹진孟津을 통과해야만 비로소 숨을 돌릴 수 있다. 여기서부터 만리장성, 대운하와 비견되는 중국인이 만든 대공정 중의 하나인 1300여km의 긴 제방인 황하대제黃河大堤가 시작된다. 황하수는 그를 둘러싼 제방 너머에 있는 해발 50m의 화북평원을 넘겨다보기 위해 얼굴을 쳐들면서 점차 게으름과 심술이것을 '決徙'라 한다을 부리기 시작한다. 하상河床은 양안兩岸의 지면보다 평균 3~5m나 높다. 심지어 10m나 높은 곳도 있어 이로 인해 소위 '지상하地上河'라는 이름을 얻게 된 것이다. 황하가 이 지역에서 부린 심술 때문에 중국인들은 숱하게 눈물을 흘렸고 한숨을 내쉬어야만 했다. 그러나 아무리 심술 부려 보았자 황하수가 가야 할 곳은 역시 대해大海일 뿐이다. 황하는 우리의 서해 바다를 물들여 황해黃海로 만들었다.

　황하는 통상 상류·중류·하류 세 지역으로 구분한다. 하원에서 내몽고자치구 탁극탁현의 하구진河口鎭까지가 상류로 3472km에 그 낙차가 3846m나 된다. 중류는 하구진에서 하남성 정주 도화욕桃花峪까지인데, 1206km에 낙차는 890m이다. 그 가운데 하구진에서 용문의 우문구까지의 소위 진섬계곡 718km의 낙차는 자그마치 611m다. 하류는 도화욕에서 산동성 간리현懇利縣까지로 786km에 낙차는 95m

황하 위의 작은 배. 중국인에게 영광과 치욕을 안겨 준 황하. 그들은 아직도 황하에 의지해 살아가고 있다.
황색 물에 배마저 황색으로 물들어 버렸다.

에 불과하다. 발원지 부근의 황하는 황톳물이 결코 아니었다. 어디부터 황하의 이름에 걸맞게 황토색이 되는지는 시대에 따라 다르고 학자에 따라 해석도 가지각색이다. 황토고원을 지나야 비로소 황색의 진흙강으로 변한다고들 하지만, 선진先秦 시대에는 황하의 물이 황색이 아니었다는 설도 있다. 황토 지대에 수목이 많이 자라고 있었기 때문이다. 황토고원이 형성된 것은 지질 시대였기 때문에 황토고원을 통과한다고 해서 반드시 황색이 된 것은 아닌 모양이다. 황하의 지류인 위수渭水와 경수涇水의 수색이 대조적이어서 '경위분명涇渭分明'이라는 말이 예로부터 전해 온다. 황토고원에서 발원하는 경수의 물은 황색의 위수와 달리 푸른색이었기 때문이다. 그러나 지금은 경수나 위수 모두 황색이다. 여하튼 전국 시대에 황하를 '탁하濁河'라고 불렀다는 기록이 있기 때문에 진·한 시대 이후 황하가 황색으로 변했다는 설을 그냥 믿기는 어려운 듯하다. 그러나 현재 황하 하류에 퇴적되는 니사를 주로 제공하는 지역은 하구진에서 우문구까지의 진섬 황토고원이다.

중국사 가운데 어느 시대를 공부하든 황하를 빼놓고는 이야기할 수 없을 만큼 황하는 중국 역사를 만들어 온 원동력이었다. 영향력이 큰 만큼 관심도 커서 황하 자체의 역사가 성립했다. '황하사黃河史' 혹은 '황하하도사黃河河道史'라는 것이 그것이다. 황하는 "제방이 잘 터지고 하도가 잘 변하는 것[善決善徙]"이 특징이었다. 황하에 대한 기록이 시작된 이후 2500여 년간 개도改道: 大徙는 26차례나 있었다고 하니 평균 100년 만에 한 차례 꼴인 셈이다. 개도의 범위 황하의 '行迹'도 산동반도를 사이에 두고 북쪽 천진天津에서 남쪽 강회江淮까지 25만km²나 되어 남북한을 합친 면적보다 넓다. 그러나 내가 전공하는 위진남북조에서 수·당 시대에 이르는 800년간 황하의 하도河道는 몇 차례 터지고 넘치는 일[決溢]은 있었으나 개도에까지는 이르지 않았다. 이런 사실을 일러 '황하안류黃河安流'라 하지만, 이것을 학계에서는 황하 사상 일대

사건으로 여기고 있다.

이처럼 장기간에 걸쳐 하도의 변화가 없었던 이유에 대해서는 논란이 많지만 크게 보아 두 가지 설이 있다. 첫째, 후한 시대 왕경王景이라는 사람의 소위 '치하治河'에 공로를 돌리는 학설이다. 왕경은 낙랑樂浪에 살았던 한족으로 우리나라와 인연이 있는 사람이다『後漢書』권66 循吏列傳. 이런 관점에 선 학자는 청대의 위원魏源에서 최근에는 영국의 중국과학사가 조지프 니담Joseph Needham에 이르기까지 상당수 된다. 즉, 왕경은 "10리 수문지법水門之法으로 제방을 튼튼히 하고, 하조河槽를 깊게 하며, 또 소도지법疏導之法으로 흐름을 다양화하여 하류의 수량을 적게 함으로써 그 궤결潰決의 우환을 점차 줄였다. 이 두 법을 지킴으로써 황하가 크게 다스려지고 진晉에서 수·당까지 800여 년간 하일河溢이 16차례나 있었으나 결사지환決徙之患은 없었다"는 것이다.

둘째는 최근 새로이 제기된 학설이다. 전국 시대 이전에도 황하 하류의 소위 결사가 적었는데, 이는 원시림의 대량 파괴가 없어 수토의 유실이 경미했기 때문이다. 그러나 진秦과 전한前漢에 들어 '관중을 충실히 하고[實關中]' 북방의 흉노족을 방비하기 위해 변방에 군대를 주둔시키는 소위 '수변군戍邊郡' 정책을 채택함에 따라 자연히 대규모 사민 조치소위 '徙民實邊'가 실시되었다. 이에 따라 황토 지대에 인구가 폭발적으로 증가하고 농지 개발[墾田] 또한 급속도로 진행되니 황토가 대량으로 씻겨 내려가게 되었다. 이에 따라 하류에 결사가 더욱 빈번해지고 더욱 흉폭해진 것이다. 한대漢代에 "황하의 물이 혼탁하여 물 한 석에 여섯 말의 진흙이 들어 있다[河水重濁 號爲一石水而六斗泥]"는 기록이 나온 것도 이런 연유에서다.

그러나 후한 말 이후 북방 유목 민족이 대거 남방으로 이동해 옴에 따라 농경 민족인 한족은 점차 화북평원 쪽으로 후퇴하게 되었다. 이에 따라 황하 중류 지역에 유목민과 농경민 거주 지역의 분계선이

삼문협댐. 삼협문에는 지주砥柱와 함께 귀문鬼門, 신문神門, 인문人門 삼문이 있었다.
사진은 최근 만들어진 삼문협댐으로 삼문은 사라지고 지주만이 남아 있다.

생겼으니 북방의 운중산雲中山과 여량산맥에서 섬북고원陝北高原을 거쳐 남쪽의 진령산맥으로 연결되는 선이 그것이다. 이 분계선을 경계로 동쪽과 남쪽은 농업구로, 서쪽과 북쪽은 유목구로 변하기 시작했다. 농업 인구의 동남으로의 후퇴와 유목 인구의 내지 진출로 황하 중류 지역 황토 지대의 토지 이용 상황이 크게 달라지게 된 것이다. 즉, 황토 지대의 목장화 진전으로 하류 지역의 홍수량과 니사량泥沙量이 크게 감소되었다. 위진남북조에서 수·당까지 '하환河患'이 크게 부각되지 않았던 것은 유목민의 중국 내지로의 이동 때문이라는 것이다. 이 방면에 문외한인 나로선 어느 학설에 동조해야 할지 알 수 없지만, 내가 연구하던 시대는 중국 역사상 난세 중의 난세였다. 인재人災로 그렇게 살기 괴로웠던 시대에 자연마저 혹독했다면 과연 어떠했을까?

황하를 하나라 우 임금과 떼어놓고서는 이야기할 수 없다. 우 임금의 황하 치수의 치적은 『상서尙書』「우공편禹貢編」에 기록되어 있지만 그에 얽힌 전설도 많다. 우는 그 신체의 우람함이 마치 높은 산[高山]을 보는 것과 같아, 키도 크고 손도 커 일보를 내디디면 2리 반을 가고, 손으로 1000석의 돌덩어리를 들었다고 한다. 그래서 그를 '대우大禹'라 칭하는 것이다. 우는 도산씨塗山氏와 결혼한 지 4일 만에 순舜 임금의 명령을 받고 치수를 위해 집을 떠났다. 13년간 집 앞을 세 번 지났으나 한 번도 들어가지 않았다[三過家門而不入]는 것은 익히 아는 사실이다. 우의 치수 지역은 하원 근방의 적석산積石山에서 하류까지 걸친 전 지역으로 손대지 않은 곳이 없었다고 하지만, 특히 어려운 공정은 용문을 개착하고[鑿龍門], 지주의 험을 나누고[析底柱], 이궐을 연 것[闢伊闕] 등이었다. 홍수를 다스린 후 전국을 9주로 나누니 중국이 온전한 행정 단위를 갖추게 되었다고 한다.

지금까지 여러 차례 황하 답사 길에 나섰지만 인상에 강하게 남은 곳은 역시 내가 연구하는 시대와 밀접한 관련이 있는 지역이었다.

그 가운데 이 글에서는 호구폭포에서 삼문협까지의 역사와 그에 대한 나의 여행 기록을 소개하려 한다. 호구폭포는 섬서성 의천현宜川縣과 산서성 길현吉縣 사이에 있는 황하의 본류가 갑자기 폭포로 변한 지역을 말한다. 1999년 여름 나는 그림으로만 접하던 호구폭포를 볼 기회를 얻었다. 오르도스 지역 답사를 끝낸 여행단은 홍군紅軍 대장정大長征의 종착지인 연안延安에서 일박하고 버스편으로 호구로 향하였다. 철강 도시 포두包頭의 황하대교 아래로 유유히 흐르던 황하의 물이 어찌하여 폭포가 될 수 있는가가 가장 의아했던 부분이었다. 의천을 지나자 산세가 갑자기 달라졌다. 날카로운 칼로 동강을 낸 것처럼 산들은 모두가 큰 단애斷崖를 이루고 있다. 문득 눈앞에 나타난 천장 낭떠러지, 그 아래에 황하수가 거대한 바위 위에 노오란 선을 긋고 있는 것이 가물가물 보였다. 산의 주름에 의지해 간신히 만들어진 좁고 굽은 도로 위로 전세 버스가 길을 찾아간다. 모두들 앞 의자에 달린 손잡이를 굳게 다잡고 그저 말이 없다. 그런 길을 달리기를 10여 분 만에 호구폭포에 닿았다.

이 호구폭포 역시 우 임금 치적의 하나로 되어 있다. 황하는 중국 하천 가운데 황제라 하지만 호구는 황관皇冠에 달린 명주明珠 한 알에 비유된다. 상류 300여m의 강 흐름이 갑자기 50여m로 줄어들더니 낙차 50여m의 깊은 돌 웅덩이[石潭]로 떨어진다. 유량은 일반적으로 초당 300~500m³이지만, 홍수가 들 때는 초당 2000m³의 황톳물이 마치 거꾸로 세운 항아리 주둥이에서 물이 쏟아져 나오듯 한다고 하여 호구폭포라는 이름을 얻었다. 이 폭포에서 떨어지는 물소리는 몇십리 밖에서도 들린다는 말이 실감난다. 호구폭포는 '소원침식溯源侵蝕' 작용에 의해 매년 평균 3~4m씩 상류로 이동한다. 하구진에서 시작되는 진섬협곡이 거의 이런 V자형 석조石漕라 하니 호구폭포가 700여km 상류에 위치한 하구진까지 닿는 데는 몇 년이나 걸릴까? 100년도 채 못 사는 우리가 그것을 계산하는 것은 참으로 부질없는 일이 아닐 수 없다.

한성에서 일박한 우리는 이튿날 북쪽으로 30km 떨어진 진섬협곡의 최남단 용문을 지나게 되었다. 호구폭포로부터 남방 65km 지점이다. 그날 일정이 너무 빠듯해 용문을 구경할 시간을 갖지 못하고 버스 차창 밖으로 용문을 바라볼 수밖에 없었던 것은 지금도 유감이다. 용문은 자고로 진진秦晉：關中과 山西을 연결하는 요충으로 병가필쟁兵家必爭의 땅이었다. 지금도 용문 아래로 108국도와 서후선西侯線：西安－侯馬 철로가 놓여 있어 그 역할은 예나 다름없어 보인다. 수 양제 말기 617 당나라 태조 이연李淵은 태원太原에서 병을 일으킨 후 군사를 이끌고 관중 땅을 선점함으로써 대당제국 건설의 기초를 닦기 위해 이 용문 나루를 건넜던 것이다.

"수환이 심한 곳으로는 황하만한 것이 없고, 황하 가운데 험하기로는 용문만한 곳이 없다〔水患莫甚於河 河莫險於龍門〕"고 했듯이 우 임금의 공사 가운데 가장 어려운 것이 바로 용문의 개착이었다. 우 임금이 만민을 거느리고 한성 용문산에 오니 산은 용마루같이 가로질러 황하를 막고 있고 온 평지가 홍수로 범람해 있었다. 우 임금은 산정에 올라 아버지 곤鯀이 그에 앞서 하도를 개착한 유적을 보고 용문산을 개착할 계획을 세웠다. 그의 발이 닿는 곳은 땅이 꺼지고 그의 손이 닿은 곳은 단단한 돌이 물렁물렁하게 변하여 하루 만에 큰 구멍을 하나 팔 수가 있었다. 이상하게 여긴 우가 그곳 부근 백성들에게 물었더니 황포黃袍를 입은 노인 한 사람산신령이 "황하가 바다로 들어가는 것을 막고 있는 이 산은 원래 한 마리의 큰 용이었다"고 말하고는 사라졌다는 것이다. 우는 이 노인의 이야기를 전해 듣고는 풍우를 가리지 않고 끊임없이 개착함으로써 용이 숨쉴 기회를 주지 않았다. 그리하여 끝내 용의 허리를 잘라 물이 흐르도록 하니 일대에 범람했던 물이 일사천리로

호구폭포. 진섬계곡 최남단에 위치한 호구폭포壺口瀑布는 상류에서 흘러온 황톳물이 낙차 50여 개의 깊은 돌 웅덩이에 떨어진다.
이 폭포는 매년 3~4m씩 상류로 이동한다.

황하 용문. '등용문'이라는 말이 이곳에서 비롯되었다. 이곳을 지나면 황하 물은 게으름을 부리기 시작한다.

흘러갔다. 이리하여 생긴 석문石門을 '용문'이라 하고, 후인들이 우가 용문을 개착한 공로를 영원히 기념하기 위해 '우문禹門' 혹은 '우문구 禹門口'라 한 것이다.

실제 동쪽의 용문산과 서쪽의 양산梁山 사이에 생긴 100여m의 좁은 문구는 흡사 큰 부젓가락으로 황하를 끼워 넣어 짜는 형식을 취하고 있다. 용문을 거슬러 올라가면 강 양안이 우 임금이 칼과 도끼로 내리쳐서 만든 때문인지 천 길 단애다. 상류 4km 지점에 있는 석문은 그 폭이 60m로, 황하 가운데 가장 좁다. 이곳은 갑구匣口와 같아 황하의 인후咽喉라 한다. 물의 흐름이 급하기 이를 데 없어 사람들은 '우문의 3층 물결[禹門三級浪]' 혹은 '용문의 세 번 떨어지는 물[龍門三跌水]'이라 했다.

황하의 용문 철교. 섬서성과 산서성 경계에 있는 이 용문 철교는 하나의 교각도 없이 건설되었다.
급한 물살 때문이리라.

황하수는 이 용문을 통과하자마자 수위가 갑자기 낮아지고 하폭
역시 갑자기 10km 정도로 넓어져 흐름이 매우 완만해진다. 하류에서
올라온 고기들이 이곳 용문을 통과하여 상류로 오르기는 쉽지 않았
다. 그래서 '잉어가 용문을 뛰어오르다[鯉魚跳龍門]' 혹은 '등용문登龍門'
이라는 고사가 생긴 것이다. 전설에 의하면 3월 3일 잉어가 물을 거슬
러 올라가다 힘을 다해 이곳을 뛰어넘어 올라가면 용이 되고, 그렇지
못하면 '이마에 상처만 입고 돌아간다[點額而還]'고 한다. 출세 경쟁에
패배하거나 고시에 낙제한 사람을 '점액點額'이라 하는 것은 여기서
유래된 것이다. 상처뿐인 영광이 아니라 '상처뿐인 낙방'이라 할까?
이 등용문의 고사는 수천 년 동안 황하가 준 시련과 난관을 백절불요
百折不撓의 정신으로 극복해 온 중국 민족의 역사를 용의 분투불식 奮鬪

삼문협 지주지험. 황하를 통한 운하길을 막던 지주지험은 댐 건설로 이제 하찮은 돌섬으로 남아 있었다.

不息의 정신을 빌려 표방한 것이다.

　내가 진정으로 황하를 만나 사모하게 된 것은 황하의 삼문협에 있는 지주지험砥柱之險이라는 일개 지점에 대한 아련한 추억 때문이다. 지주지험과의 인연은 나의 학계 입문작인 석사학위 논문의 주제로서 중국 최고의 가훈으로 평가되는 『안씨가훈』을 잡은 데서부터 시작되었다. 지주를 책에 따라서는 '저주底柱'로 쓰기도 한다. 이 가훈의 작자 안지추는 당나라 때 『한서漢書』의 주석가로 유명한 안사고顏師古의 조부이며, 서법가로 유명한 안진경顏眞卿과 '안사安史의 난' 시기의 충신 안고경顏杲卿의 5대 조부이기도 하다. 이 가훈의 영향 때문인지 대대로 훌륭한 자손들을 많이 배출하였다. 내가 안지추를 만난 것은 내 인생의 중요한 전기가 되기도 했다. 참으로 춥고 배고프고 막막하고 또 억울했던 그 시기에 그와 그의 책을 만나지 않았다면 나는 그 어려운 학문의 길을 포기했을지도 모르기 때문이다. 그의 가훈의 문장 하나하나가 나에게 무한한 감동을 안겨 주었다. 좌절 속에서도 희망과 성실성을 잃지 않도록 독려한 것이 바로 이 책이었다. 그의 자전적인 부賦인 『내 인생을 되돌아보는 부[觀我生賦]』는 나로 하여금 감히 『인생人生—나의 오십자술五十自述』이라는 자전을 쓰게 한 계기를 마련하기도 했다. 그 논문을 쓴 지 20여 년이 지난 지금도 나는 벅찬 가슴으로 간혹 안지추의 글을 만나곤 한다.

안지추는 남조 양나라 무제 시기 귀족 가문에서 태어났지만531, 난리와 국망의 과정 속에서 귀족으로 관료로 또는 포로로 양극을 오가면서 신고辛苦에 찬 생애를 보낸 사람이다. 남조 귀족제를 붕괴시킨 '후경의 난' 때 그는 임지였던 강릉江陵：현재 湖北省 荊州에서 후경군의 한 부대의 급습을 받고 포로가 되어 수도 건강을 이미 함락한 반란의 우두머리인 후경 앞으로 압송되었다. 그러나 처형 직전 후경군 한 간부의 호의로 목숨을 건졌다. 난이 진정되어 강릉 옛 임지로 귀환했으나 또다시 북조 서위西魏군의 침략으로 오랫동안 섬겼던 주군主君인 원제元帝를 잃고 가족과 함께 포로의 몸이 되어 적국의 수도 장안으로 호송되었다. 그를 호송한 이현李顯이란 장수가 그의 문재文才를 높이 평가하여 그의 형 이원李遠이 주둔하고 있던 홍농弘農：현재 河南省 靈寶縣으로 보내 그의 문필을 맡도록 조처했다. 홍농은 삼문협 상류에 위치해 있었다. 안지추는 강남으로 귀환하기 위해서는 조국 양나라와 화친 관계에 있던 북제北齊로 우선 탈출하는 것이 급선무라 생각했다. 북제로의 탈출은 결코 용이하지 않았다. 북제로 가기 위해서는 바로 이 지주지험의 난관을 통과하지 않으면 안 되었기 때문이다. 지주지험을 통과하기 위해서는 홍수로 황하가 범람하는 시기를 기다려야만 했다. 556년 황하가 범람한 틈을 타 안지추는 처자를 데리고 칠흑 같은 밤을 이용하여 미리 마련해 둔 작은 배[小舟]에 그와 가족의 운명을 맡긴 채 하룻밤 700리를 떠내려간 후에 낯선 북제 땅에 도착했다. 북제에 도착하여 들은 조국의 소식은 그의 기대와는 달리 참담한 것이었다. 이미 그의 조국 양나라는 망하고 그와 정치적 노선을 달리했던 진패선陳覇先에 의해 진陳나라가 세워졌던 것이다. 그때 그의 나이 26세. 그는 하는 수 없이 강남으로 돌아가는 것을 포기하고 아무런 기반도 없는 북제에서 생활을 꾸려 나가기로 결심하였다. 후원자가 있을 리 없는 이국에서의 생활은 만만하지 않았다. 42세에 문림관대조文林館待詔에 오를 때까지 15년이란 연부역강年富力强한 시기를 그는 생경한 환경 속에서 살기 위해, 아니 가족을 굶기지 않기 위해 처절한 삶의 투쟁에 나서지 않으면 안 되었다. 그의 피나는 노력 끝에 북제 말기 차관급인 황문시랑黃門侍郎에 올랐지만, 그 생활도 그리 길지 않았다. 곧바로 북주의 침략으로 북제가 패망하니 그가 탈출했던 나라로 다시 호송되는 운명을 맞게 된 것이다. 그간의 사정은 확실하지 않지만 그는 북주에서는 어사상사御史上史로, 수나라에서는 태자의 사부師傅로 일하다 굴곡 많은 생을 마감한다. 남부러울 것 없는 귀족에서 포로와 망국과 탈출이 중첩되었던 그의 인생, 드라마보다 더 극적이었던 그의 생애를 마칠 즈음에 마음먹고 써낸 그의 가훈은 중국 수천 년 역사 속에 남겨진 무수한 가훈 가운데 최고의 가훈으로 여전히 대접받고 있다.

그의 생애가 바로 지주지험의 그곳처럼 회오리가 되어 나에게 다가왔던 것이다. 따라서 그가 조각배를 타고 넘어야 했던 지주지험, 그곳은 내가 황하를 생각할라치면 빼놓을 수 없는 오랜 갈망의 땅이 되었다. 그것이 어떻게 생겼기에 조그마한 배도 통과할 수 없다는 것일까? 나는 정말 뜨거운 가슴을 안고 그곳에 가고 싶었다. 10여 차례 열차로, 버스로 삼문협을 지났건만 그곳에 갈 기회를 좀체 얻지 못했다. 1999년 여름 나는 38명의 여행단한국위진수당사학회 회원이 중심과 함께

푸르른 황하. 백년에 한 번 맑아지기도 어려운[百年何淸] 황하 물이 최근 푸른색으로 변하여 흐르는 곳이 있다.
댐막이 등 자연 생태계의 변화로 인한 것이다. 그림은 낙양 맹진현 부근의 황하다.

그곳에 가기로 예정되어 있었다. 그것은 억지였다. 우겨서 답사 일정
에 집어넣었지만, 같은 여행단이 1997년 여행 때 이미 이곳을 방문한
적이 있었기 때문에 몇 명 안 되는 여행단원을 위해 다시 그곳에 간다
는 것은 애초부터 무리였다. 이렇게 지주지험은 쉽게 나를 만나려 하
지 않았다. 아침 섬서성 한성韓城을 출발한 버스가 산서성 운성運城의
하동염지河東鹽池와 관우의 고향 해주解州의 관제묘關帝廟를 답사하고
다시 하남성 삼문협에 도착해 보니 이미 해가 기울어 가던 4시였다.
이제까지 우리를 도와주었던 내몽고청년여행사의 가이드 및 버스와
이별하고 다시 낙양여행사의 그것으로 교대하는 등 수속을 끝내고 나
니 이미 5시 반이 되었다. 지주지험까지는 왕복 두 시간에다 관람 시
간을 합치면 세 시간이 걸린단다. 그곳에서 그날 밤 숙박지인 낙양까

지는 세 시간 반이 걸린다. 어림잡아 자정이 가까워야 도착할 수 있다는 계산이다. 또다시 포기하지 않을 수 없었다.

2000년 1월 나는 제자 세 명과 같이 호북성 양번에서 밤 열차를 탔다. 오가는 길에 들르기로 해서는 지주지험은 영원히 나를 만나 주지 않을 것이라는 생각에서였다. 삼문협에 내리니 새벽 6시가 조금 넘었다. 역무원에게 차편을 물으니 눈이 많이 내려 길이 미끄러운 탓에 대형 버스나 열차가 아니면 곤란하다고 했다. 열차는 하루 한 차례, 버스도 하루 두 차례밖에 운행하지 않으며, 어제 내린 눈 때문에 운행할지 모른다는 대답이다. 역 앞에서 기다리고 있는 빵차(麵包車)에 접근하여 운전기사에게 말을 걸었더니 고개를 절레절레 흔든다. 이렇게 지주지험에 접근하는 것이 어렵다는 것을 이전에는 실로 상상하지 못했다.

중국 사람들은 지주지험에 대해 잊고 있었다. 이 시대를 전공하는 학자가 아니면 지주지험이라는 이름조차 아는 사람도 드물었다. 중국에서 1년간 생활하면서 중국인과의 대화 중에 나는 자주 이 지주지험을 화제에 올리곤 했다. 그러나 아는 사람이 별로 없었다. 백 사람 가운데 한두 사람 안다고 해도 그게 무슨 볼거리냐며 한심한 눈길을 보냈다. 중국인이 황하를 잃어버려야 한다고 야단을 치고 있는데, 그 강물 속에 솟아 있는 바위 덩어리 하나를 보기 위해 이다지 정성을 다하는 나란 인간은 정말 정상적인 사람인가? 몇 번 자문을 거듭했으나 여전히 나의 대답은 내 눈으로 직접 보아야 한다는 결론밖에 얻지 못했다.

내친걸음, 이제는 걸어서라도 가야 할 형편이다. 제자들이 동행하지 않으면 혼자서라도 말이다. 다른 빵차에 접근하였다. 그 기사는 '지주지험'의 이름은 모르고 '따빠(大壩: 댐)'라고만 알고 있는 것이 꽤 씸씸하기 짝이 없었지만, 그래도 나의 제의를 귀담아들어 주는 것이 너

무 고맙다. 왕복 30분의 관람 시간으로 결정하여 인민폐 80원에 낙착
을 보았다. 여러 차례 그곳에 댐이 생겼다는 이야기를 들었지만 지주
지험에 대한 상세한 소식은 들은 적이 없다. 그래도 역사를 존중하는
중국인들인 만큼 댐을 만들어도 지주지험을 손상하지는 않았겠지 하
는 생각을 갖고 있었다.

철로 옆으로 난 길은 공사중이었다. 중국에서는 공사를 하면 사
람의 통행 문제 같은 것은 별로 신경을 쓰지 않는다. 공사가 끝날 때까
지 며칠이든 몇 달이든 통행을 안 시켜도 크게 문제될 것이 없고 항의
하는 사람도 없다. '도대체 이 나라는 사람을 어떻게 취급하는 것이야'
하는 울분도 투정도 이제 나에게 옛일이 되어 버렸다. 로마에 가면 로
마 법을 따라야 하는 법이다. 야간 열차에 지친 몸을 그저 뒤뚱거리는
작은 빵차에 맡기는 수밖에 다른 도리가 없다. 시가지를 벗어나니 깎
아지른 황토고원이다. 억겁을 두고 빗물에 의해 갈라진 천 길 흙구덩
이가 우리가 탄 작은 빵차를 삼킬 듯이 입을 벌리고 있다. S자형 작은
길에는 눈이 군데군데 녹지 않고 쌓여 있다. 특히 응달진 곳에는 이미
활빙의 상태다. 앞서 가던 차들이 길 옆 구덩이에 빠져 있는 것이 군데
군데 눈에 띈다. 다만 무사하게 서울에 돌아갈 수 있기를 바랄 뿐이다.

삼문협이란 황하에 돌출한 거대한 두 개의 암석으로 황하의 물이
세 갈래로 흐르는 데서 나온 말이다. 귀문鬼門·신문神門·인문人門이
그것인데, 귀문과 신문은 문자 그대로 귀와 신만이 통과할 수 있다는
의미이니 물살이 얼마나 급한지 짐작이 간다. 삼문을 통과한 물이 한
군데로 합쳐지는 지점에 암석으로 된 작은 섬[小島]이 가로막고 있다.
이 작은 섬을 끼고 물줄기는 '천지를 진동하면서 흐른다'고 한다. 이
암석의 작은 섬이 지주지험으로 알려진 '지주석砥柱石' 혹은 '중류지주
中流砥柱'다. 삼문 가운데 인문의 물살은 험악한 정도가 두 문에 비해
상대적으로 양호하여 역사 시기 이 문을 통해 배들을 통과시키기 위

해서 애를 썼다. 그곳을 통과하기 위해서는 배에 줄을 매달아 수많은 사람들이 끌어올리는 형식을 취할 수밖에 없었다. 이 과정은 항상 수많은 사람의 생명을 담보하지 않으면 안 되었다. 고난의 지주지험! 그러나 우리나라 조선 시대 선비들에게 그것은 신념과 의지의 표상물이었다. 어떤 고난이 와도 의리義理는 반드시 이기는 법이니 불의에 항거해야 한다는 소위 '중류지주中流砥柱 : 亂世에 처하여 의연히 절개를 지키는 선비에 비유'라는 용어는 바로 여기에서 연유했던 것이다.

지주지험은 안지추의 탈출 길을 막은 것만이 아니었다. 만약 이 지주지험이 없었다면 전통 시대 중국의 수도는 여전히 관중평원關中平原 장안에 있었을지도 모른다. 송나라 창업주 조광윤趙光胤이 정권을 잡고 나서 장안으로 천도할 것을 계획했고, 명나라 태조 주원장朱元璋 역시 장안으로 천도를 시도했으며, 의화단義和團 시기 서태후西太后가 서안으로 피난했던 것은 관중평원이 공수攻守에 유리한 천혜의 요충이기 때문이었다. 그러나 이 지주지험이 운하 길을 막고 있었기 때문에 관중에서 낙양으로, 다시 개봉으로 수도의 동진東進 운동을 계속할 수밖에 없었다. 수나라가 수도 대흥성大興城 : 장안과 낙양을 양경兩京으로 삼아 거의 같은 무게를 두었고, 당나라도 장안성과 동도東都 낙양성을 병중幷重의 위치에 두었던 것도 조운을 방해하는 이 지주지험 때문이었던 것이다.

관중에 계속해서 수도를 둘 수 없었던 것은 관중의 경제력이 날로 쇠퇴해져 갔기 때문이었다. 즉, 장안이 수도로서 현실적으로 부적당한 상황이 점차 전개되고 있었던 것이다. 이 경제 문제는 이미 한대부터 나타나고 있었지만 수·당 시대가 되면 더욱 심각해진다. 중국의 경제 중심이 관중에서 후한 때에는 하내河內·여남汝南·진류陳留 등 하남과 산동으로, 점차 동쪽으로 이동하다가, 마침내 당 후반기에 이르면 강회江淮 지역에까지 미치게 된 것이다. 북방의 남방에 대한 경제

대운하. 수나라 때 남북중국을 관통하는 대운하가 건설된 후 지금도 교통로로 이용되고 있다.

의존도가 커짐에 따라 당 왕조는 장강 하류 지역, 즉 강남을 새로운 재원 확보지로 이용하려 했다. 이런 현상을 '경제적 중심의 남이南移'라고 한다.

관중 지구의 양식 생산은 이와 같이 줄어드는데 소비 인구는 부단히 늘어나서 양식 공급과 소비 사이의 모순이 날로 커져 갔다. 수 양제가 장강 유역과 황하 유역을 연결하는 대운하를 개착한 것도 이 모순을 해결하기 위해서였다. 경미한 손해를 감수하고 수나라 수도 장안을 약취한 당 왕조는 수나라의 생명선이라고 할 수 있는 대운하도 유산으로 물려받았다. 대운하를 얻었다고 해서 바로 강회의 곡물을 장안으로 수송할 수 있는 것은 아니었다. 강회의 곡식은 운하를 통하여 낙양까지는 큰 문제 없이 운반되지만 문제는 삼문협이었다.

이 삼문협 문제를 해결하지 못한 당 고종은 신료들과 군대를 이끌고 낙양으로 '취식就食'의 길을 떠났다. 그의 부인인 측천무후는 아예 수도를 낙양으로 옮겨 버렸고 당 현종은 다섯 차례나 낙양으로 나들이를 하지 않을 수 없었다. 이처럼 고종과 무후·중종과 현종 등이 동도 낙양으로 양식을 얻기 위해 자주 행차했기 때문에 '양식을 쫓아다니는 천자[逐糧天子]'라는 불명예스런 칭호를 얻기에 이르렀다. 강회의 곡물은 변하汴河와 황하의 합류점인 하구河口에 집적된 후 황하를 이용하여 낙양의 함가창含嘉倉으로 옮겨진다. 그 후 육로로 막대한 경비와 노력과 시간을 투여하여 장안까지 운반하지 않을 수 없었다. 낙양에서 장안까지의 수로에는 선박 운행이 거의 불가능한 삼문협지주지험이 가로놓여 있었기 때문이다. 먼저 수레나 낙타를 이용하여 섬주陝州의 태원창太原倉까지 300리를 운반했다. 문제는 운량運糧의 반 이상이 운반 도중 소모된다는 사실이었다.

이런 비효율성을 타파하기 위해 여러 가지 방법이 동원되었다. 그 가운데 가장 효과를 거둔 것이 현종 시기에 우수한 경제 관료로서

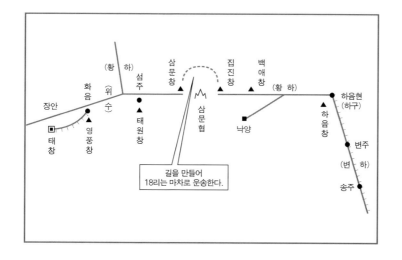

삼문협 주변 약도

강회하남전운사江淮河南轉運使로 임명된 배요경裴耀卿이 창안한 방식이다. 그의 계획은 삼문협을 가능한 한 적은 경비와 노력으로 통과하고 동시에 조운 시스템 전체를 효율적으로 운용하는 것이다. 먼저 삼문협 동쪽에 집진창集津倉을 설치하여 황하를 거슬러 싣고 온 곡물을 하역하고 황하 북안에 18리를 우회하는 길을 만들어 그 사이에 수레로 서쪽의 삼문창三門倉까지 운반한 후 다시 배에다 싣는 것이다. 섬주까지 황하를 이용하여 운반하고 그 후 위수를 이용하여 장안의 태창太倉까지 운반하였다. 여기다 각처에 설치된 창고를 이용하여 수요와 공급 관계를 조절하였다. 이런 조운 개혁으로 육운 경비 40만 관貫을 절감했을 뿐만 아니라, 현종은 개원開元 22년734의 '취식'을 최후로 낙양 행행行幸을 드디어 중단할 수가 있었다. 이런 조운로의 정비는 개원 29

년741 섬주자사 이제물李齊物에 의해 지속적으로 추진되었다. 그는 다시 삼문협의 암벽을 깨 통로를 만들고 강가에서 수많은 끈으로 배를 끌어올리는 개량법을 창안했던 것이니, 이 새로 뚫린 물길을 '개원신하開元新河'라 한다.

한 시간 가량의 곡예 운행 끝에 우리는 삼문협에 도착했다. 흉물스런 거대한 댐이 황하를 가로막고 있었다. 운전기사와 약속한 시간은 30분이다. 묘하게도 댐막이는 세 갈래로 물길을 가르던 귀문도와 신문도 그리고 개원신하 위에 설치되어 있었다. 아마 공사의 편리와 경비 절감 때문이었으리라. 오랫동안 황하의 진주였던 삼문협, 이제 그 자취는 거의 사라졌다. 이제 사람은커녕 귀신도 드나들 수 없게 되어 버렸다. 그래도 댐 아래쪽에 지주만은 그대로 남겨 둔 것은 먼 길을 찾아온 나그네를 위한 작은 배려이던가? 그러나 삼문이 없는 지주는 의미 없는 하나의 돌섬에 불과할 뿐…….

삼문협뿐만이 아니다. 황하는 동강나고 있다. 현재까지 댐을 막아 홍수를 조절하며 전기를 생산한다는 명분으로 유가협劉家峽·염과협鹽鍋峽·청동협靑銅峽 등에 댐이 만들어졌다. 더구나 최근 호구폭포가 유력한 댐막이의 후보지로 거론되고 있다. 호구폭포를 댐으로 막으면 그 낙차가 90m나 되고 또 수몰될 유역의 면적도 넓지 않기 때문에 대단히 유리한 조건이라는 것이다. 그래서 중국에서는 인류중국인에게 복을 가져다 줄[造福] 대공정이라며 야단이다.

항일 전쟁이 한창이던 1938년 '물로써 군대를 대신한다[以水代兵]'는 황당한 생각으로 장개석 정권이 정주 근방 화원구花園口에 있는 황하 제방을 일부러 터뜨려 죄없는 수많은 백성을 수몰시켜 중국 근대 10대 재앙의 하나로 기록된 사건 '花園口決口事件'을 다룬 중국의 인기 작가 이준李準의 『황하는 동쪽으로 흐른다[黃河東流去]』라는 소설이 있다. 그 소설의 주제는 한마디로 황하는 동쪽으로 흘러가게 해야지 인위적으로 흐름을 바꾸어서는 안 된다는 것이었다.

그러나 황하는 곳곳에서 그 물길이 잘리거나 막히고 있다. 좀 더 디고 불편하고 가난하게 살면 어떤가? 인간은 '인간다워'야지 결코 '기계다워'서는 안 된다. 아무리 서구의 기계 문명이 이 세상을 풍미해도 중국이 갈 길은 역시 따로 있는 것이다. 역사를 잃어버린 인간이 동물과 무슨 차이가 있으랴!

"1만 번 꺾이어도 반드시 동쪽으로 흘러간다[萬折必東]"고 하지 않았던가? 용의 후예들이여! 황하가 그대들에게 줄 수 있는 것을 일찍이 그대들 선조들에게 모두 다 주어 버린 것은 결코 아니다. 그대들에게는 참신한 문명도 필요하지만, 옛것을 살피는 지혜 역시 필요한 것이리라. 아직도 황하에서 얻을 것은 너무도 많다. 세계 4대 문명 가운데 지금까지도 그 문명의 유산을 단절 없이 면면이 이어가고 있는 유일한 민족이 바로 중국인 당신들이 아니던가. 당신들의 조국 중화인민공화국은 황하의 물줄기를 망쳐 버려서는 결코 안 될 것이다. 세상이 아무리 바뀌어도 황하는 역시 굽이굽이 동쪽으로 흘러가야 하는 것이다.

목록 | 도판·지도·표 _____

찾아보기

박한제 교수의 중국 역사 기행 2

강남의 낭만과 비극

2003년 4월 15일 1판 1쇄
2014년 5월 20일 1판 4쇄

지은이 | 박한제

편집 | 류형식 · 강현주
제작 | 박흥기
마케팅 | 이병규 · 최영미 · 양현범

출력 | 한국커뮤니케이션, 스캔 | 채희만
인쇄 | 천일문화사
제책 | 정문바인텍

펴낸이 | 강맑실
펴낸곳 | (주)사계절출판사
등록 | 제 406-2003-034호
주소 | (우)413-120 경기도 파주시 회동길 252
전화 | 031) 955-8588, 8558
전송 | 마케팅부 031) 955-8595   편집부 031) 955-8596
홈페이지 | www.sakyejul.co.kr 전자우편 | skj@sakyejul.co.kr
독자카페 | 사계절 책 향기가 나는 집 cafe.naver.com/sakyejul
페이스북 | facebook.com/sakyejul
트위터 | twitter.com/sakyejul

ISBN 978-89-7196-950-2 03910